NOTRE AVENIR EUROPÉEN

La Fondation européenne d'études progressistes (FEPS) est le think tank de la famille politique progressiste au niveau européen. Notre mission est de fournir des recherches innovantes, des conseils politiques, des formations et des débats pour inspirer et informer les politiques progressistes à travers l'Europe. Nous sommes un centre de réflexion qui vise à l'émergence de réponses progressistes aux défis auxquels l'Europe est confrontée aujourd'hui.

La FEPS travaille en étroite collaboration avec ses membres et partenaires, tissant des liens et renforçant la cohérence entre les acteurs du monde politique, universitaire et de la société civile aux niveaux local, régional, national, européen et mondial.

Aujourd'hui, la FEPS dispose d'un solide réseau de 68 organisations membres. Parmi ces dernières, 43 sont des membres à part entière, 20 ont le statut d'observateur et 5 sont des membres de droit. Outre ce réseau d'organisations actives dans la promotion des valeurs progressistes, la FEPS dispose également d'un vaste réseau de partenaires, dont des universités de renom, des personnalités du monde académique, des décideurs politiques et des militants.

Notre ambition est d'entreprendre une réflexion intellectuelle au profit du mouvement progressiste et de promouvoir les principes fondateurs de l'UE – liberté, égalité, solidarité, démocratie, respect des droits de l'homme, des libertés fondamentales et de la dignité humaine, et respect de l'État de droit.

Notre avenir européen

TRACER UNE VOIE PROGRESSISTE DANS LE MONDE

Édité par
Maria João Rodrigues

Avec la collaboration de
François Balate

FEPS
FOUNDATION FOR EUROPEAN
PROGRESSIVE STUDIES

Publié par London Publishing Partnership
www.londonpublishingpartnership.co.uk

Publié en association avec la Fondation pour
les études progressistes européennes
www.feps-europe.eu
European Political Foundation — N° 4 BE 896.230.213

Publié avec le soutien financier du Parlement européen.
Les points de vue exprimés dans ce rapport sont
uniquement ceux des auteurs et ne reflètent pas
nécessairement les vues du Parlement européen.

European Parliament

Avec le soutien de la Fondation Jean Jaurès

Fondation
Jean Jaurès

ISBN: 978-1-913019-51-8 (pbk)
ISBN: 978-1-913019-52-5 (ePDF)
ISBN: 978-1-913019-53-2 (ePUB)

A catalogue record for this book is available from
the British Library (Une notice bibliographique pour
ce livre est disponible auprès de la British Library)

Composition en Adobe Garamond Pro par
T&T Productions Ltd, Londres
www.tandtproductions.com

Table des matières

Introduction

Par Maria João Rodrigues

L'avenir d'une civilisation dépend des forces vives dont elle dispose pour se réinventer. Nous faisons ici référence à la civilisation humaine, mais on peut dire la même chose du vaste ensemble de composantes qui en font partie, y compris la composante européenne.

À l'heure actuelle, l'humanité est confrontée à des défis existentiels mondiaux : pandémies, changement climatique irréversible, ressources limitées face à une expansion démographique continue et inégalités croissantes entre les pays et les personnes. Il existe différentes façons de répondre aux défis d'aujourd'hui : paralysie, concurrence, coopération ou coordination pour une convergence vers le haut.

L'Union européenne peut jouer un rôle clé pour influencer le choix de la voie à suivre, mais elle doit commencer par elle-même. Elle doit s'affirmer comme une entité politique à part entière, avec des dimensions économiques, sociales et culturelles, et elle doit mettre en œuvre des actions internes et externes décidées démocratiquement par ses citoyens.

C'est pourquoi une conférence sur l'avenir de l'Europe est si nécessaire à ce moment précis de l'histoire. Ce livre est le fruit d'un important mouvement intellectuel et sociétal en Europe, qui souhaite apporter sa contribution à une conférence qui devrait assumer sa responsabilité historique.

UNE VISION POUR NOTRE AVENIR EUROPÉEN

La manière dont nous concevons la façon de vivre sur cette planète sera sans doute profondément transformée par notre expérience collective actuelle de la pandémie de Covid-19 et par la catastrophe climatique qui se profile. Le moment est donc bien choisi pour élaborer ensemble une vision commune.

La première étape de ce processus consiste à modifier la relation entre l'homme et la nature. Nous faisons partie de la nature, et nous devons donc la respecter en prenant soin de ses ressources et de sa biodiversité. Cette aspiration s'inscrit dans un contexte de développements technologiques qui permettront d'adopter de nouveaux modes de production, de consommation, de déplacement et de vie. L'heure est venue de créer et de distribuer une nouvelle génération de produits et de services non seulement à faible teneur en carbone et sans déchets, mais aussi plus intelligents, car fondés sur l'intelligence artificielle. Nos maisons, nos écoles, nos magasins, nos hôpitaux, nos lieux de rencontre, nos villes et notre mode de vie peuvent tous être complètement transformés.

De nouvelles activités économiques et de nouveaux emplois verront le jour, tandis que d'autres déclineront. Une immense transformation de la structure de l'emploi est déjà en cours, et elle a été accélérée par les différents confinements liés au Covid. S'il existe des emplois dont les tâches principales peuvent être remplacées par l'automatisation et l'intelligence artificielle, il existe aussi de nouveaux emplois liés à l'action climatique, à la réparation des dégâts causés au milieu ambiant, aux relations humaines et à tout type de créativité, et ces rôles peuvent être multipliés. Nous devons soutenir cette transition par des programmes massifs d'apprentissage à vie, ainsi qu'en utilisant la protection sociale pour faire face aux différents risques sociaux.

Tout cela nous oblige à construire un système de protection sociale adapté au vingt-et-unième siècle, en partant du principe que nous finirons tous par combiner une série d'activités différentes (travail rémunéré, soins familiaux, services à la communauté, éducation et créativité personnelle) tout au long de la vie. Et, bien sûr, nous devons aussi trouver de nouveaux moyens de financer ce système de protection sociale, en exploitant de nouvelles sources de valeur ajoutée et en actualisant nos structures fiscales.

Ces nouvelles aspirations seront revendiquées par de nombreux citoyens, de toutes les générations et de tous les pays et elles entraîneront inévitablement des changements profonds dans les politiques.

Entre-temps, le fossé actuel entre les défis mondiaux et la gouvernance mondiale devient de plus en plus évident, et il nécessite un renouvellement ambitieux du système multilatéral actuel.

Ce renouvellement est nécessaire dans un premier temps pour faire face à la pandémie actuelle du Covid-19 et aux crises sociales et économiques qui en découlent. En effet, nous avons besoin d'une vaccination à grande échelle afin d'en assurer un accès universel, et nous avons besoin d'outils financiers plus puissants pour contrer la récession et transformer les plans de relance en grandes transformations de nos économies, conformément aux transitions verte et numérique en cours et à la nécessité de lutter contre les inégalités sociales croissantes.

Notre réponse à la crise du Covid ne doit cependant pas retarder notre action urgente sur le changement climatique, sinon les dommages causés à l'environnement deviendront largement irréversibles, avec des implications dans tous les domaines.

En outre, notre transition numérique est dans une phase critique, où le développement de l'intelligence artificielle dans tous les secteurs risque d'être contrôlée par un petit ensemble de grandes plateformes numériques. Mais il existe une alternative : nous pouvons nous mettre d'accord sur un ensemble commun de règles mondiales afin de garantir que nous disposons de différents choix et que nous améliorions les normes fondamentales en matière de respect de la vie privée, de conditions de travail décentes et d'accès aux services publics. Ces règles mondiales permettraient également de dégager de nouvelles recettes fiscales pour financer les biens publics.

Il est essentiel que nous disposions d'un cadre multilatéral solide pour soutenir les transitions verte et numérique, afin de mieux mettre en œuvre les objectifs de développement durable et de réduire les inégalités sociales au sein des pays et entre ces derniers.

Néanmoins, nous devons identifier les acteurs avec lesquels le système multilatéral peut être renouvelé, et comment nous pouvons donc améliorer la gouvernance mondiale. La manière dont l'ordre multipolaire mondial évolue actuellement signifie qu'il existe un réel danger de fragmentation entre les différentes zones d'influence, sans compter le problème supplémentaire de la concurrence stratégique croissante entre les États-Unis et la Chine. La récente élection de Joe Biden aux États-Unis est une très bonne nouvelle, et elle crée une nouvelle base pour actualiser l'alliance transatlantique. Mais le monde a changé. Il existe désormais d'autres acteurs influents. Nous devons donc constituer une coalition plus large d'acteurs - gouvernements, parlementaires, organisations de la société civile et citoyens eux-mêmes - pour faire pression en faveur de ces objectifs en utilisant un modèle à géométrie variable.

L'UE devrait jouer un rôle actif et prépondérant dans la mise en place de la coalition de forces nécessaire au renouvellement du système multilatéral. Dans le même temps, elle devrait développer ses relations bilatérales avec les pays et les organisations régionales afin que nous puissions coopérer et avancer dans la même direction. « L'action extérieure » de l'UE doit couvrir d'autres dimensions pertinentes : de la défense et de la cybersécurité à l'énergie, en passant par la science et la technologie, l'éducation, la culture et les droits de l'homme. La promotion des objectifs de développement durable dans toutes les relations de l'UE devrait également être une priorité.

Parallèlement, l'UE doit s'appuyer sur la récente avancée historique qu'elle a réalisée lorsqu'elle s'est finalement accordée sur le lancement d'un budget commun financé par l'émission conjointe d'obligations afin d'impulser une relance post-Covid liée aux transitions vertes et numériques. C'est une occasion unique que nous ne pouvons pas nous permettre de manquer. Elle exige de tous les États membres qu'ils mettent en œuvre des plans de relance nationaux afin de transformer leurs infrastructures énergétiques et de transport et de promouvoir des pôles d'activités intelligents et à faible intensité de carbone tout en créant de nouveaux emplois. Ceci doit être combiné avec le développement de nouveaux services publics et de nouveaux financements sociaux pour la santé, l'éducation et les soins.

Ces éléments devraient être au centre d'un nouveau concept de prospérité axé sur le bien-être. Un État providence pour le XXIe siècle devrait soutenir les transitions nécessaires vers de nouveaux emplois, de nouvelles compétences et de nouveaux besoins sociaux, et il devrait se fonder sur un concept avancé de citoyenneté européenne qui inclut non seulement les droits économiques et politiques, mais aussi les droits sociaux, numériques et environnementaux.

Ce concept avancé de citoyenneté européenne, tel que proclamé par le socle social européen, doit également être étayé par un budget européen plus solide, une émission commune de la dette, une convergence fiscale et une fiscalité européenne. Ceci se trouvera au cœur du renforcement de la souveraineté européenne, nécessaire pour faire face aux défis actuels auxquels nous sommes confrontés, tout en renforçant la cohésion régionale et sociale interne.

Une souveraineté européenne plus forte doit à son tour être fondée sur une démocratie renforcée aux niveaux local, national et européen, et elle doit mieux combiner les mécanismes représentatifs et participatifs. La situation actuelle à l'échelle européenne causée par la crise du Covid ouvre de nouvelles voies à l'activité démocratique hybride qui offrent un potentiel d'analyse intéressant.

CONSIDÉRER UNE PERSPECTIVE HISTORIQUE

Dans une perspective historique, nous entrons certainement dans une nouvelle phase du projet européen, un projet qui a vu le jour il y a plus de 70 ans dans le but d'unir les Européens pour façonner leur avenir commun. L'approche générale consistant à combiner un grand marché ouvert avec la cohésion sociale et une plus grande démocratie a persisté, mais le problème central à traiter a changé au fil du temps.

Au début, ce problème central était la paix. Cet objectif a été atteint grâce à l'accord audacieux et novateur qui a émergé des cendres de la Seconde Guerre mondiale pour construire un marché commun, ainsi que grâce aux premières étapes d'un fonds social et d'un pouvoir supranational. Ce pouvoir était représenté par une Commission européenne, qui était responsable devant un Conseil et un Parlement européen, comme le prévoit le traité de Rome de 1957. Une approche plus ambitieuse, l'agenda du marché unique, a ensuite été introduite pendant la période de Jacques Delors. Ce programme a été soutenu par l'Acte unique européen, en 1986, qui a permis de prendre davantage de décisions par un vote à la majorité qualifiée. Elle a également permis de renforcer le budget communautaire, ce qui a permis de consolider les programmes communs et de renforcer la cohésion régionale et sociale.

Une deuxième phase du projet européen est apparue avec la chute du mur de Berlin et la nécessité de mener l'élargissement en même temps que l'approfondissement de l'intégration européenne. Ce besoin s'est traduit par une monnaie commune et la création d'une union politique, avec une identité juridique et une citoyenneté européenne, consacrées par le traité de Maastricht de 1992.

Une troisième phase est intervenue avec la mondialisation à grande échelle. Cela a nécessité une action de portée générale et une stratégie de développement incluant des politiques sociales : la stratégie de Lisbonne. Une réforme du système politique européen a également été nécessaire, consacrée par le traité de Lisbonne de 2007, afin de renforcer l'action extérieure européenne et d'approfondir la démocratie européenne, notamment le rôle du Parlement européen. Cela a été fait en étendant la codécision à de nombreuses nouvelles politiques communes.

Une quatrième phase du projet européen a été déclenchée par la crise financière mondiale de 2008, qui a ensuite créé une crise de la zone euro exposant les failles de l'union économique et monétaire du projet. Afin de réduire les dangereuses divergences financières, économiques, sociales et politiques entre les États membres et au sein de ceux-ci, une première solution a été élaborée avec la création d'un Mécanisme européen de stabilité et avec une action renforcée de la Banque centrale européenne. Toutefois, une capacité budgétaire européenne financée par l'émission conjointe d'obligations ne sera acceptée que lorsqu'un effondrement économique de plus grande ampleur, déclenché par la pandémie de Covid-19, a menacé tous les États membres. Un socle européen des droits sociaux devait aussi être défini et mis en œuvre afin de créer un filet de sécurité pour se protéger contre de nouvelles divergences et un populisme anti-européen croissant.

Parallèlement, plusieurs troubles de la paix dans des pays voisins de l'UE se sont traduits par une importante vague de flux migratoires. Cela a nécessité une nouvelle organisation des frontières européennes, ainsi que des développements dans les politiques de voisinage de l'UE pour l'Europe de l'Est, le Moyen-Orient et l'Afrique. Tout cela, ainsi que la décision sans précédent d'un État membre de quitter l'UE (la saga du Brexit) a conduit à une nouvelle réflexion sur les manières possibles d'organiser l'espace européen selon différents cercles d'intégration et de coordination.

Si tous ces problèmes se recoupent, on pourrait dire que le problème central qui marque cette nouvelle phase du projet européen est la profonde transition structurelle qui s'opère sur les fronts écologique, numérique et démographique. Cette transition nécessite une intervention stratégique plus importante de l'État, des partenariats étendus, une cohésion sociale et régionale renouvelée, une action mondiale plus forte, ainsi qu'une démocratie et une citoyenneté plus profondes à tous les niveaux. Le mode technocratique de conduite de l'intégration européenne est désormais obsolète.

En tant qu'intellectuelle, décideuse politique et élue qui a pu travailler au sein des différentes institutions européennes sur un large éventail de politiques, et en tant que personne qui a circulé en Europe et au-delà en traitant avec de nombreux acteurs différents, j'ai eu l'occasion d'être profondément impliquée dans ces phases les plus récentes du projet européen.

Cela a commencé dans les années 1990, lorsque j'étais ministre au sein du gouvernement portugais, à l'époque où la stratégie européenne pour l'emploi a été adoptée pour contrebalancer le pacte de stabilité et de croissance et où l'adhésion à la zone euro était en préparation. En 2000, j'ai été chargée de concevoir la stratégie de Lisbonne, la première stratégie globale de développement de l'UE, et j'ai ensuite travaillé à sa concrétisation dans le budget de l'UE et dans les politiques nationales avec
ce qu'on appelle aujourd'hui le semestre européen.

J'ai également fait partie de l'équipe chargée de sauver le traité constitutionnel et de négocier le traité de Lisbonne, alors qu'un ensemble complet de partenariats stratégiques était en cours d'élaboration entre l'UE et d'autres acteurs mondiaux, notamment les États-Unis, la Chine, l'Inde, la Russie, le Brésil et le Mexique.

En outre, j'ai collaboré avec de nombreux autres décideurs et experts, explorant un large éventail de nouveaux instruments pour faire face à la crise dramatique de la zone euro.

Lorsque j'ai été élue membre du Parlement européen, je me suis efforcée de constituer une large majorité parlementaire pour adopter un socle européen des droits sociaux et vaincre la résistance de certains gouvernements nationaux qui soutenaient qu'un tel socle n'était pas nécessaire pour étayer l'intégration européenne.

Plus récemment, en raison de mon travail sur le front international sur les propositions de renouvellement du multilatéralisme, je me suis retrouvée à New York pour le sommet d'action climatique de l'ONU de 2019, où j'ai pu assister à la confrontation entre Donald

Trump et António Guterres, que je connais bien en tant que ministre portugais et sherpa européen pendant plusieurs années. C'est le
moment où, après les élections européennes de 2019, une conférence
sur l'avenir de l'Europe a été annoncée.

La discussion sur l'avenir de l'Europe était déjà en cours pendant
le mandat de Jean-Claude Juncker, qui s'est achevé en 2019, et à
l'époque, je pouvais identifier quatre scénarios possibles. Je pense que
ces scénarios restent pertinents.

SCÉNARIOS POSSIBLES POUR L'EUROPE

Scénario A : statu quo/inertie

Le scénario du « trop peu, trop tard » se poursuivrait au cours de la
législature européenne post-2019. Dans ce scénario, l'UE géopolitique nouvellement annoncée serait d'abord absorbée par les com-
plications post-Brexit, puis affaiblie par celles-ci. Les partenariats
stratégiques et les accords commerciaux de l'UE avec d'autres grands
acteurs mondiaux ne seraient utilisés ni pour soutenir la convergence
ascendante des normes environnementales et sociales ni pour renforcer le système multilatéral. La politique étrangère européenne
aurait du mal à s'affirmer, même en cas de conflit international
majeur, en raison de la règle du vote à l'unanimité. Le développement d'une capacité de défense européenne resterait hésitant et
assorti d'ambiguïtés quant à l'engagement avec l'OTAN. Le nouveau
partenariat de l'UE avec l'Afrique serait décevant, étant clairement
moins ferme que l'engagement de la Chine avec le continent.

Dans un monde avec deux ordres mondiaux concurrents dirigés
par les États-Unis et la Chine, l'UE glisserait vers une position secondaire en termes politiques et technologiques, bien que la taille de
son marché reste pertinente et intéressante. L'UE ne parviendrait pas
à devenir un acteur géopolitique pertinent par manque de vision et
d'ambition, mais aussi par manque de cohésion interne.

Les délibérations internes au sein de l'Union au sujet de son cadre
financier pluriannuel (CFP) aboutiraient à un budget insuffisant, ce
qui l'empêcherait de soutenir l'ensemble de ses États membres et de
ses citoyens dans leur transition vers une économie performante, à

faible émission de carbone, intelligente et inclusive. Cette transition serait lente et déséquilibrée sur le continent, certaines régions progressant, mais beaucoup restant en retrait. Le nouveau Green Deal européen resterait une promesse non tenue, ou pourrait même devenir une source de nouveaux problèmes sociaux dans certaines régions européennes.

Pendant ce temps, la révolution numérique, portée par les normes américaines et chinoises, augmenterait les emplois précaires et saperait la base financière des régimes de protection sociale existants. Le déficit général en matière d'investissements stratégiques publics et privés resterait évident, en raison d'un système bancaire et financier conservateur, de règles budgétaires conservatrices et de l'incapacité politique à réaliser une union bancaire et à créer une capacité budgétaire au sein de la zone euro.

La création d'emplois resterait donc faible, et les difficultés systémiques liées au maintien et au renouvellement des systèmes de protection sociale européens augmenteraient l'anxiété sociale, en particulier parmi les jeunes générations, lorsque la génération du baby-boom atteindra l'âge de la retraite. Les flux migratoires augmenteraient, mais en se heurtant à une résistance interne pour les gérer et les intégrer en tant que facteur dynamique des sociétés européennes.

À la base de cette inertie, on trouve non seulement des hésitations politiques, mais aussi des résistances passives et actives à de véritables solutions européennes, afin de protéger des intérêts particuliers, de promouvoir des préférences nationales, quels qu'en soient les coûts collectifs, ou simplement pour affirmer le point de vue de gouvernements autoritaires et conservateurs.

Ce serait un scénario très décevant de déclin externe et interne. Mais il est possible d'identifier un autre scénario plausible qui semble encore pire.

Scénario B : fragmentation nationaliste

L'évolution que nous avons observée dans certains endroits vers des attitudes repliées sur elles-mêmes et nationalistes pourrait se propager dans le monde entier face à toute une série d'insécurités :

perturbations climatiques, conflits pour les ressources naturelles, changements technologiques et pertes d'emplois, afflux de migrants et menaces pour la sécurité. Le paysage politique européen pourrait également évoluer dans cette direction, en se fondant sur les maillons faibles que sont la Hongrie, la Pologne, l'Italie, la France et l'Allemagne.

Un Royaume-Uni dirigé par Boris Johnson renforcerait cette tendance de l'extérieur en développant un partenariat spécial, dans le cadre de la solidarité européenne sur une base permanente. Des pressions similaires seraient exercées par une Russie dirigée par Vladimir Poutine et une Chine dirigée par Xi Jinping. La révolution numérique impulsée par la guerre américano-chinoise pour les sphères d'influence ferait de l'Europe une terre de plus en plus attractive pour cette guérilla.

Dans un tel scénario, le Green Deal européen échouerait par manque de conditions politiques et financières de base, à commencer par l'incapacité à se mettre d'accord sur un budget européen pluriannuel plus solide, sans parler des instruments financiers minimums permettant de rendre la zone euro viable à long terme.

L'augmentation des différences régionales et sociales, malgré l'adoption par certains pays de régimes de protection sociale nationalistes, renforcerait partout l'euroscepticisme et les critiques, ce qui entraînerait une diminution de la participation démocratique à tous les niveaux. L'incapacité à définir une politique européenne de gestion des migrations et à mettre en place un nouveau partenariat avec l'Afrique multiplierait les tragédies des migrants et réfugiés rejetés et créerait une hostilité culturelle à toute forme de présence étrangère.

La survie de l'UE serait en jeu, lorsqu'il s'agit non seulement de l'union politique, mais aussi du marché unique européen avec un acquis commun de normes économiques, sociales et politiques.

Scénario C : une renaissance européenne libérale-écologique

Ce scénario verrait une coalition de forces relancer le projet européen avec la triple ambition de répondre au changement climatique, de multiplier les accords commerciaux de l'UE et de mettre en place une capacité de défense européenne, malgré la résistance américaine.

Les quatre libertés du marché unique européen seraient défendues, malgré les tentatives d'un Royaume-Uni dirigé par les conservateurs de les affaiblir, notamment en utilisant la révolution numérique et en redessinant les chaînes d'approvisionnement mondiales. Néanmoins, il serait également essentiel dans ce scénario de tenter d'assurer une relation gagnant-gagnant avec le Royaume-Uni post-Brexit.

Les inégalités régionales et sociales internes se creuseraient en raison de l'absence de politiques européennes actives en matière industrielle, régionale, sociale et fiscale, mais les flux migratoires seraient mieux gérés et contribueraient à limiter le déclin démographique. Ils aggraveraient toutefois les inégalités sociales.

L'attention portée à l'État de droit et aux droits politiques au niveau européen limiterait la portée des poussées nationalistes et autoritaires dans les États membres de l'UE, mais la citoyenneté européenne resterait mal lotie en matière de droits sociaux, de possibilités d'éducation et de chances économiques réelles. Le projet européen serait modernisé, mais resterait assez technocratique et élitiste.

Scénario D : La citoyenneté européenne au cœur d'un nouveau projet européen

Ce scénario verrait un changement de paradigme.

Un sentiment plus fort de citoyenneté européenne conduirait à la construction de nouveaux outils de souveraineté européenne, qui nous permettraient de répondre aux défis communs tout en réduisant les différences internes. Nous verrions un budget européen plus solide pour la recherche, l'innovation et la politique industrielle, pour les infrastructures énergétiques, numériques et de mobilité, et pour les capacités de défense. Nous disposerions également d'un budget plus important pour réduire les différences internes dans l'accès aux nouvelles solutions technologiques, à l'éducation et à la protection sociale. Cela nécessiterait de lancer de nouvelles sources d'imposition et de les coordonner au niveau européen pour assurer une plus grande convergence fiscale.

Cette souveraineté européenne se traduirait également par un rôle plus actif sur la scène internationale lorsqu'il s'agit de développer des partenariats stratégiques, de former des coalitions et de renforcer le système multilatéral pour apporter des réponses plus efficaces aux défis mondiaux auxquels nous sommes confrontés : changement climatique, développement durable, révolution numérique, inégalités sociales, promotion de la démocratie et des droits de l'homme et garantie de la paix et de la sécurité. Un test crucial serait la capacité de l'Europe à coopérer avec l'Afrique dans l'intérêt d'un bond en avant visible en matière de développement durable, d'éducation, d'égalité des genres, de paix et de gouvernance démocratique.

L'influence extérieure de l'Europe augmenterait, non seulement en tant que grand marché, mais aussi en tant qu'entité géopolitique qui agit dans toutes les dimensions : économique, financière, sociale, politique et culturelle. Cette influence extérieure serait plus grande si l'Europe pouvait montrer l'exemple lorsqu'il s'agit de répondre au changement climatique en respectant l'équité sociale, en conduisant la révolution numérique pour de meilleures conditions de travail et de vie, en augmentant l'égalité des genres, en améliorant les droits sociaux et en renforçant un système de protection sociale inclusif, en développant la créativité scientifique et culturelle et en approfondissant la démocratie à tous les niveaux.

En conclusion, quoi qu'il arrive, le facteur critique sera un leadership européen progressiste pour faire en sorte que la citoyenneté européenne devienne une nouvelle force politique capable de renverser l'inertie du passé.

Néanmoins, une question fondamentale demeure : quel événement pourrait provoquer un tel scénario ? Une catastrophe climatique ? Une cyberattaque ? De nouvelles turbulences financières ? L'échec des droits sociaux particuliers ? Ou peut-être pourrait-il être stimulé par une plus grande sensibilisation et une plus grande ambition des citoyens européens eux-mêmes, comme c'est le cas pour le changement climatique ?

L'histoire réserve toujours des surprises : nous savons que le déclencheur a été la crise du Covid. Néanmoins, ces quatre scénarios fondamentaux et contrastés restent pertinents. Ce livre vise à donner un contenu plus précis à ce scénario D. Il partira de la vision que j'ai proposée dans la première partie de cette introduction, d'autres auteurs développant cette vision, et mobilisera encore plus d'auteurs et d'acteurs pour participer à une entreprise de longue haleine : l'élaboration d'une voie progressive pour la prochaine phase du projet européen.

UN LIVRE ISSU D'UN MOUVEMENT INTELLECTUEL ET SOCIÉTAL EUROPÉEN

La direction que prendra effectivement l'UE sera le résultat d'interactions très complexes entre des facteurs contradictoires : les décisions qui seront prises par les décideurs de haut niveau et par l'interaction entre les institutions de l'UE et les orientations qui seront définies par les grandes forces politiques et sociales organisées, telles que les familles politiques européennes, les partenaires sociaux et la société civile organisée, mais aussi les mouvements d'opinion publique beaucoup plus larges, inspirés par de nouvelles préoccupations, de nouvelles préférences et de nouvelles idées.

Cet ouvrage vise à contribuer à ces interactions complexes en présentant une réflexion de pointe progressiste sur le projet européen. Je suis fière que nous ayons pu réunir les réflexions d'un éventail aussi remarquable d'auteurs de renom. Les contributeurs de ce livre sont les principales voix d'un mouvement intellectuel pour le renouvellement du projet européen. Nous avons commencé à travailler ensemble en tant que groupe d'experts organisé par la Fondation pour les études progressistes européennes, une fondation politique située à Bruxelles, travaillant en étroite collaboration avec les institutions européennes.

Grâce à une série bien organisée de réunions en ligne, nous avons exploré des domaines thématiques clés, guidés par des questions formulées à la fois par des responsables politiques et des citoyens de l'UE. L'objectif de cet ouvrage n'est pas de proposer un modèle cohérent de solutions types, mais plutôt d'inspirer les gens par de nouvelles idées et de nouveaux points de vue, dont certains peuvent différer les uns des autres. Le contenu de l'ouvrage vise à alimenter un débat public plus large, qui fait cruellement défaut, et à avancer des propositions ambitieuses qui s'appuient sur les développements les plus récents de la recherche scientifique dans ses domaines thématiques.

Les quatre grands domaines thématiques que nous explorons sont définis par ce que nous pouvons appeler l'équation centrale de la prochaine phase du projet européen. Cette équation peut être présentée dans les termes suivants : si nous voulons renouveler le modèle économique et social européen pour faire face aux transitions écologiques et numériques en cours, et si nous voulons améliorer la gouvernance mondiale pour relever les défis mondiaux actuels, nous devons nous demander comment développer nos instruments économiques et financiers et comment approfondir la démocratie européenne de manière à pouvoir prendre les décisions importantes nécessaires.

Chacune des quatre parties du livre traite de ces quatre grands domaines thématiques :

- Un aperçu des éléments discutés durant les réunions que nous avons eues dans le cadre de ce projet, préparé par un rapporteur qualifié ;
- Une contribution par un représentant de la plus jeune génération de chercheurs sur les questions européennes ; et
- Une série de contributions d'experts par des auteurs renommés dans leur domaine particulier.

Ces dernières déclarations s'appuient sur les principales recherches de chaque auteur, et certains hyperliens (*ndlr* dans sa version numérique) sont suggérés afin de rassembler ces travaux plus importants. Nous espérons que cela fera de ce livre un document de référence plus important.

La première partie, « Reconstruire le modèle économique et social européen pour répondre aux défis écologiques, numériques et post-Covid », commence par une vision de l'impact de ces transitions, combinées et accélérées par la crise du Covid, sur la perspective à long terme. L'État doit se réinventer pour façonner ces transitions et fournir des orientations claires à leur sujet à tous les niveaux, allant du niveau local à l'européen. Il convient de surmonter les principales failles de l'architecture européenne actuelle en construisant une Union européenne de la santé et, plus ambitieusement encore, une Union sociale européenne. Cette nécessité doit sous-tendre à la fois le Green Deal européen pour la transition écologique et la manière européenne de conduire la transition numérique, avec son impact sur la destruction et la création d'emplois, sur la régulation des conditions de travail et sur les conditions de vie en général. Toutes ces questions méritent une attention particulière, car elles sont, et continueront d'être, au cœur des préoccupations des citoyens européens.

L'UE est à l'avant-garde des progrès internationaux en matière de transition écologique, même si ces progrès sont nettement en dessous de ce qui est nécessaire pour inverser le changement climatique. Sur le front du numérique, cependant, l'Europe accuse un sérieux retard par rapport à l'Amérique et à la Chine dans le passage à la nouvelle phase de la numérisation. Cette phase est portée par l'Internet des Objets, le *big data*, le *cloud computing* et l'intelligence artificielle, qui vont transformer tous les secteurs d'activité. Enfin, un accent particulier sur les tendances démographiques et le secteur des soins montre que le rééquilibrage de nos sociétés vers une réelle égalité des sexes a encore du chemin à parcourir.

La partie II, « L'action extérieure de l'UE dotée d'une autonomie stratégique et d'un engagement multilatéral », commence par une vue d'ensemble des principaux scénarios de gouvernance mondiale dans un monde multipolaire qui risque de bifurquer entre un ordre mondial dirigé par l'Amérique, et un autre dirigé par la Chine. Quel rôle l'UE doit-elle jouer pour surmonter ce risque, relancer la coopération internationale et restaurer le système multilatéral ?

Une UE dotée d'une plus grande autonomie stratégique est nécessaire, mais elle doit être comprise non pas comme une alternative à un engagement renouvelé avec le multilatéralisme, mais comme un complément à celui-ci. En outre, cette relation ne devrait pas être simplement complémentaire, mais totalement imbriquée, car, d'une part, une UE plus forte est essentielle au renouvellement du système multilatéral et, d'autre part, les relations bilatérales européennes avec d'autres acteurs mondiaux devraient s'inscrire dans le cadre multilatéral. Cette approche est développée dans plusieurs domaines clés de l'action extérieure de l'Europe : notamment, le changement climatique, la révolution numérique, les accords commerciaux, le système financier international, la défense et la sécurité et les migrations. Des conclusions sont tirées sur certains des changements clés qui doivent être introduits dans l'architecture constitutionnelle de l'UE afin de soutenir les évolutions de ces politiques sur le long terme.

La troisième partie, intitulée « Une gouvernance économique pour une UE autonome », commence par une évaluation critique de la gouvernance économique européenne à travers son histoire récente d'austérité auto-infligée. Elle évalue ensuite l'évolution souhaitable de cette gouvernance sur plusieurs fronts clés : la nécessité d'une politique industrielle européenne combinée à une nouvelle approche de la politique de concurrence ; un dialogue macroéconomique accru et un semestre européen pour coordonner les politiques nationales avec les objectifs de développement durable afin de réduire les inégalités sociales et régionales. Cependant, il faut aussi une nouvelle combinaison de politiques économiques pouvant s'appuyer sur une politique budgétaire nationale plus active qui soutient des niveaux d'investissement plus élevés, notamment en matière sociale. Cela signifie qu'il faut réformer le Pacte de stabilité et de croissance, en reconnaissant que le précédent a été élaboré dans un contexte très différent, avec des tendances sous-jacentes différentes, et sur la base de préférences ordo-libérales subjectives.

Nous aurons également besoin d'instruments qui renforcent la capacité budgétaire européenne, notamment un Trésor européen, pour être au centre de la prochaine phase du projet européen. Cela impliquera néanmoins d'importants progrès visant à réduire la fraude et l'évasion fiscales, ainsi que la promotion de la convergence fiscale et d'une répartition plus équitable des charges, en réorientant la fiscalité vers de nouvelles sources inexploitées : la pollution, la spéculation financière et les surprofits des entreprises, notamment dans le domaine numérique. À plus long terme, des questions plus fondamentales doivent également être abordées : le caractère *sui generis* de l'architecture européenne en tant qu'union fiscale et la nécessité de surmonter ses contradictions intrinsèques actuelles. Le développement d'une approche républicaine de la gestion des biens publics à différents niveaux pourrait devenir une voie intéressante à explorer.

La quatrième partie, intitulée « L'UE et la prochaine transition démocratique », explore certains des principaux changements qui seront introduits dans le système politique européen lors de la nouvelle phase du projet européen. Une préoccupation centrale en matière de démocratie représentative est le développement d'outils qui permettront aux citoyens européens d'accroître leur rôle dans la sélection de leurs représentants en matière de pouvoirs législatif et exécutif. La procédure du *Spitzenkandidat* qui permet d'élire le président de la Commission européenne en tenant compte des résultats des élections européennes et de la manière dont ils s'expriment dans une majorité du Parlement européen est certainement un élément important qui doit être développé. La légitimité démocratique d'un président de la Commission européenne pourrait également être renforcée par un débat sur les priorités politiques de la Commission européenne ainsi que sur sa composition. Toutes ces idées augmenteraient le pouvoir du Parlement européen dans son rapport d'équilibre général avec le Conseil, en tant que deuxième chambre, et finalement avec le Conseil européen. La parlementarisation du système politique européen, conformément à la tradition de la plupart des États membres, contribuerait à renforcer l'appropriation démocratique par les citoyens européens. Néanmoins, pour que ce processus politique fonctionne correctement, le rôle des partis politiques européens à part entière devrait être développé en (i) organisant des primaires internes pour sélectionner les candidats, (ii) en étant plus visibles pendant les campagnes électorales européennes, (iii) en proposant des listes transnationales, (iv) en négociant les majorités possibles au sein du Parlement européen et du Conseil européen et (v) en préparant les programmes de gouvernance de l'UE.

Un autre aspect de la démocratie qui doit être approfondi est la dimension participative, à tous les niveaux, et en liaison avec le développement d'un concept plus substantiel de citoyenneté européenne. Ce concept ne peut plus être réduit à des droits économiques ou politiques. S'ils sont incontestablement importants, ces droits doivent être couplés à de nouveaux droits, tels que les droits sociaux, éducatifs, numériques et écologiques. Les outils numériques peuvent également permettre une participation à bien plus grande échelle des citoyens, ainsi que différentes formes de participation.

Les citoyens devront être protégés des risques de manipulation, mais ils devraient pouvoir utiliser les outils disponibles pour maximiser leur utilisation des services médiatiques et journalistiques professionnels, diversifiés et transparents.

Enfin, toute discussion sur l'avenir de l'Europe ne doit pas être limitée par des tabous. D'une part, cela signifie que nous devons identifier précisément comment nous pouvons améliorer la politique européenne dans le cadre de l'actuel traité de Lisbonne (et il existe en effet de nombreuses possibilités inexploitées). Mais d'un autre côté, si les actions nécessaires nous montrent que certains changements doivent être introduits dans ce traité, cela devrait également être discuté rationnellement. En fin de compte, les deux approches pour traiter nos problèmes devraient être prises en compte. Selon le traité de Lisbonne, si une décision cruciale est bloquée, elle peut être débloquée soit en utilisant la clause passerelle et en commençant à prendre des décisions à la majorité qualifiée, soit, en dernier ressort, en recourant à une coopération renforcée. Mais parallèlement, les citoyens peuvent réclamer des décisions concrètes et opportunes, en particulier s'ils commencent à se percevoir comme des citoyens européens à part entière, avec des droits et des responsabilités. L'approche républicaine selon laquelle les citoyens sont disposés à mieux gérer leurs propres biens publics, à tous les niveaux, peut servir de modèle.

Ce livre est le résultat d'une formidable expérience de débat et de créativité collective. Sa création a impliqué non seulement ses auteurs, mais aussi des centaines (en fait des milliers) d'autres Européens. Nous espérons que beaucoup d'autres s'inspireront de nos efforts collectifs pour respecter les délais.

Le lecteur peut choisir comment naviguer dans le livre : il peut lire les contributions dans l'ordre dans lequel elles sont présentées, il peut choisir son propre ordre, il peut lire le livre en entier ou il peut faire des choix. Vous êtes également invité à explorer les liens web suggérés (*ndlr* dans la version numérique) comme points d'entrée dans un contexte beaucoup plus vaste, celui que nous, Européens, sommes sur le point d'écrire.

Permettez-moi de commencer par moi-même : Maria Joao Rodrigues Présidente de la Fondation pour les études progressistes européennes.

PARTIE I

Reconstruire le modèle économique et social européen pour répondre aux défis numériques, écologiques et post-Covid

Synthèse du débat*

Par Jean-François Lebrun

« Mieux vaut prendre le changement par la main avant qu'il nous prenne à la gorge ». Cette citation de Winston Churchill, celui-là même qui déclarait en 1940 qu'il n'avait « rien d'autre à offrir que du sang, du travail, des larmes et de la sueur », pourrait être considérée comme notre introduction.

Au moins trois grands facteurs de changement (le climat, la numérisation et le vieillissement de la population européenne) sont déjà visibles. Depuis des décennies, des avertissements ont été lancés quant à l'impact de ces changements sur nos environnements de travail et de vie, et il est à présent tout à fait clair que ces transitions ne peuvent être évitées. Le réchauffement climatique commence à faire sentir ses effets, la numérisation, dont nous ne sommes pas l'un des principaux acteurs, fait déjà partie de nos vies, et le vieillissement de nos populations est déjà bien entamé.

Nous devons maintenant gérer leurs impacts, et notamment leurs effets sur l'emploi, les conditions de travail et les conditions de vie. Ces transitions vont changer profondément notre société. Nous devons commencer à réfléchir au modèle socio-économique que nous voulons pour demain. Il est possible que les instruments dont nous disposons nous conduisent à une société plus inclusive, capable de transformer en opportunités les défis auxquels nous sommes confrontés.

---

*   Ce chapitre et ceux qui ouvrent les parties II, III et IV du livre sont des résumés des réunions du groupe d'experts de la FEPS sur l'avenir de l'Europe (qui a été créé en novembre 2020 - voir la composition dans les remerciements). Ces chapitres visent à refléter les discussions et les principales idées qui ont été débattues. Les noms des participants qui ont présenté les différents arguments ne sont pas mentionnés, car ces réunions se sont déroulées selon la règle de Chatham House.

Mais sommes-nous capables d'agir, aujourd'hui, pour nous préparer aux changements à venir ? Les exemples ne manquent pas pour illustrer à quel point la plupart des êtres humains ont tendance à résister au changement. En général, nous ne changeons que lorsque nous sommes dos au mur, lorsque notre survie est en jeu. Tout changement a des implications. Mais le changement apporte aussi bien des gains que des pertes. Nous avons généralement une grande aversion pour le risque, même si l'Homo sapiens est capable de s'adapter. Toutefois, cette capacité d'adaptation et de résilience n'est pas répartie de manière égale. À cet égard, les conditions socio-économiques jouent un rôle important, ce que la crise du Covid-19 nous a clairement démontré chaque jour depuis plus d'un an.

Outre cette aversion pour le risque, il existe un deuxième élément qui nous freine : la complexité. Nos sociétés sont de plus en plus complexes. Cette complexité prend de nombreuses formes : populations multiculturelles, diversité des systèmes socioculturels (pensez aux modèles de protection sociale), effondrement du modèle salarial, hétérogénéité croissante, interdépendance et interdisciplinarité.

Et au niveau européen, et dans le cadre des traités existants, le nombre d'États membres rend la prise de décision complexe. Mais le temps joue contre nous. Plus nous attendons, moins nous nous adaptons et plus les défis sociaux seront importants, plus ils seront difficiles à corriger, favorisant l'émergence de réponses simplistes, populistes, à court terme et individualistes. Toutefois, les conséquences se feront sentir à long terme dans un environnement économique mondialisé et exigeront des adaptations structurelles de nos économies et de nos modes de vie.

Les transitions actuelles étant également porteuses d'opportunités, il est essentiel que les politiques mises en œuvre nous permettent de renforcer ces dernières. Nous avons besoin d'une vision et de nouvelles perspectives. Cette vision doit nous permettre d'envisager un monde plus harmonieux dans lequel le besoin de sécurité est réduit, nous permettant ainsi d'exprimer notre autre besoin : la liberté.

QUELS SONT LES PRINCIPAUX ÉLÉMENTS MOTEURS ET LES IMPLICATIONS SOCIALES DE CES TRANSITIONS ?

La transition verte

La transition verte est étroitement liée au réchauffement climatique, mais elle englobe également d'autres impacts sur la nature. Il s'agit d'énergie, de diverses sources de pollution, de déchets et de perte de diversité. Les changements environnementaux vont profondément modifier nos habitudes de consommation et de production. Une dynamique plus vertueuse envers notre planète est devenue indispensable. C'est d'autant plus nécessaire qu'il n'est pas encore trop tard pour tenter de limiter le réchauffement actuel.

Certains secteurs seront plus touchés que d'autres par la nécessaire transition verte. Les plus grands gagnants seront les secteurs de la production d'électricité et de la construction. En revanche, une contraction est attendue dans les secteurs liés aux combustibles fossiles. En outre, certains secteurs, tels que l'acier, le ciment et les produits chimiques, devront subir des transformations dans le cadre de la transition vers une économie à faible émission de carbone. L'agriculture sera confrontée à certains changements positifs, notamment en ce qui concerne la demande des consommateurs et les exigences environnementales, mais aussi à certains changements négatifs, tels que le déplacement des cultures, des rendements plus variables et une plus grande volatilité des prix. L'UE restera dépendante d'une série d'importations agricoles. Il faudra s'assurer qu'elle soutient l'adaptation au changement climatique dans d'autres parties du monde.

Une nouvelle relation avec la nature apportera également de nombreuses opportunités, notamment (mais pas uniquement) en matière d'utilisation d'énergies renouvelables et d'amélioration de l'efficacité énergétique, de développement du biomimétisme et de la chimie verte, de gestion et de recyclage de nos déchets (une source majeure de matières premières pour l'avenir). La mise en œuvre de politiques qui soutiennent ces nouveaux développements aura des répercussions positives tant pour notre planète, qui est, après tout, le seul endroit où nous pouvons vivre, et le restera encore longtemps, que pour notre santé et notre bien-être.

Les modèles de production et de consommation seront affectés par la transition verte. Les circuits courts, l'économie circulaire, le zéro déchet et la location plutôt que l'achat ne sont que quelques-uns des nombreux exemples de nouveaux modes de consommation. Souvent stimulés par des plateformes collaboratives, ces nouveaux modes pourraient devenir de plus en plus importants.

Cette transition aura donc un impact sur l'emploi, tant en termes quantitatifs que qualitatifs. À l'avenir, il y aura certainement des emplois que l'on pourra qualifier d'écologiques, mais il y aura surtout une « écologisation » d'un grand nombre d'emplois. Notre capacité à fournir de nouvelles compétences aux travailleurs sera décisive pour réduire les effets négatifs et promouvoir les effets positifs. On ne devient pas spontanément installateur de panneaux thermiques ou spécialiste de l'isolation thermique.

Dans le domaine social, il faut veiller à minimiser les effets de la transition verte. À cet égard, la lutte contre la précarité énergétique et celle en faveur d'une alimentation abordable et de qualité pour tous seront des éléments à ne pas négliger. En effet, ce sont les plus vulnérables qui seront confrontés aux plus grandes conséquences de la transition verte. Il est important de prêter attention aux effets de la transition verte sur les inégalités sociales.

Il faudra veiller à ce que la charge de cette transition soit répartie équitablement entre les individus, les groupes, les secteurs et les régions. Certaines régions sont mieux préparées que d'autres. Des mécanismes de protection sociale et de solidarité entre les régions devront être mis en place pour répondre aux impacts de cette transition.

Le développement durable doit être un principe directeur pour toutes nos politiques futures. Mais l'accent doit être mis sur une stratégie globale de durabilité et d'amélioration du bien-être plutôt que sur des politiques distinctes dans des domaines particuliers.

Il sera utile de poursuivre le travail visant à dépasser l'utilisation de la croissance du produit intérieur brut (PIB) comme principal indicateur de la réussite d'un pays. Le bien-être et la cohésion des personnes, ainsi que leur empreinte écologique, devront être pris en compte dans les évaluations des politiques.

La transition numérique

La transition numérique pourrait être plus complexe que la transition verte, car elle s'étendra à tous les secteurs. Il s'agit d'un processus en plusieurs étapes qui a commencé il y a plus de quarante ans, les étapes clés étant le développement des premiers ordinateurs personnels, l'aube de l'internet (d'abord avec le Web 1.0, où l'information passait du professionnel au particulier, puis avec le Web 2.0, qui se caractérise par les réseaux sociaux et la production d'informations par l'individu), le développement des *smartphones*, des robots industriels et maintenant de l'intelligence artificielle (IA), et l'ère du *blockchain* et du *Big Data*. Les données deviennent une marchandise. Le travail en réseau est devenu la norme. Nous sommes dans la quatrième révolution industrielle. La troisième révolution industrielle s'est appuyée sur l'électronique et les technologies de l'information pour automatiser la production. La quatrième révolution industrielle (la révolution numérique) se caractérise par une fusion des sphères physique, numérique et biologique.

Cette révolution se développe à un rythme exponentiel plutôt que linéaire, et elle changera radicalement la façon dont nous produisons, consommons, travaillons et abordons la vie en société. Tous les secteurs seront touchés d'une manière ou d'une autre. Par exemple, la numérisation touchera la mobilité (voitures autonomes), le commerce de détail (via le commerce électronique), la santé (consultations médicales à distance assistées par l'IA), le logement (introduction de la domotique), ainsi que nos interactions avec les services publics (via les guichets électroniques) et avec les objets (via l'Internet des Objets).

Cela affectera un très grand nombre d'emplois. Il y aura des « emplois numériques », mais aussi une « numérisation » de (presque) tous les emplois. Comme pour la transition verte, nous assistons et continuerons à assister à des cycles de création-destruction d'activités liées notamment à l'automatisation.

En outre, en permettant le télétravail (ou « travail à distance », dont l'adoption a été accélérée par le Covid-19), la numérisation peut créer une concurrence accrue entre les travailleurs hautement qualifiés au niveau mondial. La numérisation est également un terrain propice au développement de plateformes qui, sans encadrement, favorisent le développement d'emplois précaires.

Il faut s'attaquer à la fracture numérique. Chacun doit avoir un accès, des outils et des connaissances suffisantes pour pouvoir bénéficier de la numérisation. Une fois encore, il sera nécessaire de garantir la cohésion au sein de l'UE, car toutes les régions ne sont pas également équipées pour faire face à la numérisation et au besoin de capital humain qualifié qu'elle entraîne. Toutes les entreprises ne sont pas non plus équipées pour prendre part à la quatrième révolution industrielle.

Mais la numérisation est aussi un défi pour l'ensemble de l'UE. Les grandes entreprises, principalement américaines, dominent désormais la scène internationale et occupent une place de plus en plus centrale dans nos activités quotidiennes. Taxer les bénéfices des grandes plateformes numériques étrangères est nécessaire, mais ce n'est pas suffisant, car nous sommes exclus de la production. L'UE est dépendante ; c'est une colonie numérique. Le développement de l'IA, compte tenu de son importance future, ne peut être laissé aux États-Unis et à la Chine, nos grands concurrents mondiaux. Nous devons jouer un rôle central dans les projets de demain et nous devons soutenir les entreprises européennes dans ce domaine, qu'elles soient grandes ou petites. Une politique « industrielle » est nécessaire dans ce domaine : une stratégie à long terme nécessitant une coopération, des fonds publics et privés, des infrastructures appropriées, de la recherche et, surtout, une quantité et une qualité suffisantes de capital humain.

L'Internet des Objets (qui fait partie du Web 3.0, axé sur l'interaction entre l'homme et son environnement) est l'un des principaux domaines de travail pour l'avenir. L'UE ne doit pas rester sur la touche. Un effort de recherche commun est nécessaire dans ce domaine, avec des recherches portant sur tous les aspects de celui-ci, qu'ils soient techniques, économiques, sociaux ou juridiques. Une fois encore, nous devons défendre la liberté de chaque citoyen européen.

Le renforcement de la liberté n'est pas seulement une question extérieure : il s'agit également d'une préoccupation interne. En effet, la transition numérique peut fortement influencer l'équilibre entre liberté et sécurité, comme dans le cas du profilage social, par exemple. À cet égard, le Règlement Général sur la Protection des Données (RGPD) est une grande réussite de l'action de l'UE (tout comme la réglementation sur l'enregistrement, l'évaluation, l'autorisation et la restriction des produits chimiques (REACH) pour la transition verte). C'est en étant un acteur technologique fort que l'UE peut préserver sa souveraineté et être un facteur de résilience démocratique. Il est impératif que nous puissions contrôler les développements technologiques, une condition nécessaire à la confiance dans la technologie.

La transition démographique

La transition démographique s'explique par la baisse des taux de natalité et l'augmentation de l'espérance de vie. Elle est caractérisée par un vieillissement de la population européenne, qui ne commencera à se stabiliser que vers les années 2050. Ce vieillissement entraîne un certain nombre de défis, notamment en matière de santé, de prise en charge de la dépendance et de financement de nos systèmes de retraite. Là aussi, ce changement aura de nombreux effets sur l'emploi et dans la sphère sociale.

L'allongement de l'espérance de vie ne va pas de pair avec une meilleure santé. Des progrès médicaux seront certainement réalisés, notamment en lien avec la génétique (comme les possibilités offertes par l'acide ribonucléique (ARN) messager), mais pour l'instant nous restons des mortels qui voient nos capacités s'éroder avec le temps. L'immortalité (ou, dans sa version moderne, le transhumanisme, l'homme augmenté) reste une quête : une quête qui nécessitera certainement un débat rigoureux sur l'avenir de l'humanité.

Le vieillissement a également des effets tant positifs que négatifs sur l'emploi. Du côté négatif, on observe une diminution de la main-d'œuvre et une augmentation de la demande de services sociaux, de soins de santé et d'infrastructures publiques. Mais d'un autre côté, il y a les opportunités offertes par « l'économie des seniors ». Les personnes âgées sont un marché. Ils ont des besoins spécifiques en matière de services et de produits (exosquelettes et robotique domestique, par exemple).

En ce qui concerne le vieillissement, de nombreux projets devront être mis en œuvre rapidement pour permettre aux personnes âgées de rester autonomes le plus longtemps possible dans le lieu de leur choix (à domicile ou en institution). Deux facteurs influencent le niveau de dépendance de nos citoyens : les conditions socio-économiques (les types d'emplois peu rémunérés, précaires et difficiles qui sont souvent associés à un faible niveau d'éducation sont en définitive des vecteurs de dépendance) et l'âge (plus particulièrement, la vieillesse, quelles que soient les conditions socio-économiques). Une révision de nos services aux personnes et aux ménages semble nécessaire si nous voulons avoir les moyens de faire face à un double mouvement : plus de personnes dépendantes et moins d'aidants familiaux. Ces services combinent à la fois des activités de soins directs centrées sur les personnes (personnes âgées, personnes en situation de handicap, jeunes enfants, etc.) et des activités de soins indirects centrées sur les objets (maisons, linge, repas, etc.). S'ils sont essentiels pour permettre aux personnes dépendantes de rester à domicile, ils le sont aussi pour favoriser un meilleur équilibre entre vie familiale et vie professionnelle.

Si les services sociaux sont essentiels pour les personnes défavorisées (notamment en fonction de leur niveau de dépendance et de leurs revenus), les prestataires de services complémentaires doivent pouvoir intervenir pour d'autres groupes. Il s'agit d'une source d'emploi importante, mais qui nécessite une révision de l'écosystème de ces services afin d'éviter la croissance d'emplois non déclarés ou d'emplois qui ne respectent pas les conditions de travail normales. S'agit-il d'emplois locaux ? Actuellement, oui et non. Oui, parce que nous devons agir au niveau du domicile de la personne dépendante. Non, car l'attractivité souvent faible de ces emplois favorise l'immigration de soignants étrangers.

Un besoin accru de sécurité et de stabilité coexistera avec un désir d'autonomie et de liberté. Les personnes âgées ont également du temps et de l'expérience à partager. Le volontariat et la coopération intergénérationnelle offrent de nombreuses possibilités de renforcer la cohésion sociale. La vieillesse ne doit pas devenir une antichambre de la mort, mais une phase importante de la vie.

Bien entendu, pour pouvoir profiter de cette nouvelle phase de la vie et pour que la société puisse en tirer parti, il est essentiel que les personnes âgées disposent de revenus suffisants. La question du niveau des pensions et de leur financement doit être centrale. La responsabilité individuelle et la solidarité collective devront être combinées afin que nous puissions profiter de la transition démographique pour créer des perspectives de mieux-être. En parlant d'évolution démographique, nous devons aborder la question du solde migratoire. Au moins deux phénomènes influencent l'évolution de cet équilibre.

L'offre est déterminée par les conditions socio-économiques des pays d'origine des migrants, mais aussi par les conditions politiques et, à l'avenir, climatiques. La population de l'Afrique devrait doubler au cours des trente-cinq prochaines années (passant de 1,34 milliard d'habitants aujourd'hui à 2,7 milliards en 2055). Si un seul pour cent de cette population supplémentaire décidait de traverser la Méditerranée, la pression migratoire atteindrait 13 millions de personnes.

La demande est déterminée par nos besoins, notamment en matière de main-d'œuvre. Avec l'augmentation du niveau de vie des Européens, de nombreux emplois considérés comme pénibles et mal rémunérés ne sont pas facilement acceptés par la population locale. Dans d'autres cas, le vieillissement de la population pourrait déclencher des demandes migratoires pour répondre aux besoins en main-d'œuvre du système de production européen.

La politique migratoire est d'une importance vitale, tout comme les politiques qui soutiennent le développement économique et social des pays qui nous entourent. La pratique de la politique de l'autruche dans ce domaine constitue un risque majeur pour nos systèmes politiques.

La combinaison de ces trois transitions

Chacune de ces transitions constitue en soi un défi en matière d'impacts tant positifs que négatifs. Combinées, elles rendent la situation encore plus complexe, mais c'est peut-être aussi grâce à cette combinaison que des issues favorables sont possibles.

Nos politiques futures doivent combiner ces trois transitions. Nous devons être en mesure de tirer parti de chacune d'entre elles pour réduire les effets négatifs des deux autres et, inversement, pour en maximiser les effets positifs.

Par exemple, les voitures autonomes à faibles émissions peuvent faciliter la mobilité des personnes âgées, une maison correctement isolée et équipée des dernières technologies d'automatisation peut aider les personnes âgées à rester chez elles et l'intelligence artificielle au service de la médecine, associée à l'amélioration de notre alimentation et de la qualité de l'air, augmentera l'espérance de vie en bonne santé.

Les maisons doivent être utilisées au profit des communautés. La production énergétique décentralisée peut en être un exemple intéressant. Le foyer peut également devenir un élément central des politiques futures. Le développement du télétravail en est un aspect ; la réduction de la consommation d'énergie, grâce à une meilleure isolation thermique par exemple, en est un autre, l'introduction d'imprimantes 3D en est un troisième et la fourniture de services à domicile (notamment en matière de dépendance) en est encore un autre. En corollaire, la lutte contre le sans-abrisme doit être considérée comme essentielle.

La transition numérique doit aussi être verte, car elle est gourmande en énergie.

Mais un manque de vision globale risque d'accentuer les effets négatifs de ces transitions. Le maintien de la fracture numérique risque donc d'exclure un nombre croissant de citoyens européens. Une inadéquation des compétences entre l'écologisation et la numérisation aura un impact sur l'employabilité, et finalement sur les retraites aussi.

COMMENT ACTUALISER LES POLITIQUES SOCIALES ?

Les impacts sur l'emploi

L'important n'est peut-être pas la prévision quantitative des emplois de demain ou d'après-demain, mais plutôt la mise à disposition d'instruments capables de répondre aux besoins futurs. Il s'agit notamment de favoriser l'adaptation interne et externe aux besoins futurs des entreprises en matière de compétences (prenons par exemple le passage de la mécanique à l'électronique, voire à l'informatique, dans l'industrie automobile).

Les compétences devront être adaptées à nos nouveaux modes de production et à nos nouvelles vies. Notre système d'éducation et de formation doit répondre aux besoins futurs, sinon nous nous dirigeons vers une polarisation croissante de notre société, polarisation entre ceux qui ont un emploi rémunéré et ceux qui n'en ont pas. Les compétences seront au centre de la gestion des effets des transformations actuelles.

Nous avons besoin de systèmes éducatifs capables de fournir à la fois des compétences générales (liées à la communication, à la créativité, au travail d'équipe, à l'esprit d'entreprise, etc.) et des qualifications techniques de plus en plus spécialisées et évolutives. Nous avons également besoin de services de l'emploi efficaces, capables de soutenir les demandeurs d'emploi et les travailleurs en reconversion. Et la capacité à gérer le capital humain en interne dans les entreprises (bilan de compétences/reconnaissance de l'expérience acquise/mobilité professionnelle/parcours professionnels) est également essentielle. Sur ce dernier point, il pourrait être utile de ressortir le Cadre de qualité de l'UE pour l'anticipation des changements et des restructurations (COM(2013) 882) et d'en faire un guide pour la gestion des ressources humaines.

L'éducation, de la petite enfance à l'apprentissage tout au long de la vie, est un investissement collectif central (la petite enfance est importante, car le développement des connexions cérébrales n'est pas à négliger). Vivre dans une société numérique sans en connaître le langage (par exemple, la capacité de créer et de comprendre des applications) n'est plus acceptable. Le besoin d'innovation et de technologie pour faire face aux transitions verte et numérique exige de nos systèmes éducatifs qu'ils attirent et forment un nombre important de diplômés STIM (science, technologie, ingénierie et mathématiques). Il convient de souligner que cet acronyme ne fait pas uniquement référence aux « emplois masculins ».

En outre, dans un monde où le changement devient la norme, l'apprentissage tout au long de la vie doit devenir la règle pour tous et pas seulement la prérogative de quelques-uns (généralement ceux qui sont déjà les mieux formés). Nos systèmes scolaires devront également veiller à limiter l'abandon scolaire précoce et l'échec scolaire. Les jeunes sans formation auront de plus en plus de mal à trouver un emploi, car même si la polarisation du marché du travail se poursuit (emplois hautement qualifiés contre emplois peu qualifiés), il existe un risque sérieux que les travailleurs « intermédiaires » se retrouvent à effectuer en partie des tâches qui requièrent moins de compétences techniques, mettant ainsi la pression sur les nouveaux venus peu qualifiés.

L'apprentissage tout au long de la vie, ou formation continue, doit devenir une réalité pour tous les citoyens européens. Des investissements encore plus importants sont nécessaires pour les personnes avec une employabilité réduite. La lutte contre le chômage de longue durée doit devenir une priorité, ou plutôt une réalité. Cette lutte est coûteuse, mais les conséquences du chômage de longue durée le sont encore plus.

L'interdisciplinarité deviendra la règle, et non l'exception. La société de demain ne pourra plus travailler de façon cloisonnée comme par le passé. À l'avenir, l'interdépendance entre climat/environnement et économie/société sera de plus en plus visible. La qualité du capital humain sera un facteur clé pour accroître l'innovation et la productivité.

Les impacts sur les conditions de travail et de vie

Créer des emplois et disposer des bonnes compétences est souhaitable, mais cela ne suffit pas. Ces nouveaux emplois doivent être des emplois de qualité. Le travail à la tâche basé sur des contrats zéro heure payés au salaire minimum, sans acquisition de droits sociaux et dans un environnement peu sûr, ne peut constituer la base des emplois de demain. Le monde du travail est déjà en train de changer. Le modèle salarial de l'ère industrielle s'effondre. De nouvelles formes d'emploi apparaissent et d'autres se développent (comme le télétravail, le « travail sur une plateforme » et le travail indépendant). De nombreuses restructurations, notamment dans les petites et moyennes entreprises, ne s'accompagnent pas d'efforts suffisants pour réintégrer les travailleurs. Une partie de la population craint ces évolutions, et souvent à juste titre. Mais une fois encore, des solutions existent, du moins sur le papier.

La qualité de l'emploi dépend à la fois du travail de régulation des autorités publiques et de celui de leurs partenaires sociaux. Les autorités publiques doivent être en mesure de fixer des normes minimales en matière de conditions de travail, de garantir l'égalité de traitement des employés contractuels et occasionnels et de faire appliquer la législation du travail. La question du travail sur des plateformes est cruciale. Les personnes travaillant sur des plateformes devraient se voir garantir les mêmes droits que celles qui occupent des formes d'emploi plus traditionnelles, y compris la protection sociale et l'accès aux négociations collectives.

En outre, les pouvoirs publics doivent soutenir la dynamique du dialogue social afin que leurs partenaires sociaux puissent négocier des accords complémentaires ou spécifiques. Les négociations sociales doivent être possibles à tous les niveaux : européen, national, interprofessionnel et sectoriel, et enfin au niveau de l'entreprise. Tous les secteurs et activités doivent être couverts par des conventions collectives contraignantes. Dans le respect de la représentativité des signataires, les procédures d'extension des accords (*erga omnes*) doivent être soutenues par les pouvoirs publics. Le travail conjoint des partenaires sociaux doit pouvoir s'étendre à la gestion et à la mise en œuvre efficaces des instruments de réinsertion des travailleurs (comme c'est déjà le cas dans certains États membres).

Le dialogue social doit rester un élément central de la sphère sociale. La démocratie industrielle, fondée sur la liberté d'association et la reconnaissance effective du droit de négociation collective, doit être largement soutenue par l'UE dans le monde, car c'est elle qui permettra aux travailleurs de nos pays et surtout des autres de bénéficier du progrès économique lié à la mondialisation. La liberté syndicale est un marqueur important de la démocratie politique.

La protection sociale doit être en phase avec l'évolution du marché du travail (voir à cet égard la recommandation du Conseil sur l'accès à la protection sociale, adoptée en 2019). La protection sociale doit fournir un filet de sécurité sans faille (et où le non-recours aux droits doit être réduit) et elle doit pouvoir répondre aux besoins de la population en matière de soins et de services. Face à une flexibilité accrue et à une économie en transition, la question de la protection des revenus qui garantirait un revenu de base doit être étudiée sans a priori.

Il est important de noter l'arrivée bienvenue du Socle européen des droits sociaux (SEDS) en 2017. Il ne s'agit pas tant de nouveaux droits que d'exigences relatives aux politiques sociales à mettre en œuvre, principalement par les États membres. Le plan d'action devrait permettre aux États membres de proposer aux Européens la mise en œuvre des principes contenus dans le socle. Ce plan d'action pourrait constituer les prémices d'une gouvernance sociale au même titre que la gouvernance économique (l'examen annuel de la croissance, les programmes nationaux de réforme, les programmes de stabilité et de convergence et les recommandations spécifiques par pays).

Les politiques sociales, de l'emploi et de l'éducation couvertes par le SEDS devraient favoriser les transitions professionnelles et couvrir toutes les formes d'emploi. La mise en œuvre des vingt principes énoncés dans le SEDS constituerait une garantie du bon fonctionnement du marché du travail et d'une protection/couverture sociale efficace tout en respectant le principe de subsidiarité. Il incombe principalement aux États membres de mettre en œuvre des actions visant à protéger leurs citoyens. Les politiques européennes dans ces domaines soutiennent les politiques nationales et devraient stimuler et amorcer des processus vertueux.

QUELLES DEVRAIENT ÊTRE LES PRIORITÉS DE L'EUROPE DANS L'ORGANISATION DE CES TRANSITIONS ?

L'avenir, un cheminement

Nous connaissons les éléments qui pourraient contribuer à une vision à long terme, mais comment les rassembler pour en faire un ensemble compréhensible et crédible ?

Oublions le terme « modèle », qui renvoie souvent à une définition statique, et préférons une approche dynamique : perspectives, opportunités, voire rêves, en bref, une vision. Mais si une vision est essentielle, ce ne sont pas les objectifs quantitatifs qui doivent prévaloir, mais la voie que nous entendons emprunter pour les atteindre.

La voie est avant tout une valeur fondamentale que nous ne devons pas oublier : nous marchons ensemble. Et si certains d'entre nous peuvent partir en éclaireurs, nous ne devons laisser personne sur le bord du chemin. En suivant cette voie, nous pouvons conserver le soutien de la population et la flexibilité nécessaire à un parcours durable dans un monde complexe et incertain.

Avoir une voie signifie que l'on a besoin d'une direction, une carte, un GPS, une boussole. L'incertitude et la complexité ne doivent pas nous empêcher de développer des indicateurs. En fait, ils sont essentiels, car nous devons savoir que nous progressons. Nous avons besoin de savoir que nos efforts servent à quelque chose et que nous allons de l'avant. Nos instruments politiques doivent être plus faciles à lire et plus simples à comprendre. Les citoyens doivent être en mesure de comprendre et d'évaluer les politiques qui leur sont proposées.

Cette lisibilité et cette simplicité n'empêchent pas le « back-office » d'être complexe. L'intégration des externalités tant négatives que positives n'est pas facile, mais elle est essentielle. La taxation des externalités négatives doit être efficace et performante, tout comme le financement des activités ayant des externalités positives. Les prix doivent être transparents et faciles à lire, et ils doivent jouer pleinement leur rôle essentiel dans l'allocation des ressources.

« Ne laisser personne de côté » signifie que la cohésion, la convergence et l'équité doivent être au centre des préoccupations. La solidarité et l'égalité des chances doivent imprégner nos actions politiques. Un monde ordonné dans lequel le libre arbitre prévaut a un prix que nous devons être prêts à payer. Accepter le prix de la solidarité exige que les services publics soient efficaces.

La coopération et la subsidiarité, soutenues par une exigence de cohérence, doivent également nous guider. Il convient de développer la coopération entre les différents acteurs socio-économiques, mais aussi entre les niveaux de pouvoir. À cet égard, nos pratiques de dialogue social doivent recevoir tout le soutien nécessaire, aussi bien sur le plan des moyens que de la facilitation, pour jouer leur rôle, et en matière de possibilité de compléter, voire de dépasser, le cadre réglementaire. Ce cadre doit permettre l'égalité de traitement de toutes les formes d'emploi. La subsidiarité doit rester la règle, mais elle doit être acceptée dans les deux sens : plus locale si nécessaire, ou plus européenne en cas de nécessité. Nous ne devons avoir peur ni de l'une ni de l'autre, mais nous devons exiger que les gens travaillent de manière cohérente. À cet égard, le débat doit retrouver la place qui lui revient. Chacun doit pouvoir s'exprimer, mais la démocratie doit prévaloir et donc permettre de prendre des décisions. Oui au consensus, non à l'unanimité.

Solidarité, liberté et investissement

Un cadre protecteur dans lequel la liberté peut s'exprimer doit être fourni.

L'expression de la liberté est aussi l'expression de la solidarité. La solidarité garantit un soutien dans les moments difficiles et permet à chacun d'être libre. La liberté et la solidarité sont inséparables. Comme l'a dit Nelson Mandela : « Car être libre, ce n'est pas seulement se débarrasser de ses chaînes, c'est aussi vivre de manière à respecter et à renforcer la liberté d'autrui ».

La solidarité est utile à la société (à chacun d'entre nous), car elle rend cette dernière plus équilibrée et plus stable. Elle n'est donc pas seulement bénéfique aux faibles et aux pauvres.

La solidarité permet à nos sociétés d'être résilientes. Elle permet aux individus et aux communautés de faire face, de s'adapter et de se rétablir des crises. Les principaux éléments de la résilience sont la prévention, l'éducation et la formation. Les nouvelles exigences qu'entraîneront les changements et les nouveaux processus de production, combinés au vieillissement de la société, créeront des emplois. Nous devrons donc avoir la capacité de répondre à ces besoins en main-d'œuvre, tant en quantité qu'en qualité. Nos systèmes éducatifs devront être très souples et réactifs, ce qui peut constituer un défi. La formation supervisée peut être un élément important du soutien.

La résilience dans nos sociétés, mais aussi au niveau individuel, ne peut donc être atteinte sans une capacité d'investissement. L'investissement doit être au centre de nos préoccupations, y compris l'investissement social dans son sens le plus large. L'investissement et le déficit structurel sont deux notions qui doivent être séparées. Investissement signifie argent. L'argent reste le nerf de la guerre, même s'il s'agit d'une guerre pacifique qui nous fait avancer vers plus d'équité, de résilience et de liberté.

Le « modèle européen » de protection sociale sera mis à rude épreuve dans les années à venir, notamment en raison des coûts du vieillissement et du soutien qu'il faudra offrir aux personnes touchées par les pertes d'emploi, afin de permettre leur réintégration. Face à ces tensions, il faut réinventer le contrat social qui existe entre l'État, ses citoyens, les travailleurs et les entreprises. À cet égard, nous devons repenser la relation entre l'État et ses citoyens. Les entreprises auront un rôle crucial à jouer dans la réalisation des objectifs environnementaux. Tout cela est d'autant plus vrai dans un monde globalisé où le transfert de bénéfices par les multinationales, l'évasion fiscale et la concurrence fiscale sapent la viabilité financière de notre société et la capacité des gouvernements à préparer l'avenir en investissant dans l'innovation ou dans l'éducation et le recyclage des personnes.

Il est important que les budgets publics puissent soutenir les trois principales fonctions de l'action publique : l'allocation, la redistribution et la stabilisation. Ces trois fonctions doivent être exercées à tous les niveaux de gouvernement.

Outre la taxation des externalités négatives (réduction du coût social), qui doit devenir fondamentale (c'est-à-dire, par définition, subir une érosion), il faut revenir à une taxation progressive des revenus (de tous les revenus) de manière équitable et stable. Une taxation qui permet l'investissement collectif.

Être imposé devrait devenir un marqueur social positif. Mais pour atteindre cet objectif, les services publics doivent être des exemples forts d'efficacité et d'efficience. Il est nécessaire que les dépenses publiques soient pertinentes et qu'elles génèrent des investissements. Cette première exigence doit être complétée, également : il faut qu'il existe une cohérence et une complémentarité entre les dépenses effectuées aux différents niveaux de pouvoir. Nous devons avancer ensemble, y compris dans le domaine budgétaire.

Parmi les investissements que les pouvoirs publics peuvent soutenir figurent les subventions qui augmentent le bien-être social (également appelées subventions pigouviennes). Donner un sens au bien-être social (en d'autres termes à la communauté) doit devenir une règle absolue. Il est bien connu que l'identification et, surtout, la quantification des externalités positives constituent sont des problèmes complexes, mais qui peuvent être résolus.

L'innovation et la politique industrielle (y compris celle relative aux services) sont des éléments qui doivent pouvoir bénéficier de subventions pigouviennes si l'on veut accroître le bien-être social. Si la concurrence reste un élément central de l'économie sociale de marché, elle devra certainement être comprise dans sa dimension internationale également, comme dans le cas du secteur aérospatial (voir les exemples d'Airbus et de Galileo).

La politique de défense (qui porte bien son nom) ne doit pas être oubliée. Cette politique, qui inclut également l'espace, est un facteur crucial pour maintenir notre indépendance, préserver la paix et renforcer notre liberté. Mais il n'y a pas que cela. C'est également une source majeure d'innovation technologique, et il s'agit d'un domaine dans lequel d'autres pays connaissent un développement constant. Nous devons nous efforcer de faire de même, car, comme le dit le dicton, si vous voulez que quelque chose soit bien fait, faites-le vous-même.

Le développement des aptitudes et des capacités est essentiel au niveau individuel, mais il en va de même au niveau territorial. Nous ne sommes pas tous dans le même bateau. Certaines régions seront plus durement touchées par le changement climatique que d'autres, et certaines sont mieux préparées que d'autres à faire face aux effets du changement climatique et de la numérisation. Il est donc crucial que la solidarité s'exerce au niveau interrégional. L'UE a toujours été capable de développer de tels instruments. Les instruments de la solidarité européenne dans le domaine social ont été développés au fil du temps. Cette solidarité prend aujourd'hui plusieurs formes. Tout d'abord, l'UE dispose d'un mécanisme de redistribution visant à renforcer les capacités structurelles de ses États membres à gérer les adaptations : le Fonds social européen. Deuxièmement, elle dispose d'un mécanisme de redistribution entre les gagnants et les perdants de certaines politiques : le Fonds européen d'ajustement à la mondialisation. Et troisièmement, elle a récemment créé un mécanisme de stabilisation à la suite d'un choc majeur : le Soutien temporaire à l'atténuation des risques de chômage en situation d'urgence. Ce nouvel instrument a été lancé par l'UE dans le cadre du Covid-19 et il constitue un exemple très intéressant de réassurance. Dans ce cas, il s'agit d'une aide financière sous forme de prêts de l'UE pour permettre aux États membres de faire face à une augmentation soudaine des dépenses publiques pour préserver l'emploi (chômage partiel). D'autres mécanismes de réassurance pourraient être créés pour renforcer la possibilité de solidarité au niveau de l'UE. Le régime européen d'allocations de chômage en est un exemple.

Sans la mise à disposition suffisante de tels instruments (et, par conséquent, sans la mobilité du capital, et plus précisément du capital public), ce sont les gens qui bougeront. C'est un choix que nous devrons accepter et qui n'offre pas beaucoup de solutions collectives.

TOUS CES ÉLÉMENTS SONT CONNUS, ALORS QU'EST-CE QUI LES EMPÊCHE D'ÊTRE DES COMPOSANTS D'UNE VISION COMMUNE ?

Avoir une vision est une chose. Avoir une vision commune en est une autre. Face aux transformations en cours, nous devons être capables de dépasser la question des droits acquis dans le passé. Nous devons nous convaincre que la vision proposée créera plus de gagnants que de perdants, et que pour les perdants, la solidarité sera réelle et efficace.

Les gagnants doivent aider les perdants. Ce n'est qu'alors que les changements pourront être acceptés. Ce préambule est important pour permettre l'adaptation nécessaire au changement. Le deuxième facteur de réussite d'un processus de changement est une évaluation partagée de la situation actuelle et future (une évaluation partagée implique un dialogue). C'est dans le cadre de ces conditions que la coopération de tous les acteurs permettra d'offrir à chacun une nouvelle perspective.

L'UE a déjà démontré par le passé qu'elle était capable de transcender ses divergences et d'offrir une vision claire (notamment lors de la mise en place du marché intérieur). Tous les citoyens européens doivent pouvoir être fiers d'être européens et de vivre dans un espace géographique où la solidarité et la liberté sont des réalités quotidiennes. C'est dans ce cadre que la citoyenneté européenne jouera pleinement son rôle et que l'Europe aura un avenir. Cet avenir, construit sur les valeurs jumelles de liberté et de solidarité, deviendra un phare pour d'autres régions du monde.

N'oublions pas que ces transformations se déroulent dans un environnement qui pose déjà un certain nombre de défis importants, tels que ceux posés par la mondialisation et l'intégration européenne. Dans le passé, nous ne pouvions pas savoir ce qui se passait de l'autre côté des mers, ou par-delà les montagnes et les déserts, et nous pouvions vivre en autarcie. C'est l'échange des biens, mais aussi des idées et des connaissances, qui a permis au monde dans lequel nous vivons d'émerger. L'interdépendance est une réalité. La mondialisation, comme les trois transitions en cours, offre des opportunités si nous parvenons à gérer ses impacts négatifs. Nous y parviendrons si nous préservons et développons nos valeurs de liberté et de solidarité.

Terminons comme nous avons commencé, en citant Winston Churchill : « Il n'y a rien de négatif dans le changement, si c'est dans la bonne direction ».

Aspirations : L'Europe dans les années 2020 - fixer le cap pour tous les futurs Européens

Par Halliki Kreinin et Lukas Hochscheidt

Les années 2020 pourront être considérées comme la décennie au cours de laquelle nous avons soit bien agi, soit laissé tomber *tous* les futurs Européens. Si nous avons la chance d'être encore en vie, il est probable que nous devrons revisiter cette période et rendre compte de nos actions, un peu comme les Européens des années 30 et 40. Qu'avons-nous fait pour changer la trajectoire que nous suivions ? Est-ce que nous nous sommes battus pour ce qui était moral, même si cela semblait compliqué ? Ou avons-nous cédé à l'inertie, en acceptant ce qui était « normal », mais néfaste ?

L'AVENIR DE L'EUROPE : DES CRISES PERPÉTUELLES ?

Les années 2020 seront déterminantes pour le reste de l'histoire de l'Europe (et du monde). Les Européens émettent actuellement quatre fois plus d'émissions de gaz à effet de serre par habitant que ne le permet l'accord de Paris. Pourrons-nous rester en deçà d'un réchauffement de 1,5 à 2 °C dans les années à venir et éviter le scénario de la « Planète serre » ? Ou bien dépasserons-nous cette limite et, en raison des boucles de rétroaction inhérentes à la Terre, condamnerons-nous l'humanité à une hausse perpétuelle des températures, à l'effondrement des systèmes agricoles (à partir de 2035 environ), à des famines, à un génocide climatique et, finalement, à l'effondrement de la civilisation ? Allons-nous changer les institutions et les lois de la société pour permettre à chacun de satisfaire ses besoins de manière suffisante ? Ou allons-nous permettre l'accroissement des inégalités et la consommation matérielle obscène de quelques privilégiés au détriment de l'établissement d'une base solide pour une bonne vie pour tous ?

Les multiples crises auxquelles l'Europe est confrontée (environnementales, sociales et économiques) nous obligent à repenser la manière dont nous assurons le bien-être de la société tout en respectant la « limite de charge » de la planète. Ces crises liées et interdépendantes exigent que nous trouvions des solutions en utilisant une approche systémique. Au lieu de « revenir à ce que nous avions » après la crise de Covid-19, avançons vers quelque chose de mieux. Reconsidérons nos idées sur ce qui est « normal » et sur ce qui est « important ». Essayons de sortir de la spirale du « toujours plus ».

DE LA VISION AUX ACTES

Pour que cette vision devienne une réalité, le modèle social et écologique européen devra changer fondamentalement. Ce n'est qu'en adaptant notre contrat social pour en faire un contrat écosocial qui englobe les transitions écologiques et numériques avec lesquelles nous sommes aux prises que nous pourrons mettre en place des structures sociales qui assurent un bien-être durable à toutes les générations futures. Le double défi de la crise climatique et de la révolution numérique ne se résume donc pas à l'innovation et aux technologies dites de rupture : nous devons aborder chacun d'eux comme une question de société, et nous devons nous donner les moyens de réussir ce défi.

Premièrement, nous devons repenser la politique industrielle. Au lieu de lier les décisions d'investissement aux conceptions traditionnelles de la croissance économique, nous devons réorienter les flux d'investissement vers les industries qui favorisent le bien-être durable et permettent une production neutre sur le plan climatique et des emplois décents. Les investissements publics ne devraient profiter qu'à ceux qui s'engagent à respecter les objectifs climatiques et à créer des emplois de qualité dans de nouveaux secteurs, y compris le monde du travail numérique. Nous devons être honnêtes à propos des secteurs qui ne peuvent pas continuer dans leur état actuel, au lieu de promouvoir des discours dangereux sur le retard climatique au nom d'industries qui sont nuisibles à l'environnement et aux travailleurs maintenus dans des emplois non durables.

Deuxièmement, nous devons offrir aux travailleurs et à leurs familles la sécurité dont ils ont besoin pour s'épanouir dans un environnement de travail plus dynamique. Les transitions industrielles obligent les travailleurs à changer d'emploi, voire de secteur d'activité, plus fréquemment. Pour que les travailleurs soient disposés à s'engager dans ces changements et soient capables de le faire, ils ont besoin de la sécurité de l'emploi et du revenu, sous la forme de services sociaux meilleurs (et universels), d'allocations de chômage consistantes, de programmes de requalification et, à terme, d'une garantie d'emploi universelle.

La réduction du temps de travail peut être un outil utile pour partager plus équitablement le travail et réduire le chômage structurel. Bien entendu, cela ne doit pas se faire au détriment des travailleurs déjà poussés à bout. Au lieu de cela, nous devons créer des limites de revenu minimum et maximum pour une distribution des salaires plus juste et durable. Pour que ce Nouveau pacte social soit couronné de succès, de solides mécanismes de codécision et de négociation collective doivent être mis en place pour permettre aux travailleurs de faire entendre leur voix partout en Europe.

Troisièmement, pour réduire les risques sociaux et environnementaux dans toute l'Europe, nous devons mettre en place une politique fiscale beaucoup plus axée sur le bien-être et la prévention des crises. Un cadre fiscal socioécologique global doit être mis en place à l'échelle de l'UE si l'on veut éviter une course vers le bas (nous vous regardons, l'Irlande) ; il doit inclure une diminution de la taxation du travail et une augmentation des taxes sur les émissions, l'utilisation des matériaux et de l'énergie (en commençant par une taxe sur le kérosène). Notre système fiscal doit inclure des impôts beaucoup plus progressifs sur le capital, le patrimoine et l'héritage afin de réduire les inégalités et d'accroître le bien-être sans augmenter les émissions. L'évasion fiscale des multinationales doit être combattue avec force, notamment en ce qui concerne les entreprises de services numériques qui ont fait des affaires en Europe sans payer leur juste part d'impôts. En réduisant les inégalités et en favorisant le bien-être, un système fiscal socioécologique cohérent nous aiderait également à respecter la limite de charge de la Terre, car les inégalités sont un facteur de la crise environnementale.

UNE DÉMOCRATIE EUROPÉENNE PLUS FORTE POUR UN MEILLEUR AVENIR

Pour que l'UE soit capable de réaliser les transitions sociales, écologiques et numériques nécessaires, les institutions de notre union doivent changer fondamentalement. Le Parlement européen doit avoir le dernier mot sur *toutes* les questions relatives aux transitions en tant que véritable législateur démocratique. Les Européens devraient pouvoir décider de l'orientation future de l'Europe en votant à la majorité au Parlement européen plutôt qu'en s'appuyant sur des compromis sans ambition résultant de décisions unanimes du Conseil. Le Parlement deviendrait ainsi le foyer d'une véritable démocratie européenne.

La légitimité démocratique et l'écoute de « la voix du plus grand nombre » sont des conditions préalables à la construction d'une société plus égalitaire, plus lente, plus heureuse, axée sur le bien-être et qui n'exploite pas l'environnement, les ressources et la main-d'œuvre ailleurs. Il ne peut s'agir de la mission d'un seul État membre, mais bien de l'Union européenne dans son ensemble.

Une Union européenne de la santé

Par Vytenis Andriukaitis

La pandémie de Covid-19 a secoué l'Europe. Il s'agit, tout d'abord, d'une crise sanitaire. Rien que dans l'UE/EEE, plus de 610 000 décès ont été causés par le Covid-19, avec des centaines de milliers de décès supplémentaires dus aux perturbations des systèmes de santé et avec des problèmes de santé mentale à long terme, provoqués par une vie en société brisée, qui se feront sentir pendant des années. Il s'agit également d'une crise économique et, enfin, d'une crise sociale, qui remet en question l'ensemble du projet européen.

Jusqu'à récemment, les objectifs de développement tels que sauver des vies, promouvoir la santé et accroître la longévité n'étaient pas pris en compte dans la politique européenne. Pendant des décennies, l'UE a considéré que les questions de santé étaient presque exclusivement l'affaire des États membres ou de quasi-marchés. Jusqu'à l'arrivée du Covid-19, la santé est restée un sujet mineur dans les traités européens, dans le semestre européen et lorsqu'il s'agissait du budget de l'UE. Le principe « l'UE n'agit pas » prévaut à moins qu'il ne soit plus efficace que les mesures prises au niveau national, régional ou local. C'est ainsi que, dans la pratique quotidienne habituelle, le principe de subsidiarité et le rôle de l'UE en matière de santé sont interprétés.

L'expérience de la pandémie a mis en lumière les faiblesses des mécanismes existants de collaboration entre les États membres et avec les institutions européennes. Le Covid-19 a inspiré une nouvelle réflexion sur le rôle que joue la santé dans la politique européenne. Pour beaucoup d'Européens, y compris les patients, les professionnels de la santé et les dirigeants progressistes de la société, il est clair que la santé est une question importante, et nous devons saisir cette opportunité pour garantir qu'une action publique forte soit prise pour transformer la coopération au niveau des États membres et de l'UE.

Chaque crise sanitaire précédente (par exemple, l'encéphalopathie spongiforme bovine (ESB) ou Ebola) a ajouté un niveau supplémentaire de politique sanitaire et créé de nouvelles institutions européennes (l'Agence européenne des médicaments et le Centre européen de prévention et de contrôle des maladies, par exemple). Face à cette crise, l'Europe doit-elle envisager de faire progresser les nouvelles compétences de l'UE dans le domaine de la santé, ainsi que dans les autres domaines de la politique européenne qui ont un impact sur la santé?

Après l'épidémie de SRAS-CoV-2 au printemps 2020, l'Alliance progressiste des socialistes et des démocrates a présenté une série de propositions visant à établir une Union européenne de la santé (UES). Depuis septembre 2020, la Commission européenne soutient l'initiative en développant les premiers éléments constitutifs d'une UES. Il s'agit de renforcer la capacité de réaction aux menaces sanitaires transfrontalières et d'améliorer la préparation aux crises. Elles seront suivies à terme par deux initiatives majeures de l'UES : une stratégie pharmaceutique pour l'Europe et le plan européen pour vaincre le cancer.

Qu'est-ce que l'Union européenne de la santé, exactement? Ces premiers éléments constitutifs de l'UES sont-ils suffisamment cohérents pour lui servir de base solide? La création d'une UES signifie-t-elle que les différences d'espérance de vie moyenne à la naissance qui existent entre les anciens et les nouveaux États membres, pouvant aller jusqu'à 7-9 ans, vont se réduire à l'avenir? Une UES permettra-t-elle aux innovations de toucher chaque lit d'hôpital en Europe et d'irriguer les « déserts médicaux » dans les États membres?

Dans toutes les nations européennes, la santé est l'un des piliers les plus importants du bien-être. Y a-t-il un meilleur moyen pour l'UE d'atteindre ses citoyens que la solidarité en matière de santé? Malheureusement, les initiatives les plus récentes de la Commission ne sont pas de nature à encourager les attentes des Européens en matière de santé. La proposition actuelle de la Commission de construire une UES sans modification du traité ne donne aucune chance de construire une UES forte.

Une véritable Union européenne de la santé devrait avant tout s'appuyer sur le socle des droits sociaux de l'UE, sur les engagements de l'UE et des États membres à l'égard des objectifs de développement durable, sur le Green Deal européen, sur la Facilité pour la reprise et la relance, et sur la Stratégie numérique pour l'Europe. Il est maintenant temps de les combiner et d'y ajouter le concept d'un accord sur la santé et le bien-être.

Je propose ci-dessous quelques suggestions de caractéristiques que pourrait avoir la future UES.

- Le rôle de la politique de santé dans les traités européens devrait être reconsidéré et renforcé. Les objectifs qu'il conviendrait de garder à l'esprit sont des mesures de santé plus proactives et préventives, une plus grande solidarité dans les activités de santé publique en Europe et une coopération renforcée dans la mise en place de systèmes de soins de santé résilients.
- Il devrait y avoir une capacité suffisante pour préserver la solidarité de l'UE lorsque des pénuries de fournitures médicales surviennent simultanément dans différents États membres. L'UE devrait être habilitée, dans certains domaines, à assurer la distribution centralisée des médicaments d'urgence, des « médicaments orphelins » ou des médicaments destinés à des traitements rares du cancer, ainsi que des fournitures fondées sur les besoins médicaux.
- Une directive sur les soins de santé transfrontaliers n'est pas suffisante. Nous avons également besoin que l'UE partage certaines responsabilités en matière de soins et de traitements dans le domaine des cancers et des maladies rares, tout en préservant la subsidiarité comme principe fondamental. Nous avons besoin que le Fonds européen d'assurance maladie couvre les maladies rares et faire en sorte que la promesse selon laquelle « personne n'est laissé pour compte » soit une réalité en Europe. Aucun pays européen n'est capable, à lui seul, de garantir une couverture sanitaire universelle à l'ensemble des 30 millions de patients de l'UE qui souffrent de cancers ou de maladies rares, mais l'UE peut le faire.

Soyons clairs : le défi n'est pas de rendre les institutions de l'UE responsables de toutes les questions de santé, mais de trouver la bonne forme d'intégration et de coopération entre l'UE et ses États membres afin qu'ils puissent agir plus efficacement en temps « normal » et en période de pandémie.

On peut imaginer toute une série de scénarios différents pour le développement d'une UES. Si l'on suit les contraintes existantes et les limites juridiques inscrites dans les traités européens, deux scénarios peuvent être envisagés :

- Le scénario A utiliserait les instruments juridiques, financiers et de gestion existants, améliorerait le fonctionnement des institutions et la mise en œuvre des politiques déjà convenues.
- Le scénario B consisterait à affiner les instruments existants de la politique de santé, parallèlement à l'élaboration d'une législation secondaire et à la création de nouvelles institutions capables de créer une valeur ajoutée pour la santé européenne.

En optant pour l'un ou l'autre de ces scénarios, les Européens limiteraient les avantages qu'ils pourraient tirer d'une coopération approfondie en matière de santé.

Le but de l'UE et tous ses objectifs principaux sont mis en œuvre par l'article 3 du Traité sur l'Union européenne (TUE). La santé n'est actuellement pas reprise dans l'article 3 ; elle n'apparaît qu'en tant que « compétence partagée » entre l'UE et les États membres à l'article 4 du Traité sur le fonctionnement de l'Union européenne (TFUE), sous une forme très limitée : « *les préoccupations communes de sécurité en matière de santé publique, pour les aspects définis dans le présent traité* ». Selon l'article 6 du TFUE, l'UE est compétente pour mener des actions visant à soutenir, coordonner ou compléter les actions des États membres en matière de protection et d'amélioration de la santé humaine. L'article 168 du TFUE, très célèbre dans le milieu de la santé, est un développement des normes juridiques appliquées par les articles 4 et 6 du TFUE. L'UE dispose de certains pouvoirs pour garantir la sécurité des médicaments et des dispositifs médicaux dans le domaine sanitaire et phytosanitaire.

Suivant la logique du TUE, le TFUE donne la priorité aux articles qui sont consacrés au développement d'un marché intérieur par rapport aux articles traitant des autres activités de l'UE. Le développement des soins de santé est considéré comme important pour l'UE dans la mesure où il permet de mieux servir le fonctionnement du marché intérieur. Mais l'Europe n'est pas seulement le marché en soi. L'Europe doit dire explicitement que la santé est un objectif de l'UE et que l'UES est un outil qui pourrait garantir la santé et la longévité des Européens. La nécessité de parler de la santé comme d'un objectif de l'UE nous oblige à envisager un troisième scénario.

* Le scénario C prévoit le renforcement du statut de la politique de santé dans les traités européens, avec des dispositions prévoyant l'intégration d'une UES dans le TUE et la modification du TFUE, conférant ainsi à l'UE une certaine responsabilité en matière de politique de santé dans des domaines très concrets, tout en préservant le principe de subsidiarité.

Le meilleur choix pour les Européens serait d'adopter le scénario le plus ambitieux : le scénario C. Les citoyens auraient ainsi la possibilité de récolter tous les avantages découlant d'une coopération plus approfondie en matière de santé. L'Europe vit en fonction de ses traités, l'exigence de ses citoyens que la coopération en matière de santé soit prise au sérieux devrait donc être entérinée dans le TUE. Les Européens doivent voir un visage plus « sain » de l'article 3 du TUE.

Remplaçons le paragraphe 3 de l'article 3, qui commence actuellement par « *L'Union établit un marché intérieur* », par une seule phrase : « *L'UE promeut une couverture sanitaire universelle en établissant une union de la santé* ».

Et puis, modifions le point (k) du paragraphe 2 de l'article 4 du TFUE concernant la compétence partagée entre l'UE et ses États membres dans le domaine de la santé, en le précisant afin de clarifier (ultérieurement) davantage l'article 168 du TFUE.

La crise du Covid-19 nous a appris à construire la solidarité. La réponse aux futures menaces sanitaires transfrontalières pourrait être renforcée par une clause de solidarité sanitaire qui modifierait l'article 222 du TFUE, une clause qui fonctionnerait de manière similaire à la clause de protection civile de l'UE.

Certains d'entre nous préféreraient peut-être que le développement soit lent, mais si nous ne sommes pas ambitieux, nous risquons de manquer une occasion de faire évoluer l'UES au-delà du marché intérieur et d'un paradigme étroit qui ne correspond pas aux réalités du XXIe siècle.

La Conférence sur l'avenir de l'Europe, dirigée par les citoyens, devrait être très ambitieuse quant à la prise en charge de l'Europe.

L'ancien président de la Commission européenne, Jacques Delors, a décrit le manque de solidarité de l'UE concernant sa réponse à la pandémie comme un danger mortel pour le bloc. Mais le manque de solidarité en matière de santé est aussi un danger mortel. Inspirons-nous de cet aperçu et soyons courageux, en construisant une UES forte et authentique.

La crise des soins et une société féministe

Par Emma Dowling

Les militantes et les universitaires féministes dénoncent depuis longtemps une crise croissante des soins. Depuis les années 70, la participation des femmes au marché du travail a augmenté sans qu'il y ait eu de transformation fondamentale de la division sexuelle du travail. Le modèle de ménage à double revenu a remplacé celui de l'homme soutien de famille, mais cela s'est accompagné d'une stagnation des salaires (Guschanski et Onaran 2020). Les ménages ont besoin de plus de travail salarié pour joindre les deux bouts, ce qui a des répercussions sur le temps disponible pour le travail non rémunéré de cuisine, de nettoyage et de soins aux enfants et aux autres membres de la famille. La situation est exacerbée par l'augmentation des besoins en soins due aux changements démographiques tels que le vieillissement, ce qui signifie que davantage de personnes ont besoin de soins.

Simultanément, la réduction des prestations sociales et la privatisation exercent une pression sur les services publics. L'idée de réduire les coûts, que ce soit pour soutenir les bénéfices ou pour fonctionner dans des conditions d'austérité, conduit à un épuisement des capacités de réserve. Cela exacerbe la vulnérabilité à des événements inattendus comme la pandémie de Covid-19. Pendant ce temps, les dividendes versés aux actionnaires continuent d'augmenter (Coffey 2020). L'intérêt des investisseurs privés dans le secteur des soins est en hausse, et le secteur des services personnels et domestiques est le deuxième secteur à la croissance la plus rapide en Europe (Decker et Lebrun 2018). Les plateformes de soins font déjà partie de la précarité de l'économie de plateforme. Pourtant, laisser les soins au marché creuse un fossé entre ceux qui peuvent se payer des services coûteux et ceux qui ne le peuvent pas. Cela suppose également que les personnes qui ont besoin de soins ont généralement la capacité et le temps de s'y retrouver parmi les prestataires et les options de tarification, ce qui n'est tout simplement pas le cas. Une infrastructure de soins efficace ne peut être construite sur la seule responsabilité personnelle. Par définition, les soins impliquent d'avoir besoin de l'aide des autres. En matière de soins, il est plus efficace pour les sociétés de mettre en commun les risques et les ressources tout au long de la vie.

QUI S'EN SOUCIE ?

Les femmes accomplissent toujours la majeure partie du travail de soins et de reproduction sociale non rémunéré, et elles assument généralement la responsabilité globale des soins dans les ménages (Gimenez-Nadal et Molina 2020). Dans le travail de soins rémunéré, les femmes sont également majoritaires, ce qui signifie que les faibles revenus et la mauvaise qualité des emplois dans le secteur des soins affectent davantage les femmes (Organisation internationale du travail 2018). Les désavantages économiques pour les femmes comprennent les conditions d'emploi inadéquates et la perte de revenus due aux responsabilités de soins (Folbre 2017). Le manque de services de garde d'enfants abordables est souvent une raison pour laquelle les mères n'ont pas d'emploi rémunéré ou travaillent à temps partiel. Dans l'ensemble de l'UE, les femmes sont plus nombreuses que les hommes à éprouver des difficultés à combiner travail rémunéré et responsabilités familiales (Manoudi *et al.* 2018). Les femmes exerçant des responsabilités familiales ont plus souvent tendance à être employées de manière informelle ou à exercer un emploi indépendant, et elles sont donc moins à même de cotiser à la sécurité sociale ou sont dissuadées d'accepter des emplois exigeant des horaires irréguliers (selon l'étude de l'Organisation internationale du travail de 2018 précitée). En outre, la classe sociale, l'origine ethnique et l'origine migratoire sont des facteurs importants lorsqu'il s'agit de combler les lacunes en matière de soins. Les ménages les plus riches peuvent se permettre de payer des services commercialisés, tandis que ceux qui ne le peuvent pas doivent effectuer le travail eux-mêmes ou s'en passer. En fait, une forte proportion de travailleurs migrants et de minorités ethniques travaille dans les soins de longue durée et les services ménagers, souvent pour un salaire très bas et dans des conditions précaires. Le travail de soins transfrontalier est fréquent lorsqu'il existe des disparités entre les conditions de travail et les salaires dans l'UE, un problème qui touche particulièrement les citoyens d'Europe orientale (Eurofound 2020).

La crise du coronavirus a mis en évidence le fait que quelque chose ne tourne pas rond dans la façon dont nous prenons soin les uns des autres. Elle a mis en lumière le manque de ressources et d'équipements dont disposent les travailleurs sociaux et de la santé, ainsi que le manque de personnel, les longues heures de travail et les bas salaires qui prévalent dans le secteur des soins. La situation dans les maisons de soins pour personnes âgées a été particulièrement troublante. Pendant les confinements, les ménages ont dû transformer leurs maisons en bureaux, crèches et écoles, et la pandémie a poussé un plus grand nombre de personnes à devenir des soignants informels, la charge inégale des soins incombant principalement aux femmes.

Parallèlement, le travail non rémunéré et sous-payé permettant de préserver la vie a fait l'objet d'une attention accrue. De nombreuses personnes se sont rendues sur le pas de leur porte pour « applaudir nos soignants » chaque semaine. Cela a déclenché un débat sur la question de savoir si et comment une telle appréciation symbolique pouvait évoluer vers une véritable valorisation des travailleurs de la santé, et de *tous* les soignants et soignés. Une chose est claire : un changement profond est nécessaire.

VERS UNE SOCIÉTÉ FÉMINISTE

Une politique féministe est attentive aux conditions structurelles des déficits et des injustices en matière de soins. Par conséquent, nous pouvons nous demander : à quoi pourrait ressembler une société féministe ? Tout d'abord, il serait mis fin aux inégalités entre les sexes et aux inégalités intersectionnelles. Le genre, l'appartenance ethnique, l'origine, la sexualité, l'âge et le handicap ne détermineraient plus l'accès aux ressources et ne seraient plus à la base de la valorisation ou de la dévalorisation de la force de travail. Une société féministe valoriserait réellement le travail de soins et de reproduction sociale.

Les vulnérabilités du marché du travail qui découlent des écarts entre les conditions de travail et les salaires dans les différents pays n'existeraient pas. Les salaires et les conditions de travail actuels dans le secteur des soins seraient améliorés. Il y aurait plus d'emplois et de meilleure qualité, des emplois qui incluent une formation et une qualification. Les syndicats seraient reconnus et il y aurait une couverture des conventions collectives dans tout le secteur.

Il pourrait y avoir une stratégie européenne commune pour la protection sociale et la sécurité sociale (Lobby européen des femmes 2020). Il faudrait pour cela cesser de considérer l'État-providence comme une protection résiduelle en dernier ressort et adopter une vision de la société dans laquelle l'accès à des services publics de haute qualité dans les domaines de l'éducation, de la santé, de l'aide sociale et des transports est garanti pour tous.

Plus de temps, d'argent et de capacités sociétales seraient alloués aux soins et à la reproduction sociale. Un financement public plus important serait mis à disposition par le biais d'une fiscalité progressive, comprenant des mesures telles que l'augmentation de l'impôt sur les sociétés et l'introduction d'une taxe sur les transactions financières. Les soins seraient dissociés des attentes des prestataires privés en matière de bénéfices et seraient protégés de la volatilité des marchés financiers, au lieu d'y être entraînés. Les domaines des soins ne seraient donc pas accessibles aux formes d'investissement financier à haut risque, y compris du capital-investissement et des formes d'ingénierie financière basées sur la dette, où les attentes de rendements élevés du capital sont maintenues au détriment de la qualité de l'emploi et des soins. Il y aurait une réglementation stricte contre les paradis fiscaux.

Dans une société féministe, les soins et la reproduction sociale seraient réorganisés. Les mouvements de remunicipalisation en Europe cherchent déjà à remettre les services dans les mains publiques des autorités locales (Kishimoto et Petitjean 2017). L'élimination de l'appât du gain et le recul du contrôle des entreprises en sont les clés. Il est possible d'innover du bas vers le haut pour concevoir des modèles démocratiques et participatifs de propriété, d'accès et de prise de décision. Les organisations de travailleurs affiliées à des syndicats qui collaborent avec les autorités locales et mettent en avant l'expertise des travailleurs du secteur des soins ainsi que les besoins des bénéficiaires de soins pourraient également faire partie de ce modèle. Une vision féministe est loin de se limiter à une focalisation sur le travail de soins professionnels. Prendre soin l'un de l'autre reste un aspect crucial de la vie sociale et un élément important de ce qui donne un sens et un objectif à nos vies, et les personnes de tous sexes ont besoin de temps pour le faire dans leur vie quotidienne. Cela nécessite une réduction de la semaine de travail et une réflexion active sur les modalités de prise en charge collective au-delà des limites de la famille nucléaire et de la division du travail qui en découle.

Enfin, dans une société féministe, les soins et la reproduction sociale ne seraient pas mis au service de la croissance économique. Au contraire, ces activités seraient orientées vers le bien-être individuel et collectif.

RÉFÉRENCES

Coffey, C. 2020. *Time to Care: Underpaid and Unpaid Care Work and the Global Inequality Crisis.* Londres: Oxfam International.

Decker, A., et Lebrun, J. 2018. *PHS Industry Monitor — Statistical Overview of the Personal and Household Services Sector in the EU.* Bruxelles: European Federation for Services to Individuals.

Eurofound. 2020. Long-term care workforce: employment and working conditions. Rapport, Office des publications de l'Union européenne, Luxembourg, p. 1.

Lobby européen des femmes. 2020. Purple pact: a feminist approach to the economy. Rapport, Lobby européen des femmes, Bruxelles, p. 15.

Folbre, N. 2017. The care penalty and gender inequality. Dans *The Oxford Handbook of Women and the Economy*, édité par S. Averett, L. Argys et S. Hoffmann, pp. 749-766. Oxford University Press.

Gimenez-Nadal, J., et Molina, J. 2020. The gender gap in time allocation in Europe. IZA Discussion Paper, n° 13 461. Institute of Labor Economics, Bonn.

Guschanski, A., et Onaran, Ö. 2021. The decline in the wage share: falling bargaining power of labour or technological progress? Industry-level evidence from the OECD. Socio-Economic Review, mwaa031.

Organisation internationale du travail. 2018. *Care Work and Care Jobs for the Future of Decent Work*, pp. xxxv, xxxxv. Genève : Bureau international du travail.

Kishimoto, S., et Petitjean, O. 2017. *Reclaiming Public Services: How Cities and Citizens Are Turning Back Privatisation*. Amsterdam: Transnational Institute.

Manoudi, A., Weber, T., Scott, D., et Hawley Woodall, J. 2018. An analysis of personal household services to support work—life balance for working parents and carers. Rapport, Commission européenne, Direction Emploi, Affaires sociales et Inclusion, Bruxelles, p. 14.

La transition écologique : les principaux facteurs d'impulsion et les implications sociales

Par Saïd El Khadraoui

D'une manière ou d'une autre, la planète survivra encore quelques milliards d'années, mais notre mode de vie et notre modèle socio-économique actuels sont véritablement en train de devenir une menace pour l'existence de la vie sur terre. La science nous dit que bientôt, dans quelques décennies, les points de basculement du climat seront dépassés si nous n'agissons pas immédiatement, et que l'intensité et la gravité des phénomènes météorologiques extrêmes et l'élévation du niveau des mers auront un impact sans précédent sur nos systèmes alimentaires, nos infrastructures et bien d'autres éléments, avec des répercussions sur l'ensemble de l'économie. Mais cette transformation aura également des ramifications plus larges et suscitera des tensions sociales et politiques dont les effets d'entraînement sont inconnus. Plus nous attendons pour agir, plus les conséquences seront graves et plus il sera difficile, voire coûteux, d'y remédier.

Le réchauffement de la planète n'est pas la seule menace. Notre incapacité à vivre en harmonie avec la nature englobe d'autres problèmes urgents et interconnectés, tels que les différentes formes de pollution, le taux alarmant de perte de la biodiversité et des habitats naturels, l'utilisation non durable des ressources, etc.

En soi, le réchauffement climatique et la dégradation progressive de notre environnement génèrent un large éventail de défis sociaux. Les plus vulnérables souffrent d'abord et surtout à cause de l'endroit où ils vivent (dans les zones de nos villes les plus exposées aux inondations, où ils risquent de tout perdre), ou parce que leurs maisons sont mal isolées, ou parce qu'ils n'ont pas les moyens de s'offrir la climatisation pendant les canicules extrêmes, ou encore parce que des soins de santé de qualité et une alimentation saine risquent de devenir de plus en plus coûteux. En revanche, ce sont les segments les plus riches de la population qui contribuent le plus à l'augmentation des dépenses de santé en raison de leur mode de consommation : ils ont tendance à occuper des espaces de vie plus grands, à consommer davantage d'énergie et de viande, et à se déplacer plus loin en voiture et en avion.

N'oublions pas que, même si le monde parvient à mettre en œuvre rapidement des politiques climatiques ambitieuses, les forces perturbatrices de la nature continueront de toute façon à se renforcer pendant un certain temps, car tout effet positif des efforts d'atténuation du climat tout effet positif des efforts d'atténuation du climat prendra du retard. Ainsi, quoi qu'il arrive, nos politiques d'adaptation au climat, notre aménagement du territoire et nos politiques en matière de logement et de santé devront absorber ces risques sociaux supplémentaires afin que nous puissions nous adapter à la nouvelle réalité : une planète plus chaude avec des régimes climatiques plus perturbateurs.

Pour les progressistes, ne pas agir n'est donc pas une option. Certes, prendre des mesures ambitieuses est également susceptible d'avoir des implications sociales, car le coût des politiques environnementales peut affecter davantage les groupes vulnérables que les autres. La tarification des externalités négatives des produits et des services (une mesure clé nécessaire pour obtenir un changement de comportement) ou l'élimination progressive des pratiques non durables peuvent affecter de manière disproportionnée les ménages à faibles revenus, parce qu'ils dépensent relativement plus en énergie, par exemple, ou parce que les investissements nécessaires sont inabordables. Dans le même temps, les subventions destinées à promouvoir les technologies innovantes et durables, telles que les voitures électriques et les panneaux solaires, sont souvent utilisées en priorité par les citoyens des classes aisées et moyennes, ce qui entraîne des transferts de richesse au détriment des personnes dans le besoin.

Cela ne doit pas nécessairement se passer ainsi, mais les exemples que j'ai mentionnés montrent que la dimension sociale doit être structurellement intégrée dans la conception de la politique climatique dès le premier jour.

Ce n'est pas simple, car aborder les recoupements entre les politiques sociales et environnementales revient aussi à mettre en balance les coûts à court terme et les avantages à long terme, ou à perdre quelque chose dans un domaine et à gagner quelque chose ailleurs. En effet, l'élaboration d'un modèle socio-économique compatible avec les ressources de la planète est une entreprise complexe et systémique, qui nécessite une transformation fondamentale de notre économie dans toute une série de secteurs. Pour que ce changement soit couronné de succès, l'équité doit être au cœur de celle-ci. Les gens s'opposeront au changement s'il crée ou aggrave les inégalités, ou s'ils estiment qu'il n'y a pas de place pour eux à l'avenir.

Je voudrais mentionner quelques facteurs cruciaux de réussite.

Premièrement, nous avons besoin d'une vision claire de l'avenir que nous voulons : nous devons décrire la voie à suivre et fixer des objectifs comme éléments d'orientation afin d'aider tous les acteurs de la société à comprendre où nous allons. C'est ce que propose le scénario du Green Deal européen, qui fait de la neutralité climatique un objectif clé à atteindre d'ici à 2050 et dont le but revu pour 2030 montre clairement que nous devons donner le coup d'envoi dès maintenant. Mais ce cadre pour l'avenir doit être complété par des idées plus fortes sur la manière dont les inégalités seront traitées et par une nouvelle définition de ce que signifie la réussite d'une économie. Cette définition doit couvrir un ensemble plus large d'objectifs et d'indicateurs économiques, sociaux et environnementaux que le PIB. La façon dont les institutions publiques (des organismes tels qu'Eurostat) et les « influenceurs » parlent de ce qui est important pour les décideurs politiques peut avoir un impact considérable sur la direction à prendre.

Deuxièmement, la transition ne se fera pas sans l'aval et l'adhésion des citoyens. La création de coalitions sera cruciale. Les interventions « d'en haut » venues des gouvernements à différents niveaux politiques doivent être combinées à des initiatives « d'en bas » émanant de multiples parties prenantes. Le rôle des villes, des communautés locales et des nouveaux types d'organisations ne peut donc plus être sous-estimé. Une transition écologique réussie doit être un projet de société, qui donne aux gens les moyens de faire partie du changement. Dans le prolongement de la conférence sur l'avenir de l'Europe, il convient de concevoir un nouveau type de gouvernance capable de saisir cette complexité et de mettre au point de nouveaux outils pour engager les citoyens au-delà des « consultations publiques » très techniques et des « dialogues avec les citoyens » sans engagement qui n'ont pas de véritables mécanismes de suivi. En outre, les politiques doivent mettre en évidence le fait que l'action climatique peut améliorer la vie des gens, et elles doivent rapprocher l'équité et les politiques vertes. Par exemple, en accélérant les investissements visibles et ciblés dans la rénovation et l'amélioration massives des logements sociaux, nous pouvons obtenir de multiples avantages tels que la lutte contre la pauvreté énergétique et la création d'emplois locaux. En développant davantage d'espaces verts et en transformant les infrastructures de mobilité dans les villes et les villages, nous pouvons améliorer la qualité de vie des gens, réduire la pollution atmosphérique locale et diminuer le nombre d'accidents de la route. De même, lorsque l'intention est de modifier le comportement des consommateurs, en les dissuadant de conduire des véhicules polluants, par exemple, des alternatives durables doivent être accessibles. Il s'agit de redéfinir les services publics dans un monde débarrassé du carbone.

Troisièmement, nous savons que la moitié de la réduction des émissions cumulées nécessaire devra provenir de technologies qui ne sont pas encore commercialement viables. Nous devons donc trouver des solutions et des innovations technologiques et les mettre à l'échelle grâce à des politiques industrielles intelligentes, et nous devons également identifier les secteurs stratégiques et veiller à ce qu'ils puissent être développés, créant ainsi de nouveaux emplois dans divers nouveaux secteurs en Europe. L'éducation et la formation, la requalification et le perfectionnement des personnes tout au long de la vie, quelle que soit leur situation professionnelle actuelle, devront être au cœur de nos politiques économiques. Mais la transition vers une économie propre ne sera pas une promenade de santé. Les secteurs seront perturbés, et ils devront s'adapter ou risquer de disparaître. D'autres vont émerger. C'est ce que l'on appelle la destruction créative. De même, certaines régions seront confrontées à des transformations plus importantes que d'autres. C'est pourquoi il est important de bien gérer cette transition, en anticipant correctement les défis à venir et en développant de nouvelles stratégies qui impliquent toutes les parties prenantes locales. Le dispositif actuel de conception et de mise en œuvre des plans nationaux de relance et de résilience, ainsi que leur interaction avec le semestre européen, peuvent être source d'inspiration, mais ils devraient être transformé en un système plus structurel et plus complet, doté d'outils de suivi et d'évaluation solides. Au niveau national ou régional, les organismes de « transition juste » (au sein desquels se réunissent les partenaires sociaux, les institutions de connaissance et les autorités locales et régionales) pourraient être chargés d'un rôle plus opérationnel et de la conception de plans de transition sur mesure. En outre, la dimension européenne, qui relie les différents plans nationaux, devrait être renforcée, car la transformation de notre modèle socio-économique a également des implications transfrontalières et géopolitiques. L'UE n'émet que huit pour cent des émissions mondiales, mais elle en consomme beaucoup plus en important des produits à forte intensité carbonique d'ailleurs. En plaçant la barre plus haut pour nos propres installations de production, nous risquons de remplacer d'autres productions européennes et de provoquer des pertes d'emplois en Europe. C'est pourquoi le mécanisme d'ajustement aux frontières pour le carbone, qui va introduire un prix du carbone pour les biens importés, est un outil crucial pour pousser les pays tiers à développer des instruments similaires et à créer des conditions de concurrence équitables au niveau mondial tout en supprimant les émissions de carbone dans l'économie mondiale.

Ensuite, nous devons disposer des moyens financiers nécessaires pour accélérer les investissements dans les infrastructures et les méthodes de production durables. Cela nécessite une réflexion plus approfondie sur la façon dont le plan Next Generation EU temporaire peut être transformée en un instrument d'investissement de transition à plus long terme, un instrument qui est structurellement intégré dans les futurs budgets de l'UE. Il faut également développer des banques qui peuvent être utilisées de manière plus stratégique, en s'inspirant de la transformation en cours de la Banque européenne d'investissement en une « banque climatique ». En outre, le système financier dans son ensemble devrait être repensé de manière que les flux de capitaux soient réorientés vers la réalisation de nos objectifs de société à long terme. Les efforts en cours dans le cadre du programme de financement durable de l'UE pour favoriser la transparence et faciliter la tarification des externalités environnementales devraient être complétés par des considérations sociales. Les banques centrales, et en particulier la Banque centrale européenne (BCE), peuvent devenir des leviers essentiels en intégrant les transitions écologiques et sociales nécessaires dans leur supervision bancaire, leur analyse de la stabilité financière et leurs opérations de marché.

Enfin, nous devons être prêts à faire face aux conséquences involontaires et aux surprises. Il existe de nombreuses inconnues concernant l'avenir. La souplesse sera cruciale, et c'est pourquoi il est bon que la loi européenne sur le climat prévoie des mécanismes permettant d'évaluer les progrès tous les cinq ans, de vérifier où nous en sommes et d'apporter des ajustements si nécessaire. En outre, partout en Europe, certaines communautés et certains individus seront plus touchés que d'autres. Afin de réaliser une transition équitable et de mieux anticiper les problèmes, nous devons mieux comprendre la dynamique et les impacts sur les personnes et les effets distributifs des politiques, des technologies et des évolutions du marché. C'est pourquoi des recherches supplémentaires sont nécessaires pour évaluer la vulnérabilité des secteurs, des régions et des communautés spécifiques et mieux comprendre comment gérer une transition socialement juste. Au niveau de l'UE, l'Agence européenne pour l'environnement pourrait intégrer davantage les questions socio-économiques et se transformer en une « agence de transition », dotée d'un mandat clair et de ressources supplémentaires. Elle pourrait devenir un pôle politique qui rassemble les connaissances disponibles et fournit aux décideurs politiques des options politiques reposant sur des preuves.

En conclusion, la crise climatique est clairement une menace, mais elle peut également être transformée en une opportunité pour aborder un large éventail de questions et créer un modèle socio-économique réellement progressif et équitable. Mais avant d'y parvenir, nous devons mettre en place les conditions nécessaires pour que cela se produise.

Les politiques sociales et la transition écologique

Par Georg Fischer

LA RELATION ENTRE LES POLITIQUES SOCIALES ET LES TRANSITIONS ÉCOLOGIQUES EST UN PROCESSUS BIDIRECTIONNEL

Historiquement, les politiques sociales et de l'emploi ont été à la fois une réponse aux grandes transformations économiques et ont également souvent façonné ces dernières d'une certaine manière. Compte tenu des changements massifs qu'ils entraîneront, le développement de vers une transition verte et des politiques sociales devrait être un processus bidirectionnel : les considérations sociales doivent être intégrées dans la conception des mesures écologiques et des programmes d'investissement.

Les impacts du changement climatique ne sont pas du tout neutres en ce qui concerne la répartition du bien-être. Ceux qui ressentiront le plus l'impact du changement climatique dans leur vie quotidienne sont généralement ceux qui contribuent le moins à la production de niveaux élevés de dioxyde de carbone. Les populations à faibles revenus sont plus touchées par le réchauffement de la planète que les groupes plus riches, et ces derniers ont également les moyens d'éviter ou d'atténuer certains des effets extrêmes du changement climatique, telles les vagues de chaleur, les inondations et, en particulier, la pollution atmosphérique. Une transition écologique réussie améliorera directement le bien-être de nombreux ménages à faibles revenus, des travailleurs et de leurs familles.

Il convient également de noter que les politiques visant à lutter contre le changement climatique ne sont pas nécessairement neutres en termes d'impact sur les travailleurs ou sur la répartition des revenus.

L'impact global de la transition écologique sur l'emploi est généralement considéré comme relativement faible, car il existe un potentiel
important de création d'emplois avec le verdissement de nos économies
(rénovation urbaine, modernisation des transports, fourniture de nouveaux services). Il n'est probablement pas nécessaire d'ajouter que des
stratégies de verdissement bien pensées ont un potentiel important de
création d'emplois. Trois points méritent notre attention.

Tout d'abord, les pertes d'emplois pourraient être fortement concentrées dans certaines régions et certains secteurs, de sorte qu'un
soutien transitoire important sera nécessaire pour les communautés
touchées. Deuxièmement, les nouveaux emplois « verts » ne seront
pas tous bien rémunérés ou n'offriront pas tous des conditions de
travail décentes, alors que certains des emplois « polluants » qui disparaissent auraient pu être meilleurs sur ces points. Il s'agit donc de
veiller à ce que les emplois verts soient aussi des emplois de qualité.
Troisièmement, la plupart des emplois devront être adaptés à un
mode de production à zéro carbone et les personnes qui les occupent
devront actualiser leurs compétences en conséquence.

Quel sera l'impact de l'ajustement des coûts du logement, de
l'énergie et du transport sur les revenus ? Il est un fait que les groupes
plus riches consomment beaucoup plus d'énergie et produisent plus
de CO_2 que les groupes plus pauvres, et on peut donc s'attendre à ce
qu'ils assument une part substantielle des coûts de la transition. Mais
si rien n'est fait, la hausse des coûts du chauffage, de l'énergie et des
transports pèsera proportionnellement beaucoup plus lourdement
sur les ménages défavorisés et à faible revenu, qui sont les moins à
même d'adapter leur logement ou leur moyen de transport.

Si l'on considère l'Europe en tant qu'entité, le point de départ de
la transition écologique à travers le bloc diffère largement, en partie
à cause de la divergence économique et sociale qui a suivi la Grande
Récession (la crise économique mondiale de 2008) et qui sera probablement exacerbée par la pandémie de Covid-19. Si l'Europe veut
réussir sa transition écologique, elle ne peut le faire que collectivement, de sorte que les divergences entre ses parties constituantes
constituent un défi majeur pour la réalisation d'une transition socialement équitable. Les politiques sociales qui soutiennent la transition
écologique ont une dimension à la fois nationale et européenne.

LES POLITIQUES SOCIALES ET LA TRANSITION ÉCOLOGIQUE

Un changement de perspective sur les politiques sociales est déjà en cours. Pour l'Europe, l'adoption du Socle européen des droits sociaux reflète un tel changement, tout comme le plan de relance de Joe Biden aux États-Unis. Contrairement à ce qui se passait au cours des dernières décennies, lorsque l'idée que la politique sociale constituait un facteur productif n'était le fait que d'un groupe assez limité de décideurs politiques et d'économistes, de nombreuses personnes s'attendent aujourd'hui à ce que la politique sociale moderne ait un effet positif sur le développement à long terme grâce à une augmentation de l'emploi et de la productivité et d'une croissance économique dans les situations de crise, par le biais de la demande, notamment parce que cela réduira les inégalités de revenus. De cette manière, les politiques sociales modernes contribuent à un développement plus durable et émettant moins de carbone. Ces politiques sociales modernes nécessitent un large éventail d'aides au revenu, de réglementations du marché du travail, de relations de travail et d'horaires adaptables, d'interventions à toutes les étapes de la vie (commençant dès l'éducation et la prise en charge de la petite enfance), d'éducation permanente, de congés payés, de retraite adéquate et ajustable, et de soins de longue durée.

Voici quelques exemples de ce que cela implique.

- Des interventions rétrospectives en cas de pertes d'emplois seront toujours nécessaires, mais la règle devrait être l'anticipation et l'action précoce, idéalement dans le cadre d'un ensemble plus large de développement vert, et en particulier dans les secteurs et les régions qui dépendent fortement des modes de production à forte intensité de carbone. Le principe « conserver, se recycler et se reconvertir » devrait remplacer autant que possible le « chômage pur » et s'appliquer à tous les travailleurs indépendamment de leur statut juridique, de leur sexe ou de leur âge.
- Le développement des compétences liées aux transitions vertes doit être accessible à tous les travailleurs, car l'ajustement des compétences sera nécessaire dans tous les domaines et pas

seulement dans certaines régions de « vieille industrie ». Les programmes de formation doivent être conçus de manière à encourager activement ceux qui reçoivent habituellement le moins de
formation : les chômeurs, les personnes peu qualifiées, les travailleurs atypiques et, en particulier, les jeunes défavorisés. Une
tâche spécifique consiste à stimuler autant que possible la participation des femmes aux STIM (science, technologie, ingénierie et
mathématiques).

• Les emplois verts peuvent être de bons emplois, mais ne le sont
pas nécessairement. L'histoire nous montre comment transformer
les emplois en emplois de qualité : la négociation collective, la
participation des travailleurs et la formation professionnelle sont
un droit pour les travailleurs et une obligation pour les employeurs. Compte tenu de la structure de l'emploi par sexe dans les
secteurs en question, la mobilisation des travailleuses pour faire
campagne en faveur de meilleures conditions de travail et de
rémunération sera essentielle. La politique publique dispose ici
d'un large éventail d'outils, parmi lesquels l'obligation pour les
employeurs de fournir des infrastructures de soins et de formation et l'implémentation d'exigences sociales et écologiques dans
les marchés publics.

• L'aide au revenu est importante pour atténuer les effets distributifs négatifs de la transition verte, d'autant plus que les groupes
à faible revenu ont déjà souffert de la récession de 2008 et de
la crise du Covid-19. Si les mesures visant à dédommager les
ménages à faible revenu de la hausse des coûts énergétiques peuvent constituer un élément des politiques vertes, les politiques
sociales devraient se concentrer sur une aide au revenu adéquate
et, plus largement, sur l'accès aux services essentiels. Nous savons
que l'aide au revenu pour les chômeurs et les personnes à faibles
revenus est insuffisante dans de nombreux États membres. Nous
sommes également conscients de l'importance centrale du soutien aux enfants dans le processus de lutte contre la misère sociale.
Les enfants, et en particulier ceux des communautés défavorisées,
méritent donc une attention particulière. Bien qu'elles n'entrent
pas dans le cadre de ce chapitre, les politiques fiscales sont une
composante essentielle d'une transition socialement équitable.

Elles doivent s'assurer que des contributions adéquates proviennent des populations riches ou à revenus élevés.

LE RÔLE DE L'UE

Certaines régions et certains pays confrontés aux plus grandes transitions écologiques et sociales sont ceux qui sont le moins bien préparés à y faire face, tant en termes de capacité de réaction que de marge de manœuvre budgétaire. Comme il est dans l'intérêt de l'UE que tout le monde réussisse (sinon la transition écologique pourrait échouer pour tous), elle a un rôle à jouer en encourageant l'adoption de politiques sociales modernes dans l'ensemble du bloc. Le socle européen des droits sociaux se concentre sur ces défis, et des initiatives récentes, en particulier le plan d'action visant à mettre en œuvre ce socle, abordent plusieurs d'entre eux. Il s'agit par exemple, de la recommandation du Conseil sur l'accès à la protection sociale, de la directive sur l'équilibre entre vie professionnelle et vie privée, de la directive sur le salaire minimum et les négociations collectives et, plus récemment, de la proposition d'une « garantie pour les enfants », avec des objectifs proposés à propos de la pauvreté des enfants, de l'écart de pauvreté et l'éducation des adultes, cette dernière étant étayée par un indicateur d'accès à la formation pour les personnes peu qualifiées et les chômeurs. Un autre nouvel indicateur (objectif de développement durable), la part de revenu des quarante pour cent les plus pauvres, indiquera si le développement économique a réellement atteint ce groupe de population. Ces initiatives de l'UE fournissent des orientations et des mandats d'action tout en soulignant à juste titre que l'UE ne peut se substituer à l'action des partenaires nationaux, régionaux ou sociaux. La mise en œuvre pourrait prouver que des mandats sociaux plus forts soient nécessaires pour garantir que la transition verte soit équitable, et ceux-ci pourraient faire partie d'un « livre de règles sociales ».

La question du rôle de l'UE revêt également une autre dimension. L'UE met à juste titre l'accent sur la responsabilité nationale, mais elle demande également aux États membres de fournir des politiques sociales de qualité pour faire face aux changements climatiques, à un niveau comparable dans l'ensemble du bloc. En réalité, les capacités techniques et financières varient considérablement d'une région à l'autre, ainsi qu'au fil du temps (en cas de récession profonde, même certains pays relativement riches peuvent être confrontés à d'énormes difficultés). L'aide de l'UE dans le cadre des différents processus de coordination politique et des fonds européens a un fort potentiel de soutien d'une transition socialement équitable si l'UE insiste pour que les États membres utilisent ces fonds de cette manière. La réponse de l'UE à la pandémie de Covid-19 est manifestement allée plus loin : son programme SURE (Soutien pour atténuer les risques de chômage en situation d'urgence) a soutenu des programmes nationaux de maintien de l'emploi pour les travailleurs des régions et des pays confrontés aux plus grands défis. Selon la ministre espagnole des Finances, Nadia Calviño, SURE a été utilisé comme un « *filet de sécurité européen pour les citoyens* » (Calviño 2021), en plus de toutes les mesures qui offrent un filet de sécurité pour les marchés financiers. L'UE pourrait-elle augmenter cet « embryon » de 100 milliards d'euros (toujours selon Calviño) pour aider les systèmes nationaux d'allocations de chômage à fournir une aide au revenu, des subventions à l'emploi et des formations lorsque les travailleurs perdent leur emploi (Vandenbroucke *et al.* 2020) ?

Un précurseur de SURE était la « garantie pour la jeunesse » (qui a récemment été renforcée), qui combine des conseils sur la politique et les normes communément acceptées et un objectif mesurable avec un financement là où les besoins sont les plus importants. L'aide à l'enfance est le troisième domaine dans lequel un instrument de financement au niveau européen est fréquemment discuté. Un tel instrument viendrait compléter la garantie pour les enfants proposée par l'actuelle Commission. Feu Tony Atkinson avait proposé un système européen d'allocations familiales pour réduire la pauvreté des enfants et favoriser l'égalité des chances entre les États membres et au sein de ceux-ci (Atkinson 2015, proposition 12). Ces programmes nécessitent non seulement un accord entre les États membres et avec l'UE sur les normes et les objectifs, mais aussi un financement. Ceci conduit à la question de la nécessité de ressources supplémentaires, levées par de nouvelles formes d'imposition au niveau de l'UE.

En résumé, la transition écologique exigera que les politiques sociales et de l'emploi anticipent les changements du marché du travail afin d'aider les travailleurs des secteurs émettant beaucoup de carbone et de garantir que les emplois verts sont bien des emplois de qualité. Il faut pour cela que les pouvoirs publics disposent de capacités et des ressources nécessaires pour agir rapidement et renforcer les institutions du marché du travail, telles que les négociations collectives. Les travailleurs et leurs familles, les ménages à faible revenu et les communautés défavorisées doivent tous avoir accès à une aide au revenu adéquate et à des services essentiels pendant qu'ils subissent cette transition. Ils pourront alors tirer pleinement profit de la lutte contre le changement climatique, ce qui est certainement dans leur intérêt. Le succès dépendant des progrès réalisés partout dans l'Union, il convient de mettre en place des systèmes de soutien à l'échelle de l'UE qui associent des orientations en matière de normes et de bonnes pratiques à un financement là où il est le plus nécessaire, non pas pour remplacer les efforts des États membres, mais pour leur permettre de mettre en place des politiques sociales modernes qui soutiennent et complètent la transition écologique.

RÉFÉRENCES

Atkinson, A. B. 2015. *Inequality: What Can Be Done?* Cambridge, MA: Harvard University Press.

Calviño, N. 2021. Recovery plans: Spanish and EU perspectives. FEPS Talks, n° 74

Commission européenne 2019-2020) Employment and social development reviews. Rapport, Commission européenne, Bruxelles.

Fischer, G. 2017. Social Europe: the Pillar of Social Rights. Dans *Structural Reforms for Growth and Cohesion: Lessons and Challenges for CEESE Countries and a Modern Europe*, édité par E. Nowotny et al, pp. 32-42. Cheltenham: Edward Elgar.

OCDE. 2021. The inequalities-environment nexus: towards a people centred green transition. Rapport, OCDE.

Vandenbroucke, F., Andor, L., Beetsma, R., Burgoon, B., Fischer, G., Kuhn, T., Luigjes, C., et Nicoli, F. 2020. The European Commission's SURE initiative and euro area unemployment reinsurance. Article, VOX/CEPR, Londres.

La transition numérique : les principaux facteurs d'impulsion et les implications sociales

Par Justin Nogarede

La transition numérique figure en bonne place dans l'agenda politique de l'UE, et les responsables politiques cherchent à l'accélérer, à la gérer et à la contrôler. Mais de quelles technologies s'agit-il exactement, et quand la transition a-t-elle commencé? Avec le premier ordinateur en 1946? Avec l'essor de l'ordinateur personnel dans les années 1970? Avec le développement des protocoles internet au début des années 1980? Avec le Web au début des années 1990? Ou peut-être avec la popularisation du smartphone? Il est impossible de répondre de manière décisive.

Plus largement, on peut se demander s'il est même utile de considérer la transition numérique de manière isolée. L'innovation technologique rapide a été une caractéristique constante des sociétés occidentales depuis la révolution industrielle et, bien que les technologies numériques occupent une place importante aujourd'hui, elles ne sont en aucun cas la seule catégorie importante de technologies. Elles interagissent avec les développements dans le domaine de la biotechnologie, par exemple, qui peuvent avoir un impact considérable en soi.

Néanmoins, la plupart des gens s'accorderont à dire que la numérisation et la collecte de données à grande échelle, la portée quasi omniprésente de l'internet et des smartphones, et le rôle d'intermédiaire des plateformes numériques dans l'activité sociale constituent un phénomène combiné dont on peut tirer des conclusions utiles dans l'ensemble. Ce chapitre se limitera à identifier le principal moteur de la transition numérique, telle qu'elle s'est déroulée dans l'Europe de l'après-guerre, et certains de ses principaux effets sociaux.

LE CONTEXTE POLITIQUE, SOCIAL ET ÉCONOMIQUE EST IMPORTANT

Lorsqu'il parlait de technologie, feu l'historien américain Melvin Kranzberg est celui qui a le mieux résumé la situation en disant que « *la technologie n'est ni bonne ni mauvaise, elle n'est pas neutre non plus* ». Ce qu'il entendait par là, c'est que la technologie a souvent « des conséquences environnementales, sociales et humaines qui vont bien au-delà des objectifs immédiats des dispositifs et pratiques techniques eux-mêmes, et la même technologie peut avoir des résultats très différents lorsqu'elle est introduite dans des contextes différents ou dans des circonstances différentes ».

Il s'agit là d'un point très important, qui est souvent négligé lorsqu'on parle de transition numérique. Dans les années 1990, de nombreuses personnes ont paresseusement supposé que la conception décentralisée de l'internet entraînerait une augmentation illimitée de la liberté humaine et de la démocratie, et ces affirmations ont été réitérées deux décennies plus tard lors du printemps arabe. Mais les choses se sont déroulées différemment. Le printemps arabe a été en grande partie écrasé, car les organisateurs militants n'étaient pas les seuls à pouvoir utiliser les médias sociaux : les appareils d'État pouvaient également utiliser les technologies numériques pour mobiliser des contre-forces et surveiller et réprimer plus efficacement les manifestants. En outre, l'internet n'est pas une entité monolithique : il est constitué d'un ensemble de technologies qui donnent des résultats différents selon les conditions politiques, sociales et économiques dans lesquelles elles sont déployées. L'internet en Chine est assez différent de celui de l'UE. En résumé, les technologies ne favorisent pas intrinsèquement des résultats sociaux spécifiques.

Par conséquent, au lieu d'examiner les valeurs de conception superficielles des technologies numériques ou les déclarations publiques les concernant, il convient d'analyser les acteurs concernés et le contexte dans lequel ils opèrent. Selon Benjamin Peters, « *l'histoire d'un réseau informatique est tout d'abord l'histoire des organisations qui ont essayé de le construire, et seulement accessoirement un rappel de notre romance collective ratée avec leurs valeurs de conception* ».

Si on laisse de côté les approches déterministes et que l'on se concentre plutôt sur les institutions qui poussent actuellement à la transition numérique, ainsi que sur leurs idéologies et leurs intérêts, une caractéristique apparaît clairement : la dynamique du capitalisme lui-même est un moteur majeur de la transition numérique.

Cela apparaît clairement si l'on considère l'histoire de l'internet. Dans les décennies de l'immédiate après-guerre, alors que l'économie centralisée de la guerre était encore fraîche dans la mémoire des gens, l'État a joué un rôle beaucoup plus important et actif dans le développement économique et technologique. En effet, l'internet a été créé grâce à une combinaison d'investissements publics, de collaborations universitaires non commerciales et d'engagement militaire (dans le contexte de la guerre froide) qui ont duré des décennies. Cependant, sous l'influence d'une croyance débordante dans les forces du marché et d'une aversion croissante pour l'intervention de l'État, cette situation a radicalement changé dans les années 1990. Au cours de cette décennie, les États-Unis ont décidé de privatiser l'ensemble de l'infrastructure de l'internet sans fixer aucune règle ni aucun mécanisme de contrôle public. L'UE a largement suivi le mouvement, avec une réglementation de type « *laissez-faire* », un manque d'investissements publics et une déférence générale envers les investisseurs et les entrepreneurs de la Silicon Valley, qui, espérait-on, pourraient ramener les forts taux de croissance économique des années 1950 et 1960.

L'ESPRIT DE LA SILICON VALLEY

Depuis les années 1990, l'imagination, les valeurs et le mode de développement des infrastructures issus de la Silicon Valley ont dirigé la transition numérique en Occident. Le succès des entreprises américaines a été rendu possible par la disponibilité généralisée de capitaux bon marché à la recherche d'un débouché productif, les investisseurs ayant soutenu de grandes plateformes telles qu'Amazon, Uber et WeWork malgré des milliards de dollars de pertes, parfois pendant plus d'une décennie. En conséquence, les modèles commerciaux différents et les alternatives à but non lucratif ont été largement étouffés. L'influence des entreprises de la Silicon Valley présente des caractéristiques particulières : ce que l'on a appelé « l'idéologie californienne » associe une forte croyance dans le pouvoir bénéfique de la technologie numérique et de l'entrepreneur en phase de démarrage à un dégoût pour l'intervention de l'État et la réglementation démocratique.

Cet ensemble de conditions politiques et sociales a conduit à un type spécifique de développement technologique : un développement qui met l'accent sur une évolution rapide dans l'espoir d'engranger des profits (monopolistiques), sur la surveillance de masse des citoyens pour des objectifs commerciaux et sur l'application de solutions technologiques à tous types de problèmes sociaux complexes. Dans une certaine mesure, cela explique le matraquage constant des technologies numériques, des réseaux sociaux et des blockchains à la conduite autonome en passant par l'intelligence artificielle. Les prédictions optimistes ne semblent jamais se réaliser, mais cela ne semble pas avoir beaucoup d'importance. Les autorités publiques, notamment la Commission européenne, sont sensibles à ce type de marketing, comme on peut le voir clairement si l'on examine (par exemple) le livre blanc de la Commission sur l'IA de février 2020 : « *L'IA va entraîner des changements dans nos vies en améliorant les soins de santé, en rendant l'agriculture plus efficiente, [...] en renforçant la sécurité des Européens, et de bien d'autres façons que nous commençons à peine à entrevoir* ».

Il est regrettable que tant l'imagination du public que le développement et le contrôle effectifs de l'infrastructure numérique soient dominés dans une si large mesure par des acteurs privés qui envisagent l'avenir essentiellement sous l'angle du profit. Les technologies numériques occupent désormais une place cruciale dans la vie moderne : les citoyens les utilisent pour trouver des informations, communiquer entre eux, travailler et trouver du travail, et se divertir. Cependant, l'infrastructure ne séduit les gens qu'en tant que consommateurs ou entrepreneurs, elle ignore les valeurs publiques telles que la démocratie, la transparence, la durabilité et la solidarité. Il s'agit d'une inadéquation. À l'heure actuelle, ce paradigme est lentement remis en question, à mesure que les échecs des infrastructures publiques gérées selon une logique purement commerciale deviennent évidents. En particulier, la crise du Covid-19 a souligné l'importance de l'infrastructure numérique et la nécessité d'une participation plus

active du public à sa conception et à sa gestion. Cela dit, l'inadéquation est très loin d'être traitée de manière adéquate.

L'AUGMENTATION DES INÉGALITÉS ET
L'EFFRITEMENT DES INSTITUTIONS

S'il est impossible de passer en revue tous les effets de la transition
numérique telle qu'elle s'est développée en Europe, deux grandes
tendances se dégagent. Premièrement, les technologies numériques
ont eu tendance à se superposer aux inégalités existantes et à les exac-
erber ; deuxièmement, elles ont sapé les institutions existantes, de la
démocratie au journalisme en passant par la sécurité sociale et une
série de droits de l'homme. Examinons successivement chacune de
ces tendances.

Comme c'est généralement le cas avec les changements technologiques, les inégalités se sont accrues. Cette évolution ne peut
pas être considérée indépendamment des tendances existantes de la
mondialisation, de la financiarisation des économies et de la perte de
main d'œuvre, mais les technologies numériques sont susceptibles
d'avoir facilité et accéléré ces tendances et ont contribué à un effet
multiplicateur sur le rendement du capital. Cela est souvent attribué
au fait que les données peuvent être copiées presque librement, sans
effort et instantanément. Cela permet aux entreprises les plus per-
formantes de vendre des logiciels sur un marché mondial, avec des
coûts marginaux très faibles. Au niveau des individus, cela signifie
que des artistes isolés peuvent soudainement atteindre un public
mondial et exiger des honoraires correspondants.

Ces inégalités croissantes ne sont toutefois pas seulement
une qualité intrinsèque des données : elles sont, tout autant, une
conséquence des priorités politiques et économiques. Lorsqu'on analyse les initiatives politiques de l'UE, la prépondérance des lois visant
à étendre et à renforcer les droits de propriété intellectuelle et la
circulation mondiale des capitaux est frappante. Les initiatives politiques visant à renforcer le savoir collectif, la propriété publique ou
la technologie d'intérêt public ont été beaucoup moins nombreuses.
Par conséquent, la transition numérique semble avoir jusqu'à présent
surtout profité aux grandes organisations : du système de surveillance

mondial révélé par Edward Snowden en 2013 aux télécoms et aux grandes entreprises technologiques comme Apple, Google, Microsoft, Amazon et Facebook.

Pour en venir à notre deuxième grande tendance, la transition numérique s'est accompagnée d'un déclin de la confiance dans les piliers institutionnels des démocraties d'après-guerre. Historiquement, les nouvelles formes de communication ont facilité de nouveaux modes de politique, et les autorités s'y sont intéressées de près. Par exemple, les moyens de communication de masse comme la radio sont liés à la montée des partis de masse et aussi, malheureusement, du fascisme. Ils sont fortement réglementés, et à juste titre. Cela n'a pas été le cas pour les réseaux sociaux, même si la quantité de discours haineux qu'ils véhiculent et de fausses informations qu'ils diffusent, ainsi que la manière dont ils ont dégradé le journalisme et fracturé la sphère publique posent un réel problème. D'un autre côté, on peut se demander si, dans un environnement de communication instantanée et constante, limiter l'influence des citoyens à un vote tous les quatre ans environ est encore suffisant.

Dans le même ordre d'idées, on constate un décalage de plus en plus important entre les institutions de l'État-providence occidental et les réalités pratiques du monde du travail. Les plateformes numériques ont accéléré les tendances à la décomposition des emplois en tâches minuscules de plus en plus spécifiques et à l'augmentation du travail précaire et flexible. À l'heure actuelle, de nombreux travailleurs effectuent leurs tâches par le biais de plateformes numériques et travaillent effectivement en dehors des protections légales en matière de salaire minimum, de sécurité sociale et de dignité humaine. Au-delà du lieu de travail, les citoyens constatent que leurs droits fondamentaux à la protection des données, à une vie privée et à l'égalité de traitement n'existent pas en ligne. Les consommateurs et les petites entreprises font la même expérience lorsqu'ils tentent de faire valoir leurs droits économiques sur l'internet.

Ces évolutions sapent la légitimité des autorités publiques au moment même où elles doivent jouer un rôle plus actif dans la conception et la gestion de l'infrastructure numérique. Dans le sillage de la révolution industrielle, les États occidentaux ont mis en place de nouvelles institutions : de celles qui gèrent l'enseignement public, les soins de santé et la protection sociale aux bibliothèques publiques, aux syndicats et au vote général. Cette histoire devrait inspirer les pouvoirs publics lorsqu'ils réfléchissent à la manière d'investir dans les données, les plateformes numériques essentielles et les infrastructures de réseau, et de les gouverner.

RÉFÉRENCES

Kranzberg, M. 1986. Technology and history: Kranzberg's laws. *Technology and Culture* 27, 545–546.

Peters, B. 2021. A network is not a network. Dans *Your Computer Is on Fire*, édité par T. Mullaney, B. Peters, M. Hicks et K. Philip. Cambridge, MA: MIT Press.

Commission européenne 2020. White Paper on Artificial Intelligence. A European approach to excellence and trust. COM 65, Commission européenne.

Nogarede, J. 2021. Governing online gatekeepers: taking power seriously, Report, 15 January, FEPS.

Harrop, A., Murray, K., et Nogarede, J. 2020. Public Services Futures: Welfare States in the Digital Age. FEPS/The Fabian Society.

Nogarede, J. 2020. EU digital policy: time for a holistic approach. Rapport, 10 novembre, Friedrich Ebert Stiftung.

L'inspiration nordique pour le modèle socio-économique européen

Par Britta Thomsen

La transition numérique et la lutte contre le changement climatique sont depuis de nombreuses années des priorités élevées dans les programmes politiques des pays nordiques.

Dans le cas du Danemark, l'actuel gouvernement social-démocrate est déterminé à utiliser les investissements publics pour promouvoir l'agenda vert et l'action climatique afin de revitaliser l'économie après la crise du Covid-19. Le gouvernement a choisi une voie différente pour sa politique économique plutôt que d'adopter l'approche d'austérité que nous avons vue après les récentes crises financières.

Le gouvernement dispose d'une bonne base pour sa politique verte. Après la crise pétrolière de 1973, un débat public sur le futur mix énergétique a été lancé par les représentants du monde politique et les ONG, car le Danemark dépendait, à l'époque, à 100 % du pétrole. Le débat a donné lieu à un puissant mouvement antinucléaire populaire, et le parlement danois a décidé en 1985 d'éliminer l'énergie nucléaire de la planification énergétique future.

Lorsque les sociaux-démocrates sont arrivés au pouvoir, sous la direction du Premier ministre Poul Nyrup Rasmussen (1993-2001), le ministère de l'Environnement et de l'Énergie s'est vu attribuer des ressources très importantes. Le ministre en charge, Svend Auken, avait non seulement un programme vert, mais aussi de grandes ambitions pour devenir une voix de premier plan dans les négociations climatiques mondiales et européennes. Dans le même temps, Svend Auken a réussi à gagner le soutien des syndicats danois parce que ses projets coûteux dans le domaine de l'environnement et de l'énergie ont créé de nombreux nouveaux emplois verts pour les travailleurs spécialisés à une époque où les chantiers navals et les

59

aciéries étaient fermés, notamment dans de nombreuses villes de province. M. Auken a obtenu l'implantation d'usines d'éoliennes et le ministère a également mené une campagne, en collaboration avec des ONG, pour modifier les comportements de la population en convainquant les gens de réduire leur consommation d'énergie et, en même temps, d'économiser de l'argent. Cette initiative a donné à de nombreux citoyens le sentiment de participer activement à la politique d'économie d'énergie du pays.

Obtenir le soutien des syndicats en liant le développement vert à la création d'emplois était une leçon importante à retenir pour les futurs politiciens, et c'est grâce à cela que le Danemark n'a jamais connu de tentative de création de mouvements comme celui des gilets jaunes en France.

Depuis les années 1990, le Danemark joue un rôle moteur dans la politique de l'UE en matière d'environnement et d'énergies renouvelables. Lorsque l'UE a approuvé son premier objectif contraignant en matière de réduction du CO_2 et d'énergies renouvelables en 2008, le Danemark a insisté pour que l'objectif d'efficacité énergétique soit également contraignant. À l'époque, la Commission et le Parlement n'étaient pas prêts à l'accepter, mais pendant la présidence danoise en 2012, l'UE a approuvé la toute première directive sur un objectif contraignant en matière d'efficacité énergétique, et depuis lors, les objectifs contraignants en matière d'efficacité énergétique font partie de la politique verte européenne.

L'actuel gouvernement minoritaire social-démocrate du Danemark, sous la direction de Mette Frederiksen, ainsi que les partis qui le soutiennent, ont remporté les élections de 2019 en promettant de lutter contre le changement climatique et d'améliorer le bien-être. Après l'élection, les partis ont convenu de faire du Danemark l'un des principaux pays du monde en matière de transition écologique, avec pour objectif de réduire les émissions de CO_2 du pays de 70 % (par rapport aux niveaux de 1990) d'ici 2030.

Cet objectif sera atteint grâce à des stratégies nationales dans tous les domaines de l'utilisation de l'énergie : des bâtiments aux transports et aux autres industries. Depuis la signature de l'accord, des initiatives concrètes ont été prises. Par exemple, une nouvelle réforme de la fiscalité verte a été entreprise, qui devrait aboutir à une taxation uniforme du CO_2. La rénovation des logements sociaux est en cours. Une nouvelle loi a été approuvée qui permet aux propriétaires privés d'augmenter les loyers après avoir rénové leur propriété uniquement si la rénovation a été entreprise selon des principes écologiques. Un plan de transport routier écologique a été annoncé, avec pour objectif de disposer d'un million de voitures électriques. Un an et demi seulement après l'élection, un plan d'action a été adopté et, grâce aux initiatives déjà en place, l'objectif d'une réduction de 46 à 50 % d'ici 2025 sera atteint. Pour atteindre la réduction de 70 % visée, le gouvernement est conscient que l'investissement dans la recherche et l'innovation est nécessaire pour développer de nouvelles technologies permettant d'économiser du CO_2.

Conformément à ce que l'on appelle le modèle danois (qui consiste à impliquer tous les partenaires sociaux dans les négociations), des « *partenariats pour le climat* » ont été établis dans treize secteurs différents de l'économie, avec des parties prenantes issues des entreprises, des syndicats, des associations d'employeurs, etc. Chaque secteur doit présenter une stratégie et un catalogue de solutions pour son domaine spécifique.

Le concept des partenariats climatiques sera présenté à l'UE par des députés européens de différents partis danois et par le ministre danois de l'Énergie comme un moyen d'améliorer la réduction du CO_2 dans tous les États membres. Une enquête menée par le groupe de réflexion danois CEVEA a montré que les personnes ayant un faible niveau d'éducation préfèrent investir dans le bien-être même si cela implique un relâchement de l'effort climatique, tandis que les personnes ayant un niveau d'éducation plus élevé préfèrent un effort climatique accru au détriment du bien-être public. Le gouvernement est conscient que la transition verte doit être socialement équitable et qu'elle doit être combinée avec un investissement dans l'aide sociale et l'emploi.

NUMÉRISATION

Lorsque la première étape de la numérisation du secteur public danois a été franchie en 2004, l'intention n'était pas de créer des emplois. Au contraire, le gouvernement de centre-droit d'Anders Fogh Rasmussen souhaitait réduire le nombre de fonctionnaires et voulait que le secteur public devienne plus efficace en utilisant la technologie tant dans sa communication avec les citoyens que dans les interactions entre les institutions. Le secteur public a traversé une longue et difficile période de transformation vers de nouvelles formes d'organisation et de gestion fondées sur la numérisation. Après cela, venait le tour des citoyens. Depuis 2015, ces derniers ne peuvent communiquer avec le secteur public que par voie numérique. Toutefois, 20 % de la population (principalement des citoyens âgés) étaient initialement exemptés de la loi, car ils ne savaient pas utiliser un ordinateur. Néanmoins, après seulement deux ans, cette proportion est tombée à 10 % en raison des efforts déployés pour enseigner de nouvelles compétences en matière de TIC aux gens. Mais il est important que les personnes disposent des mêmes droits même si elles ne sont pas connectées à l'internet.

Les citoyens danois ont un haut degré de confiance dans l'État, de sorte que la crainte de la surveillance n'a pas été un problème en ce qui concerne les données personnelles numériques. Bien que des lacunes dans la sécurité des données personnelles aient été mises en lumière, les gens considèrent que les avantages de la numérisation sont supérieurs aux problèmes qui y sont associés.

Grâce aux services en ligne disponibles 24 heures sur 24, de nombreux citoyens sont heureux de ne pas faire la queue et d'interagir avec le secteur public depuis chez eux, qu'il s'agisse de questions fiscales, de l'école de leurs enfants ou des résultats d'un test de santé.

Au cours de la pandémie de Covid-19, les experts, les politiques et les citoyens ont pris conscience des nombreux avantages du développement numérique et de la façon dont les données peuvent fournir des connaissances qui aident à contrôler la maladie. Le télétravail et l'enseignement à domicile ont ouvert la voie à de nouveaux défis et possibilités numériques, et nous verrons certainement de nouveaux modes d'organisation du travail une fois la pandémie terminée.

Au Danemark, la numérisation ne s'est pas traduite par une diminution du nombre d'emplois publics, comme on le pensait au départ, mais les nouveaux outils numériques ont entraîné une modification du contenu du travail dans de nombreuses professions.

À l'avenir, nous devrions exiger que tous les citoyens aient l'accès nécessaire et les compétences suffisantes pour prendre part à la transition numérique. Nous devons également nous concentrer beaucoup plus sur la sécurité des données et discuter du rôle de l'intelligence artificielle dans le secteur public. Nous devons exiger la transparence sur la façon dont les algorithmes sont composés en fonction du sexe, de l'âge, etc. La technologie doit être accessible à tous et elle doit être digne de confiance!

LA DIMENSION SOCIALE DANS L'UE ET LES PAYS NORDIQUES

Les États membres scandinaves ne sont pas toujours satisfaits de la dimension sociale de l'UE, non pas parce qu'ils craignent que la nouvelle législation abaisse le niveau de l'État-providence nordique, mais plutôt parce qu'ils craignent que des initiatives telles que le salaire minimum affaiblissent le rôle des syndicats nationaux, qui sont considérés comme les meilleurs protecteurs des droits des travailleurs. Certaines parties de la législation européenne dans le domaine social sont incompatibles avec la politique sociale danoise. L'État-providence nordique repose sur le principe de l'universalité : tout le monde paie pour tout le monde, ce qui implique une fiscalité élevée. La Commission européenne a récemment présenté une proposition selon laquelle les enfants pauvres devraient bénéficier d'un repas gratuit à l'école, mais cela irait à l'encontre de la philosophie de l'aide sociale dans les pays nordiques, qui est fondée sur les droits et non sur la charité. Dans ce contexte, un repas gratuit stigmatisera les pauvres. Dans le système nordique, le principe est qu'il y a un accès pour tous ou pour personne. Chaque étudiant reçoit une bourse d'études, chaque retraité reçoit une pension de base indépendamment des autres pensions, chaque étudiant a droit à un enseignement gratuit à tous les niveaux et chaque citoyen a droit à des soins de santé gratuits.

RECOMMANDATIONS

Le rôle des progressistes par rapport à l'avenir de l'Europe devrait être de veiller à ce que le Green Deal européen et la transition numérique soient socialement équitables et qu'ils ne créent pas de nouvelles inégalités ou de nouveaux conflits entre les jeunes et les personnes âgées ou entre les habitants des provinces et ceux des grandes villes.

La dimension sexuelle de l'inégalité semble avoir été oubliée à la fois dans l'UE et dans les stratégies des États membres pour le fonds de relance. Dans tous les États membres de l'Union européenne, les marchés du travail sont, à des degrés divers, marqués par la ségrégation entre les sexes, et tant le secteur de l'énergie que celui du numérique sont dominés par les hommes. De nouvelles compétences seront nécessaires pour bon nombre des nouveaux emplois qui seront créés, et il faut veiller à ce que les femmes aient également accès à de nouvelles qualifications et à une part équitable de ces nouveaux emplois.

Réinventer l'État pour mettre en place une croissance verte intelligente et le bien-être, tout en désarmant le populisme

Par Carlota Perez

LE MOMENT HISTORIQUE ACTUEL

Bien qu'il soit toujours risqué de faire des parallèles historiques et d'essayer d'identifier des phénomènes récurrents, il existe des preuves solides suggérant que les révolutions technologiques ont, dans le passé, conduit l'économie de marché à connaître des périodes de « destruction créative », des bulles, des récessions et des âges d'or, et que ces derniers sont le résultat d'un changement de la pensée économique et de l'action d'un État proactif.

Conformément à ce modèle historique, un changement de paradigme dans la politique et la pensée économiques est maintenant nécessaire : il aurait dû se produire après la crise financière de 2008. Jusqu'à l'arrivée de la pandémie de 2020, les gouvernements étaient restés prisonniers de l'austérité, peu enclins à intervenir sur le marché libre et laissant donc la finance, plutôt que la production, définir la direction de l'économie, d'une bulle à l'autre. L'inégalité qui en a inévitablement résulté a fini par être mise en lumière et les gouvernements ne pouvaient plus l'ignorer, pas plus qu'ils ne pouvaient laisser la pandémie faire des ravages dans leurs économies. Le parallèle avec la Seconde Guerre mondiale et avec les États proactifs qui ont mené les efforts de reconstruction après celle-ci a été repris dans le slogan « *Reconstruire en mieux* » et dans l'appel du Forum économique mondial au « *Grand Reset* ».

Le changement historique de la fin des années 1940 a vu le déclenchement de la révolution de la production de masse. Le moment est venu pour l'État de fournir le contexte d'un âge d'or de la société de l'information.

POURQUOI LE POPULISME S'EST-IL DÉVELOPPÉ ?

Ce n'est pas par hasard que le populisme a pris de l'ampleur, que les partis politiques se divisent et que de nouveaux mouvements sont apparus. Cela s'est produit lors de chaque révolution technologique (dans les années 1840, 1890 et 1930), après un effondrement financier majeur.

Le populisme est un signal d'alarme. Le système ne fonctionne pas pour la majorité. En fait, il a régressé. « *Make America great again* » implique que la vie était meilleure avant. « *Reprendre le contrôle de nos frontières* » signifie que nous avons perdu quelque chose que nous avions auparavant (et dont d'autres bénéficient maintenant). Le rejet des immigrants vient de la peur de perdre son espace au profit des « envahisseurs ». De nombreuses personnes craignent pour leur avenir et pensent que leurs enfants seront moins bien lotis qu'elles. Le ressentiment grandit et les leaders populistes surfent sur la vague qui en résulte.

Dans les années 30, Hitler et Staline ont promis un avenir meilleur par le biais du nationalisme ethnique et du communisme, respectivement. Pourtant, c'est la social-démocratie qui a réellement apporté une meilleure société, grâce aux politiques du New Deal et de l'État-providence.

POURQUOI L'HEURE DE LA SOCIAL-DÉMOCRATIE A SONNÉ

La social-démocratie consiste en un jeu à somme positive entre les entreprises et la société, et c'est ce dont nous avons besoin actuellement. L'heure est venue d'occuper audacieusement le terrain avec un État entrepreneurial créatif collaborant avec un secteur privé dynamique et une société participant activement, tous allant dans la même direction. C'est à ce moment-là que le capitalisme retrouve sa légitimité, lorsque la richesse de quelques-uns profite réellement au plus grand nombre.

Le succès est possible, car une fois qu'une révolution technologique est en cours et que sa logique est bien comprise (comme c'est le cas aujourd'hui avec les technologies de l'information et de la communication (TIC)), il est possible de faire pencher le terrain dans une direction qui conduira à un résultat social et économique optimal. Cela nécessite un ensemble de politiques systémiques qui favoriseront l'innovation et l'investissement des entreprises dans une direction synergique qui se traduira par une amélioration des conditions sociales tout en étant rentable. Il n'y a pas de déterminisme technologique : la même révolution de la production de masse a été façonnée de manière très différente par Hitler, Staline et les démocraties keynésiennes. Quelque chose d'équivalent peut se produire avec les TIC.

Les politiques sociales-démocrates qui favorisaient l'accession à la propriété dans les banlieues (et finançaient également l'innovation pendant la guerre froide) ont été responsables du boom d'après-guerre, des « *trente glorieuses* », lorsque de bons profits s'accompagnaient de bons salaires et d'une diminution des inégalités. Des temps semblables peuvent se reproduire, mais l'État doit façonner la révolution de l'information pour y parvenir. La durabilité sociale et environnementale est un objectif évident à atteindre.

LES CONDITIONS ET LES RISQUES D'UN PASSAGE À L'ÉCOLOGIE

L'ère des TIC a entraîné deux vagues de souffrance pour des parties importantes de la population du monde industrialisé. La première vague résulte de la mondialisation de la production à la recherche d'une main-d'œuvre à faible coût. La deuxième vague a vu le chômage technologique et la déqualification. Ce phénomène est en cours depuis les années 1980 et pourrait bien s'intensifier dans les années à venir, avec les progrès de l'intelligence artificielle et de la robotique. La montée du populisme doit beaucoup à la destruction des moyens de subsistance et de l'espoir qui en a résulté.

Le Covid-19 a entraîné une troisième vague de pertes d'emplois. Les gouvernements ne doivent pas laisser la transition verte entraîner une nouvelle vague de destruction de compétences et d'emplois.

Relever les défis du changement climatique et des limites des ressources de la planète est une tâche urgente, mais c'est aussi notre meilleur espoir d'une reprise économique saine qui permette la création d'emplois et de richesses. Il existe des politiques vertes qui créent des emplois et d'autres qui les détruisent. La voie que nous choisirons fera une différence sociale importante.

COMMENT RÉALISER LA DURABILITÉ ENVIRONNEMENTALE ET SOCIALE?

Il y a quatre éléments auxquels nous devons réfléchir si nous voulons atteindre la croissance et la maintenir, voire l'améliorer, tout en changeant sa nature vers une durabilité sociale et environnementale. Un nouveau modèle de croissance durable doit être intelligent (c'est-à-dire numérique), écologique, équitable et mondial. La croissance *intelligente* implique l'utilisation des TIC pour contribuer à dématérialiser la croissance, en répondant aux besoins par des services plutôt que par des produits, comme cela s'est déjà largement produit avec la musique, les films et les livres, réduisant ainsi l'utilisation d'énergie et de matériaux. Il s'agit notamment d'utiliser l'intelligence artificielle et la robotique pour accroître la productivité dans certains secteurs de l'économie tout en créant un grand nombre d'emplois dans les nouveaux secteurs verts. Il faudra pour cela des politiques qui encouragent cette orientation vers l'innovation tout en utilisant les TIC pour moderniser le secteur public afin qu'il soit aussi efficace et aussi simple à utiliser que certaines des plateformes du secteur privé.

La croissance *verte* ne se résume pas à un passage aux énergies renouvelables. Elle nécessite également une réduction radicale des déchets, le développement de biomatériaux et de biocarburants, une économie « circulaire », des logements et une mobilité durables, une nouvelle conception des villes, des biens durables réellement durables dans un modèle de location et d'entretien, etc. Tous ces changements nécessitent une action politique visant à promouvoir des méthodes de production écologiques intelligentes ainsi que des modes de vie plus écologiques. Ces derniers sont particulièrement importants car ils constituent la principale source de nouveaux emplois.

La croissance *équitable* ne consiste pas seulement à utiliser la redistribution pour surmonter les inégalités après coup, mais plutôt à créer les conditions nécessaires pour réduire les différences d'opportunités et promouvoir une proportion plus équitable de récompenses dans le processus de création de richesse. Un revenu universel de base pourrait faire partie de cette « pré-distribution ». Une plus grande égalité passe par l'argent, certes, mais aussi par les compétences et l'éducation. Alors qu'à l'époque de la production de masse, la maison était le bien le plus important pour garantir la vie, l'éducation est devenue le point le plus crucial dans notre nouvelle société de la connaissance. Le soutien du gouvernement, équivalent à celui qui favorise l'accession à la propriété, devrait maintenant viser l'éducation.

La croissance *mondiale* ne répond pas uniquement à des objectifs humanitaires. Alors que l'Asie est devenue l'usine du monde en ce qui concerne la production de masse de biens de consommation, l'Europe pourrait devenir un centre d'équipements et d'ingénierie spécialisés, sur mesure et durables, et elle pourrait fournir une éducation afin de soutenir un vaste effort de développement dans une sorte de plan Marshall pour les pays en retard. Outre le fait que les relations commerciales qui en résulteraient seraient mutuellement bénéfiques, ce processus permettrait d'endiguer la vague d'immigration, qui constitue une fuite des cerveaux pour les pays en développement et un problème politique pour les pays industrialisés. Enfin, compte tenu de la mondialisation de l'économie et de la nouvelle nature de la finance transfrontalière, un avenir organisé nécessitera probablement des institutions supranationales dotées de plus de pouvoirs que l'ONU et d'une transparence totale.

QUE PEUT-ON FAIRE POUR ORIENTER LA CROISSANCE DANS CES DIRECTIONS ?

Il est clair que pour atteindre un ensemble aussi complexe d'objectifs interdépendants, il faudra concevoir des outils politiques appropriés. Nous avons donc la chance que la menace de la pandémie ait fait pencher la balance en faveur d'un rôle accru de l'État.

Outre une réglementation clairement ciblée, certains des outils les plus puissants dont nous disposons sont les taxes et les subventions pigouviennes qui punissent les comportements indésirables (comme c'était le cas avec la cigarette) et soutiennent les comportements positifs (comme cela a été fait avec les énergies renouvelables). Cela permettrait de modifier la structure des coûts relatifs dans le même sens pour tout le monde, et donc de faire pencher la balance pour stimuler l'innovation et l'investissement dans la même direction socialement souhaitée. Il est essentiel de comprendre que nombre de nos politiques et institutions actuelles sont obsolètes. Elles étaient destinées à favoriser la précédente révolution de la production de masse, et elles y sont parvenues. Mais pour orienter la direction prise par la révolution de l'information, il faudra faire preuve d'une innovation institutionnelle et politique considérable, en utilisant les TIC de manière adaptée et efficace. Cela implique l'adoption d'une mentalité similaire à celle de la reconstruction d'après-guerre et d'une manière véritablement sociale-démocrate d'aborder les problèmes.

Il est essentiel de choisir la voie du verdissement de l'économie qui générera le plus d'emplois dans ses premières phases. Cela permettra à la fois de réparer les dommages infligés par la mondialisation, la révolution technologique et le Covid-19, et de rallier la majorité des citoyens à cette transformation. L'objectif serait de mettre en place un jeu gagnant-gagnant entre les entreprises et la société, entre les pays avancés, les pays émergents et ceux en développement, et entre l'humanité et la planète.

Il s'agit, certes, d'une refonte complète de l'État dans son organisation et ses outils. Un tel consensus ne peut être atteint qu'en repeuplant le terrain central et en concevant des politiques qui équilibreront les différents intérêts en jeu afin de mettre la révolution technologique au service d'un âge d'or mondial durable offrant des conditions sociales optimales.

RÉFÉRENCES

Mazzucato, M. 2021. *Mission Economy: A Moonshot Guide to Changing Capitalism*. Londres: Allen Lane/Penguin.

Palma, J. G. 2020. Behind the seven veils of inequality. *Development and Change* 50(5), 1133-1213.

Perez, C. 2021. Using the history of technological revolutions to under-stand the present and shape the future. *The Progressive Post* 17 février.

Perez, C., et Murray Leach, T. 2018. Smart & green: a new 'European way of life' as the path for growth, jobs, and wellbeing. Dans *Re: Thinking Europe: Positions on Shaping an Idea*, pp. 208-223. Conseil autrichien pour la recherche et le développement technologique. Vienne : Holzhausen.

Une Union sociale européenne

Par László Andor

Ces dernières années, la vision d'une Union sociale a été développée et promue par d'éminents spécialistes des sciences sociales, dont Frank Vandenbroucke, Maurizio Ferrera, Anton Hemerijck et Colin Crouch. La Conférence sur l'avenir de l'Europe devrait mettre ce concept au premier plan, notamment pour faire en sorte que la reprise après la pandémie de Covid-19 soit inspirée par un engagement renouvelé envers le modèle social européen.

DEPUIS LE SEDS VERS UNE UNION SOCIALE

La dernière conceptualisation de la dimension sociale de l'UE a eu lieu lorsque le Socle européen des droits sociaux (SEDS) a été discuté et finalement signé en 2017. Bien que la création du SEDS ait été un processus essentiellement idéologique, il a réalisé une avancée majeure en intégrant les questions de l'État providence dans le concept de l'agenda social européen. L'approche en trois chapitres du SEDS, et en particulier son troisième chapitre, peut être comparée à la construction originale de la fin des années 1980 et aux cycles législatifs qui ont suivi et qui ont pratiquement associé la politique sociale à la coordination dans le domaine de l'emploi, et à la législation dans le domaine des conditions de travail en particulier. Au printemps 2021, la Commission européenne a présenté un plan d'action pour mettre en œuvre le SEDS, et la présidence portugaise du Conseil a organisé une grande conférence à Porto sur le renforcement de la dimension sociale de l'UE.

L'idée de construire une « Europe sociale » a été défendue par le président de la Commission, Jacques Delors (1985-1995), qui a non seulement fait preuve d'une grande force rhétorique sur la dimension sociale, mais a également élevé le dialogue social au niveau de l'UE, réformé la politique de cohésion afin de pouvoir contrebalancer le marché unique et a lancé un cycle de législation sociale pour empêcher un nivellement par le bas. En effet, il a agi dans l'esprit de Karl Polanyi, qui a souligné dans son ouvrage fondamental, *La Grande Transformation* (1944), que les mesures visant à étendre les marchés doivent être accompagnées de mesures en matière de politique sociale.

Tableau 1. Les piliers d'une Union sociale.

Un filet de sécurité européen pour les filets de sécurité nationaux; garanties	Les stratégies d'investissement social au service de la politique de cohésion	Maintenir le lien entre les politiques économiques et sociales
... pour éviter les divergences	... pour faciliter la convergence	... pour éviter la marginalisation

Cependant, le concept d'Union sociale représente une avancée qualitative par rapport à la construction de l'UE dans laquelle la politique sociale est une annexe au principal élément d'intégration et de gouvernance économiques. Comme le souligne très justement M. Vandenbroucke, « *une Union sociale européenne n'est pas un État providence européen : c'est une union d'États providence nationaux, avec des héritages historiques et des institutions différents* ». Cependant, étant donné que le fonctionnement de l'UE et de sa gouvernance économique en particulier, a des conséquences massives sur les relations industrielles et les systèmes de protection sociale nationaux, il est nécessaire de mettre en place un filet de sécurité européen pour les filets de sécurité des États membres. Voici une brève explication des différentes composantes de l'Union sociale envisagée.

UN CHANGEMENT DE PARADIGME VERS L'INVESTISSEMENT SOCIAL

Placer l'État providence en matière d'investissement social sur le devant de la scène représente un changement de paradigme, voire une conversion, dans le domaine de la politique sociale européenne. Les questions totémiques des débats antérieurs sur la politique sociale, telles que le détachement des travailleurs, ne sont plus au centre des préoccupations. Les débats récents ont, par exemple, souligné des propositions de « garantie pour les enfants », faisant suite aux recommandations de l'UE de 2013 concernant l'investissement pour les enfants, ainsi qu'une législation relative au congé parental rémunéré.

Dans les budgets nationaux, les dépenses d'aide sociale au sens large représentent environ 40 % des dépenses totales. Dans cette catégorie, les budgets de protection sociale au sens étroit reçoivent environ un tiers du total. Le budget de l'UE ne sera jamais en mesure de rivaliser ou de centraliser ces composantes budgétaires, mais le compartiment social du budget de l'UE peut fournir, et fournit, des contributions essentielles aux programmes d'assistance sociale (par le biais du Fonds européen d'aide aux plus démunis (FEAD)) et d'investissement social (par le biais du Fonds social européen (FSE) et de l'Initiative pour l'emploi des jeunes (IEJ)) dans les États membres. Ceux-ci fonctionnent également comme des incitations à réformer les politiques sociales et de l'emploi et à concevoir des programmes plus efficaces sur le terrain. Les recherches de Maurizio Ferrera ont établi qu'un budget européen plus important visant à promouvoir l'investissement économique et social, pour aider les personnes en situation de grande pauvreté et pour fournir une aide financière aux États membres qui connaissent une hausse du chômage, bénéficie d'un soutien majoritaire non seulement dans les pays de l'UE les plus peuplés (Espagne, France, Italie, Allemagne, Pologne), mais aussi dans les plus petits.

FIXER DES SALAIRES DÉCENTS

Les salaires et la fixation des salaires représentent un domaine dans lequel l'UE n'a pas de compétences directes, mais de diverses manières, ces questions ont progressivement été soumises à l'influence de l'UE. La réponse de l'UE à la crise de la dette de la zone euro a fait pression pour que l'on s'oriente vers une décentralisation des mécanismes de fixation des salaires. Cette évolution est venue s'ajouter à une tendance à plus long terme d'une diminution de la part des salaires dans un certain nombre de pays. Afin de contrer ces tendances négatives, une campagne a été lancée par les syndicats pour une Alliance salariale européenne en 2018.

La question centrale est de savoir comment faciliter la convergence des salaires vers le haut. L'idée de garantir un plancher salarial dans chaque pays, sur la base d'une approche coordonnée en matière de salaires minimaux au niveau de l'UE, avait fait son chemin en 2020, et une initiative législative de l'UE en a résulté. Elle garantit non seulement que les niveaux de salaire minimum soient fixés au-dessus du seuil de pauvreté et représentent une rémunération décente pour le travail effectué, mais elle encourage également la négociation collective au sein des États membres. Une composante européenne des stratégies en matière de salaire minimum (ajusté au coût local de la vie) contribuerait également à prévenir la concurrence déloyale et l'exploitation des travailleurs dans les pays les plus pauvres de l'Union.

L'ASSURANCE CHÔMAGE

Les unions monétaires existantes ont toutes des exemples de stabilisateurs automatiques. En fait, toutes les unions monétaires sont également des unions d'assurance, de sorte qu'elles couvrent également le chômage de manière évidente. Un mécanisme de transfert équitable, fondé sur des règles et prévisible au niveau de l'Union économique et monétaire (UEM) devra également être acceptable pour les « pays excédentaires », afin de stabiliser la monnaie unique sur les plans économique, social et politique. La création d'un régime d'assurance (ou de réassurance) chômage à l'échelle de l'UE permettrait également une certaine harmonisation, par exemple en éliminant les anomalies lorsque la durée de l'aide au chômage est limitée à 90 jours. Certains considèrent que l'instrument SURE (Soutien pour atténuer les risques de chômage en situation d'urgence) de l'UE (lancé en 2020 pour aider les travailleurs grâce à des programmes de chômage partiel pendant la récession causée par la pandémie de Covid-19) constitue la base d'un régime de chômage commun.

Un régime européen d'assurance chômage de base, servant à mutualiser partiellement les coûts budgétaires du chômage cyclique, est l'exemple le plus important de stabilisateurs automatiques possibles au niveau de l'UEM. Un tel outil constituerait un lien direct entre la réduction des déséquilibres de la croissance du PIB et l'aide aux victimes innocentes des récessions et des crises financières. Il contribuerait à soutenir la demande globale pendant les ralentissements cycliques asymétriques et constituerait un filet de sécurité pour les systèmes nationaux de protection sociale. Divers modèles d'assurance chômage ont été étudiés. Parallèlement à un véritable régime d'allocations de chômage, des mécanismes de réassurance ont également été envisagés. S'il était conçu avec soin, un système de réassurance pourrait fonctionner correctement, et il pourrait être politiquement réalisable.

POLITIQUE SOCIALE ET GOUVERNANCE ÉCONOMIQUE

En ce qui concerne le renforcement de la dimension sociale de la gouvernance économique, un travail très important a été réalisé au cours de la dernière décennie pour consolider la coordination de la politique sociale au cœur de la gouvernance économique, c'est-à-dire dans le cadre du « semestre européen ». Tout d'abord, en 2010, il a été garanti que l'emploi et la politique sociale joueraient un rôle dans cette nouvelle méthode de coordination, et par la suite, la part et le poids de l'analyse sociale et des recommandations ont progressivement augmenté. Mais le semestre européen n'est qu'un point de départ : pour obtenir de meilleurs résultats sociaux, il est également important de continuer à réglementer la finance et à réformer la mondialisation et, surtout, de réorganiser l'union monétaire.

L'UEM a été lancée à Maastricht comme une union monétaire sans union fiscale, sans réglementation commune du secteur financier ni prêteur en dernier ressort. Le potentiel dangereux de cette UEM mal conçue n'a été que partiellement exposé à la fin des années 1990, durant la seule période de l'histoire de l'UE où le centre gauche a dominé la politique européenne et également le Conseil européen. La stratégie de Lisbonne a été introduite au cours de cette période et a confirmé l'engagement européen en faveur d'une « Europe sociale », mais elle visait à apporter un remède sans réviser le cadre macroéconomique.

La récente crise financière a causé des dommages sociaux aussi importants, principalement en raison de la tendance inhérente au

modèle actuel d'union monétaire à la dévaluation interne en temps
de crise. Mais la capacité de la politique sociale européenne à com-
penser les erreurs de la gouvernance économique reste limitée. Il est
donc essentiel de veiller à ce que les politiques économiques au niveau
de l'UE produisent moins de problèmes. Depuis 2012, un certain
nombre de mesures de réforme ont été prises (il y a eu deux piliers de
l'Union bancaire, un mécanisme européen de stabilité permanent a
été introduit, même s'il est en dehors du cadre communautaire, etc.),
mais le processus de réforme lui-même est incomplet. Il existe une
longue liste d'éléments de réforme en suspens : de la création d'un
système de garantie des dépôts et d'actifs sûrs à la modification du
mandat de la Banque centrale européenne (BCE).

Tableau 2. Un changement de paradigme sur l'Europe sociale.

	Delors-Lisbonne	Union sociale
Sociologie	Pacte avec l'aristocratie du travail (Val-Duchesse)	Inclusion des groupes marginaux/vulnérables
Orientation politique	Définition des droits (1989, 2017)	Ressources et coordination des politiques
Disposition	Méthode ouverte de coordination sociale	Cohérence avec la réforme de l'UEM

L'ALLIANCE POLITIQUE NÉCESSAIRE

Le concept d'Union sociale est issu d'une vision sociale-démocrate.
Les démocrates chrétiens sont également invités à s'aligner sur cette
vision, et cela s'applique particulièrement aux vrais disciples du pape
François, qui s'est distingué parmi les dirigeants catholiques contem-
porains par sa campagne en faveur d'un égalitarisme inclusif. L'inspiration du souverain pontife devrait contribuer à remettre la réduction
des inégalités matérielles (de revenus) au cœur de l'agenda social.
    Pour la gauche européenne, les institutions de l'UE sont au cœur
de ses objectifs et de son identité. Il ne s'agit pas d'un complément. La
pandémie de Covid-19, avec laquelle l'Europe est aux prises depuis le
printemps 2020, est une raison supplémentaire de pousser à une plus
grande solidarité européenne et à des filets de sécurité plus importants. Il peut s'agir d'un nouveau chapitre dans l'histoire de l'UE, un

chapitre qui ne s'ouvrira pas à moins que les sociaux-démocrates ne fassent valoir leurs arguments avec plus de force que par le passé. En même temps, ce nouveau chapitre a le potentiel de définir le pouvoir de la démocratie sociale en Europe pour les générations à venir.

RÉFÉRENCES

Andor, L. 2018. A timely call for a Social Union. EU Visions, 13 décembre

Crouch, C. 2020. *Social Europe: À Manifesto*. Social Europe Publishing.

Vandenbroucke, F. Barnard, C., et De Baere, G. (eds). 2017. A European Social Union after the Crisis. Cambridge University Press.

PARTIE II

Une action extérieure de l'UE dotée d'une autonomie stratégique et d'un engagement multilatéral

Synthèse du débat

Par Giovanni Grevi

Le débat entrepris par le groupe d'experts de la FEPS sur l'avenir de l'Europe a mis en évidence le lien entre l'action extérieure de l'Europe et la question de l'avenir de l'Europe. Si l'UE n'est pas équipée pour faire face aux défis géoéconomiques, géopolitiques et transnationaux auxquels elle est confrontée (et si elle n'est pas déterminée à le faire), elle ne sera pas en mesure de répondre aux priorités et aux attentes de ses citoyens en matière de prospérité, de bien-être et de sécurité. Cela affecterait à son tour la légitimité de l'UE, remettant en question l'objectif et la raison d'être de l'ensemble du projet européen. Il existe également un lien entre l'avenir du multilatéralisme sur la scène mondiale et l'avenir de l'UE en tant qu'institution multilatérale *sui generis* et profondément intégrée. La préservation et la réforme de l'ordre multilatéral exigent un leadership fort de la part de l'UE, aux côtés de ses partenaires mondiaux, mais la crise du multilatéralisme remet en cause les principes qui sont au cœur de l'intégration européenne fondée sur des règles.

L'UE et ses États membres ont donc le choix : soit ils peuvent adopter une approche stratégique et concertée afin de promouvoir leurs intérêts et leurs valeurs, soit ils peuvent être les victimes des décisions des autres, vulnérables à l'impact de la concurrence multidimensionnelle entre les grandes puissances. Une action extérieure efficace exige une vision de ce que l'UE représente et de ce qu'elle souhaite accomplir sur la scène internationale, y compris les moyens d'atteindre ses objectifs et une stratégie viable pour aligner les fins et les moyens. C'est pourquoi l'UE doit devenir plus stratégique et plus autonome. Faire progresser l'autonomie stratégique ouverte de l'Europe ne signifie pas que l'Europe tourne le dos à ses partenaires, prenne une voie isolationniste ou renie son engagement en faveur de la coopération multilatérale, il s'agit de donner aux Européens les moyens de définir leurs propres objectifs et de renforcer leur capacité d'action, tout en évitant les dépendances unilatérales. Sur cette base, l'UE devrait toujours chercher à coopérer avec d'autres pays dont les programmes convergent.

QUELLE DEVRAIT ÊTRE LA STRATÉGIE MONDIALE EUROPÉENNE À LONG TERME ?

L'UE opère dans un contexte mondial difficile et sans précédent, marqué par une répartition multipolaire du pouvoir, un réseau dense de cadres multilatéraux et une scission croissante de l'ordre international due à la rivalité grandissante entre les États-Unis et la Chine. Les États-Unis restent la plus grande puissance mondiale selon la plupart des critères, mais le pouvoir se déplace. La Chine, avec son système politique autoritaire profondément intégré dans les flux économiques internationaux, est en passe de devenir la plus grande économie du monde (elle l'est d'ailleurs déjà en termes de parité de pouvoir d'achat). Il existe un risque évident que la concurrence sino-américaine devienne le facteur dominant dans le façonnement du système international (dans les domaines de la politique, de l'économie et de la sécurité) ce qui pourrait conduire à l'éclatement de la mondialisation et à une nouvelle guerre froide. L'ordre multilatéral est entré dans une transition difficile et incertaine. La pandémie de Covid-19 a mis en évidence à la fois les limites et la fragmentation des réponses multilatérales et le fait est que la coopération multilatérale essentielle si nous voulons faire face aux risques transnationaux. Les grandes puissances adoptant des positions de plus en plus antagonistes, les organisations internationales risquent de se retrouver dans l'impasse, sans aucun accord possible sur de nouvelles règles visant à étendre la gouvernance mondiale à des domaines d'interdépendance essentiels, tels que la connectivité numérique. Dans le même temps, cependant, il existe des exemples de résilience et d'innovation en matière de gouvernance, comme lorsqu'il s'agit de faire face au changement climatique. Les organisations régionales peuvent également s'avérer être un moteur important de l'action collective, mais le rythme et l'ampleur de leur consolidation varieront probablement d'une région à l'autre.

Les participants à la réunion ont estimé que la dérive vers une nouvelle guerre froide entre les États-Unis et la Chine, qui perturberait davantage la coopération multilatérale, serait préjudiciable aux intérêts de l'UE. Afin d'éviter cela et de contenir la confrontation bipolaire, l'UE devrait renouveler son investissement dans le multilatéralisme grâce à un réseau plus solide de normes, de règles, d'institutions et d'espaces de dialogue. Il a été souligné que, pour l'UE, le multilatéralisme n'est pas seulement un instrument parmis d'autres dans sa boîte à outils pour l'action extérieure : c'est un objectif en soi. C'est un élément central de son identité en tant qu'acteur international et projet politique. Il s'agit de chercher à atténuer la politique de puissance et, dans la mesure du possible, d'élever la coopération fondée sur des règles au rang de norme dans les affaires internationales.

Dans un environnement stratégique contesté et turbulent, il ne fait aucun doute que l'Europe doit « *apprendre le langage du pouvoir* », comme l'a souvent déclaré le haut représentant Josep Borrell. Toutefois, l'UE ne doit pas accepter la logique à somme nulle de la politique de puissance. Tout en renforçant sa résilience, sa capacité à contrer les pratiques coercitives des autres et sa capacité à assurer la sécurité, l'UE devrait parler son propre langage de puissance par le biais du commerce, des investissements, des règles et des valeurs démocratiques. L'UE devrait placer la promotion des biens publics mondiaux, tels que la durabilité environnementale et la santé publique, au centre de son action extérieure et de son approche multilatérale. Ce programme permettrait à la fois de relever les défis mondiaux urgents et de créer les conditions propices au dialogue entre toutes les grandes puissances dans les domaines d'intérêt commun, la concurrence prévalant dans les autres domaines. Cette approche correspondrait également à l'appel lancé récemment par le secrétaire général des Nations unies en faveur d'un nouveau pacte mondial pour faire face à l'impact du Covid-19 sur les systèmes sociaux et économiques du monde entier. La pandémie a accentué les inégalités, mis en évidence les déficits de gouvernance et menacé la poursuite des objectifs de développement durable.

L'importance accordée par l'administration Biden au renouvellement du leadership américain par le biais de l'engagement multilatéral et de la coopération avec ses partenaires et alliés offre une opportunité majeure de faire progresser le partenariat transatlantique. Les participants à la réunion ont noté que l'UE et les États-Unis partagent diverses préoccupations liées aux pratiques commerciales déloyales de la Chine, notamment la question des subventions qui faussent les règles du jeu, et il a été convenu qu'il était nécessaire de mieux coordonner leur approche. La Commission européenne a l'intention de lancer un nouvel agenda vert transatlantique à l'été 2021. Il est également nécessaire d'approfondir le dialogue transatlantique sur les questions numériques, de la réglementation des « Big Tech » aux questions relatives à la fiscalité des entreprises numériques. Il a été noté que, dans ces domaines et sur d'autres questions, l'UE doit s'engager sur la base d'une compréhension claire de ses intérêts et de ses positions, qui ne correspondent pas toujours à ceux des États-Unis. Cela constituerait la base d'un partenariat solide fondée sur un programme commun, tout en permettant à l'UE de définir et de poursuivre ses propres priorités lorsque cela est nécessaire. En d'autres termes, il n'y a pas de contradiction entre la poursuite d'une autonomie stratégique ouverte et la promotion du partenariat transatlantique. En ce qui concerne la Chine, il a été affirmé que l'UE devra trouver un équilibre entre les éléments de coopération, lorsque cela est possible, et de confrontation, lorsque cela est nécessaire. Cela est conforme aux perspectives stratégiques présentées en 2019 par la Commission et par le haut représentant Borrell, où la Chine a été définie comme un partenaire de coopération, un concurrent économique et un rival systémique promouvant des modèles de gouvernance alternatifs. Il est nécessaire de s'engager avec la Chine afin de relever les défis mondiaux tels que le changement climatique et les pandémies et pour fournir des biens publics mondiaux, mais l'UE doit rester ferme sur ses valeurs et relever le défi posé par les activités de la Chine qui promeuvent des formes de gouvernement autoritaire sur la scène internationale.

Le débat qui a eu lieu lors de la réunion sur les différentes dimensions centrales de l'action extérieure de l'UE a mis en évidence le fossé entre la demande croissante et l'offre défaillante en matière de coopération internationale. Cela a conduit à un grave déficit de gouvernance mondiale. Ce déficit est en partie motivé, et certainement amplifié, par l'intensification de la concurrence entre les grandes puissances mondiales, qui pourrait aboutir à un ordre mondial bipolaire ou autrement scindé, notamment dans les domaines économique et numérique. À partir de cette évaluation réaliste, l'UE devrait jouer un rôle proactif dans l'élaboration des transitions verte et numérique en Europe et au-delà et dans la préservation d'un ordre commercial mondial ouvert, fondé sur des règles et équitable.

Pour réussir, l'UE devra travailler à deux niveaux. Au premier niveau, elle doit renforcer sa propre base de pouvoir en fixant les programmes, en développant les actifs et en adoptant les règles nécessaires pour résister à la concurrence et s'engager dans une coopération efficace. En d'autres termes, l'UE a besoin à la fois des ressources et des cadres réglementaires nécessaires pour gérer l'interdépendance conformément à ses intérêts et à ses valeurs. Et au second niveau, l'UE devra agir simultanément par le biais de différents partenariats, réseaux et institutions multilatérales. Le dosage dépendra des questions en jeu, de la convergence avec des partenaires partageant les mêmes idées, et de l'importance d'impliquer différents acteurs pour fournir des solutions et des biens publics mondiaux.

COMMENT L'UE DOIT-ELLE RELEVER LES DÉFIS DU CLIMAT ET DU DÉVELOPPEMENT DURABLE ?

Il a été souligné lors de la réunion que les implications multiples et interdépendantes du changement climatique (qu'elles soient liées au développement humain, à la pénurie de ressources, à la santé, à la sécurité ou à l'aggravation de la perte de biodiversité) appellent une réponse globale, soutenue par des ressources adéquates et reposant sur la coopération internationale. À la conjonction entre les politiques internes et externes, la mise en œuvre du Green Deal européen peut apporter une contribution majeure à l'atténuation du changement climatique et à l'adaptation à son impact, en soutenant la transition énergétique en Europe et dans diverses autres régions. La technologie jouera un rôle essentiel pour favoriser une croissance durable. Ceci souligne l'importance tant de l'innovation technologique que des transferts de technologie, lorsqu'ils sont nécessaires pour aider les partenaires de l'UE à faire face au changement climatique et à passer à un mix énergétique plus propre. Cela nécessitera des investissements importants, faisant appel à des fonds publics et privés par le biais de modèles de financement innovants, ainsi que des mesures d'incitation adéquates, par exemple l'établissement d'un prix approprié pour le carbone. L'UE devrait également anticiper et traiter les implications géo-écologiques de grande envergure de la transition énergétique. Au fil du temps, cela créera de nouvelles opportunités pour les pays pouvant exploiter des sources d'énergie renouvelables telles que le vent et le soleil, mais cela exercera un impact négatif sur les revenus des pays qui dépendent de manière disproportionnée des revenus provenant de l'exportation de combustibles fossiles.

Il a été noté que, à bien des égards, les politiques et les normes de l'UE contribuent déjà de manière significative à façonner la gouvernance climatique dans les pays tiers et au niveau multilatéral. Grâce à la réglementation du marché, l'UE intègre des clauses et des exigences en matière de durabilité environnementale dans les accords commerciaux, et elle pourrait les développer davantage en mettant davantage l'accent sur la mise en œuvre. L'UE a été le premier acteur à mettre en place un système d'échange de droits d'émission, qui a servi d'expérience utile pour concevoir des cadres similaires dans d'autres pays et pour progresser vers un marché international du carbone. L'UE innove également en adoptant une classification des activités économiques durables et en travaillant à l'élaboration d'une norme sur les « obligations vertes » afin de clarifier la situation pour les opérateurs du marché et de stimuler les investissements durables. La conception des mesures d'ajustement carbone aux frontières envisagées par l'UE (qui vise à éviter les fuites de carbone en fixant un prix pour la teneur en carbone des produits importés de pays dont la réglementation environnementale est plus souple) est un autre aspect important et sensible de l'agenda vert externe de l'UE. La question est de savoir comment développer un mécanisme qui permet à la fois de faire progresser les objectifs climatiques de l'UE et de préserver des conditions de concurrence équitables sur le marché, tout en répondant aux préoccupations des partenaires de l'UE qui perçoivent la mesure comme étant protectionniste, évitant ainsi les perturbations commerciales.

Le lancement ou le développement de plans de relance massifs dans la plupart des grandes économies au cours de l'année 2021 offre une occasion clé de débloquer des investissements adéquats pour favoriser la transition énergétique et l'économie verte. Les accords sur le budget pluriannuel de l'UE et sur le plan « *Next Generation EU* » ont joué un rôle essentiel dans l'établissement d'une base solide pour le contrat vert européen. Il a été noté qu'au niveau multilatéral, la série de sommets qui se dérouleront en 2021 offre à l'UE et à ses États membres de multiples points d'entrée pour faire avancer leur programme environnemental, renforcer la gouvernance environnementale mondiale et faire en sorte que la reprise économique post-pandémie contribue à la réalisation des objectifs de développement durable. Le président Biden a annoncé qu'il accueillerait un sommet des chefs d'État et de gouvernement sur le climat en avril ; la conférence des Nations Unies sur la biodiversité se tiendra en Chine en mai ; les sommets du G7 et du G20 suivront en juin et octobre, respectivement ; et la conférence des Nations Unies sur le changement climatique (COP26) aura lieu en novembre. Dans le même temps, l'UE doit faire progresser les partenariats bilatéraux avec les acteurs clés, par exemple en s'appuyant sur la proposition de la Commission européenne d'établir un programme vert transatlantique complet dans les mois à venir.

QUELLE DEVRAIT ÊTRE L'APPROCHE DE L'UE EN MATIÈRE DE COMMERCE ET DE GOUVERNANCE ÉCONOMIQUE MONDIALE ?

Les participants à la réunion ont souligné que l'UE devait continuer à investir dans un ordre commercial international ouvert et fondé sur des règles. Cela implique de travailler avec des partenaires pour réformer l'Organisation mondiale du commerce (OMC) et moderniser son programme afin de s'attaquer aux questions contestées telles que les subventions qui faussent les échanges. Travailler dans le cadre de l'OMC n'exclut pas de favoriser les coalitions plurilatérales et d'étendre le réseau d'accords bilatéraux de libre-échange de l'UE. Il s'agit d'importants vecteurs de coopération qui peuvent compléter l'engagement multilatéral et contribuer au renforcement et à la diffusion des normes sociales et environnementales pour un commerce équitable et durable. Une politique commerciale solide doit également répondre aux priorités des citoyens européens, qui attendent des mesures visant à atténuer l'impact du commerce et de la mondialisation sur les inégalités et le bien-être.

Le renforcement de la résilience des chaînes d'approvisionnement européennes est un autre défi central, qui se situe à l'intersection de plusieurs programmes politiques de l'UE : le commerce, l'innovation, le climat, la santé et la sécurité. Faire progresser la transition énergétique de l'Europe et soutenir le leadership de l'Europe dans les technologies vertes, et plus généralement sa souveraineté technologique, dépendra de la fiabilité de l'accès aux matières premières essentielles utilisées dans des domaines industriels stratégiques tels que l'électronique et les secteurs des énergies renouvelables, de l'automobile, de l'aérospatiale et de la défense. L'extraction d'un grand nombre de ces matières premières est concentrée dans quelques pays seulement, ce qui soulève des questions concernant la perturbation potentielle des approvisionnements et la manipulation de l'interdépendance à des fins géopolitiques. L'UE devra adopter une approche plus ciblée pour gérer l'interdépendance et réduire sa vulnérabilité aux dépendances extérieures, par exemple en procédant à de la sous-traitance de proximité et à la diversification de ses chaînes d'approvisionnement et en constituant des stocks de biens essentiels.

Il a été souligné qu'en plus d'adopter une position proactive sur le commerce, l'UE devrait se préparer à l'émergence d'un régime monétaire multipolaire sur la scène mondiale. Dans ce contexte, le renforcement du rôle international de l'euro apportera non seulement une plus grande prévisibilité pour les citoyens et les entreprises de l'UE, mais contribuera également à la stabilité financière internationale et réduira la vulnérabilité de l'UE face au renforcement du pouvoir financier, par exemple par des sanctions secondaires. Pour renforcer l'euro en tant que monnaie mondiale, il faut, entre autres, achever l'union bancaire et l'union des marchés de capitaux du bloc, émettre des actifs sûrs communs libellés en euros (comme le prévoit le plan de relance *Next Generation EU*) et établir des lignes d'échanges financiers entre la Banque centrale européenne et les autres banques centrales. Les participants à la réunion ont finalement considéré l'euro, la puissance commerciale de l'UE et la capacité d'innovation technologique de l'Europe comme les principales sources d'influence de l'UE sur la scène mondiale.

QUEL DEVRAIT ÊTRE L'AGENDA DE L'UE POUR FAÇONNER LA RÉVOLUTION NUMÉRIQUE ?

La révolution technologique en cours affecte profondément les affaires internationales, la politique et les sociétés.

Premièrement, il a été souligné que la production et le contrôle des nouvelles technologies modifient l'équilibre international des forces. L'avance technologique peut être exploitée comme une source de *soft* et de *hard power* (pour attirer et contraindre les autres) tandis que la connectivité numérique traverse les frontières et rompt le lien traditionnel entre souveraineté et territoire. Cela génère également de nouvelles menaces pour la sécurité dans le cyberespace et met en avant de nouvelles priorités, telles que la sécurisation des données.

Deuxièmement, les nouvelles technologies auront un impact majeur sur les trajectoires économiques des différents pays et régions, et l'Europe est actuellement à la traîne. Toutes les grandes entreprises actuelles de l'internet et du numérique sont américaines ou chinoises, tandis que les États-Unis et la Chine sont également très en avance en ce qui concerne la répartition des grandes startups (appelées licornes) dans des domaines clés tels que l'intelligence artificielle, la robotique de pointe, l'informatique en *cloud* et la géolocalisation. Ceci est particulièrement important pour l'Europe, car les entreprises technologiques dominantes sont également celles dont la productivité croît le plus, ce qui renforce leur compétitivité, écarte les concurrents potentiels et conduit à des marchés oligopolistiques ou monopolistiques.

Troisièmement, il a été affirmé que la diffusion des technologies numériques crée également de nouveaux défis pour la démocratie et les droits de l'homme. Cela concerne, par exemple, le droit à une information fiable, ce qui est essentiel pour une politique démocratique saine et qui est affecté par le comportement des plateformes de réseaux sociaux qui refusent d'assumer la responsabilité du contenu qu'elles diffusent. À l'avenir, la combinaison du *big data*, des techniques de surveillance et des progrès de la science comportementale permettra aux gouvernements et à d'autres acteurs de contrôler et de manipuler le comportement des gens et d'affecter la faculté individuelle, qui est un autre pilier de la démocratie libérale.

Les performances de l'Europe à la pointe de l'innovation technologique seront d'une importance capitale si elle veut passer d'un état d'esprit réactif à un état d'esprit proactif, c'est-à-dire passer du statut de récepteur de technologies générées ailleurs à celui de concepteur de son propre avenir numérique. Face à la Chine, qui entend renforcer la surveillance sociale, et aux États-Unis, qui cherchent à gagner des parts de marché et sont réticents à réglementer les grandes entreprises technologiques, l'UE doit définir et mettre en œuvre sa vision de l'économie et de la société numériques, afin de fournir des biens publics en Europe et dans le monde. Les récentes propositions politiques telles que la législation sur les services numériques et la législation sur les marchés numériques vont dans la bonne direction, mais un changement radical est nécessaire. En particulier, l'UE doit s'assurer que son plan de relance canalise et rassemble des fonds adéquats vers des projets transnationaux de recherche et d'innovation.

Pour renforcer la résilience et l'autonomie stratégique de l'Europe dans ce domaine, il faut sécuriser les chaînes de valeurs numériques et élargir la base de connaissances et de compétences de l'Europe, notamment en attirant des talents de l'étranger. Le lancement d'un euro numérique permettrait de soutenir la numérisation de l'économie européenne tout en renforçant sa résilience. La réalisation du marché unique numérique et la création d'espaces européens pour le partage des données sont d'autres étapes essentielles. Toutefois, ces mesures ne seront pas suffisantes à elles seules, car le marché de l'UE serait de toute façon trop petit. Une coopération avec des pays partageant les mêmes idées, tels que le Japon, la République de Corée et le Canada, est nécessaire. Cette démarche devrait s'inscrire dans une stratégie de partenariat plus large qui associe les pays partageant les normes et les valeurs de l'UE dans le domaine numérique. L'UE devrait également établir un dialogue stratégique sur la technologie et l'innovation avec les États-Unis, notamment pour aborder les différences entre leurs approches respectives. L'UE et ses partenaires de même sensibilité devraient mettre en place un « Schengen des données », permettant la libre circulation des données dans le cadre de règles appropriées. Ils devraient également élaborer des cadres pour la gouvernance numérique mondiale, conformément aux objectifs des Nations Unies, adopter une approche commune dans le domaine très concurrentiel de la normalisation et utiliser les technologies numériques pour fournir des biens publics mondiaux, tels que l'observation de la Terre afin de soutenir la durabilité environnementale. L'UE devrait également placer la transition numérique au centre de son partenariat avec l'Afrique, en mettant l'accent sur les questions de durabilité et de santé.

COMMENT FAIRE PROGRESSER L'AGENDA DE LA DÉFENSE DE L'UE

Avec le conflit en Ukraine et la déstabilisation des voisins à l'est et au sud de l'UE au cours de la dernière décennie, les questions de défense ont grimpé sur la liste des priorités de l'Union. La stratégie globale de l'UE de 2016 invitait les Européens à assumer davantage de responsabilités pour leur sécurité, ce qui nécessitait un niveau approprié d'ambition et d'autonomie stratégique, ainsi que le renforcement de la coopération en matière de défense. La défense et la sécurité ont été parmi les domaines les plus dynamiques lors de la mise en œuvre de la stratégie globale de l'UE, avec une série de nouvelles dispositions encadrant et soutenant les efforts de coopération pour développer les capacités militaires et renforcer la capacité opérationnelle. Ces dispositions comprennent la Coopération structurée permanente, l'Examen annuel coordonné en matière de défense et le Fonds européen de la défense. Le processus actuel de la Boussole stratégique vise à s'appuyer sur l'analyse commune des menaces auxquelles l'UE est confrontée, qui a été effectuée fin 2020, et à fournir des objectifs clairs pour la politique de défense de l'UE dans les domaines de la gestion des crises, de la résilience, du développement des capacités et des partenariats.

Le renforcement de la cohérence des accords de défense coopérative récemment établis et la réaffirmation de l'engagement des États membres à unir leurs forces en matière de défense sont des mesures nécessaires pour améliorer les résultats jusqu'à présent limités de la politique de sécurité et de défense commune (PSDC) de l'UE, que ce soit en termes de capacités ou d'opérations. Des progrès sont nécessaires pour combler les lacunes de longue date en matière de capacités, pour équiper les États membres de l'UE afin qu'ils puissent faire face aux nouveaux défis en matière de sécurité (tels que ceux liés aux nouvelles technologies) et pour mettre en place des systèmes de forces multinationales intégrées en vue d'un déploiement rapide. La protection des biens publics mondiaux (l'espace, le cyberespace et les océans) est une dimension de plus en plus importante de l'agenda de la défense, qui nécessite une coopération étroite entre le Service européen pour l'action extérieure et la Commission. Dans ce contexte, le rôle spécifique de l'armée doit être clairement défini dans le cadre d'une approche beaucoup plus large qui s'appuie sur l'ensemble des outils et du pouvoir réglementaire de l'UE.

Il a été noté que le processus décisionnel intergouvernemental qui préside à la politique de sécurité et de défense de l'UE et l'exigence connexe de décisions unanimes affectent les performances du bloc en matière de sécurité et de défense. En outre, la responsabilité des questions de défense est assez divisée dans l'architecture institutionnelle de l'UE. Si l'application du vote à la majorité dans ce domaine permettait sans aucun doute d'accélérer la prise de décision, elle nécessiterait une modification des dispositions du traité et il est très peu probable que les États membres l'acceptent. Toutefois, certaines propositions ont été faites lors de la réunion, qui ne nécessiteraient pas de modification du traité, mais renforceraient à la fois la dimension institutionnelle de la politique de défense de l'UE et la capacité d'action de l'Europe.

D'une part, les États membres devraient décider de mettre en place un Conseil des ministres de la Défense au lieu de tenir des réunions informelles de ces derniers, comme c'est le cas actuellement. D'autre part, le processus de planification des opérations militaires de la PSDC devrait être réformé pour permettre une prise de décision plus rapide en temps de crise.

Le processus de planification des opérations militaires de la PSDC devrait également être réformé pour permettre une prise de décision plus rapide en temps de crise. En particulier, la Capacité de planification et de conduite militaires devrait être renforcée et se voir chargée d'effectuer une planification avancée sur la base de scénarios génériques, les plans opérationnels ultérieurs étant soumis au Comité politique et de sécurité afin de fournir une base permettant des décisions rapides si les scénarios se concrétisent. Dans le même ordre d'idées, on a fait valoir que la structure de commandement des opérations militaires de la PSDC devrait également être renforcée, en attribuant leur commandement opérationnel au Directeur général de l'État-major de l'UE.

QUELLES SONT LES PRIORITÉS À VENIR ?

L'UE doit faire face à l'environnement stratégique plus incertain et plus compétitif dans lequel elle se trouve, avec un sens aigu des objectifs et un ensemble clair de priorités pour guider son action extérieure. Les participants à la réunion ont estimé que le message au cœur de la politique étrangère et de l'action extérieure de l'UE devrait porter sur la promotion et la fourniture de biens publics mondiaux par le biais d'une coopération fondée sur des règles. Trois exigences de base ont été mises en évidence pour donner au bloc les moyens de défendre et de promouvoir ses intérêts et ses valeurs dans le monde.

Premièrement, l'UE doit renforcer sa propre cohésion politique, ses structures institutionnelles, ses instruments et ses capacités, qui constituent le socle d'une action extérieure efficace. En d'autres termes, l'Europe a besoin d'une base de pouvoir intérieure plus solide si elle veut peser dans le monde. La pandémie de Covid-19 a démontré de manière éclatante que la promotion de la coopération internationale est essentielle pour relever les défis sanitaires transnationaux, mais elle a également montré que l'UE doit renforcer sa capacité à produire et à distribuer des équipements médicaux et des vaccins si elle veut être efficace chez elle et à l'étranger. On estime que les trois principales sources de pouvoir de l'UE sont le marché unique, qui sous-tend le pouvoir réglementaire et la politique commerciale de l'Europe, l'innovation technologique et l'euro. Parmi les diverses mesures exposées pour renforcer l'action extérieure de l'UE, le renforcement du rôle international de l'euro a été jugé particulièrement important pour améliorer à la fois la résilience de l'Union européenne et la stabilité financière mondiale.

Deuxièmement, renforcer les piliers intérieurs de l'influence extérieure de l'UE signifie également améliorer l'efficacité de son processus décisionnel en utilisant toutes les options offertes par les traités. Cela inclut, en particulier, l'utilisation de la clause dite *passerelle* pour étendre l'application du vote à la majorité qualifiée à certains domaines importants de l'action extérieure de l'UE, comme le propose la Commission. En outre, il a été avancé que la réforme du cadre constitutionnel de l'UE devrait être envisagée, le cas échéant, comme l'extension des compétences de l'UE dans les domaines de la santé, des politiques sociales, climatiques et numériques, et la mise en commun des ressources de l'UE et nationales sur la base du principe de subsidiarité.

Troisièmement, répondre aux préoccupations et aux attentes des citoyens est une condition nécessaire à la légitimité, à la crédibilité et à l'efficacité de la politique étrangère et de l'action extérieure de l'UE. Il est nécessaire d'intégrer pleinement les priorités des citoyens à l'élaboration de la politique étrangère et d'évaluer soigneusement les coûts et les avantages des politiques pertinentes pour la prospérité, le bien-être et la sécurité des Européens. Il a été souligné que la conférence sur l'avenir de l'Europe offre une occasion importante pour mobiliser les citoyens dans le cadre d'un débat approfondi sur les priorités de l'action extérieure de l'UE et sur la manière de les atteindre. Ce débat devrait entre autres porter sur le lien étroit entre les politiques intérieures et extérieures, par exemple en matière de commerce, d'environnement, de questions numériques, de sécurité et de défense. Les choix faits chez nous entraînent des répercussions à l'étranger, et les éléments qui façonnent l'environnement stratégique de l'Europe ont de profondes implications sur la prospérité, la cohésion et la sécurité de l'UE elle-même.

Aspirations : pour une action extérieure de l'UE dotée d'une autonomie stratégique et d'un engagement multilatéral

Par Barbara Roggeveen

Au début de l'année, le haut représentant Josep Borrell s'est rendu à Moscou. Ce voyage s'est avéré controversé. Lors d'une réunion avec le ministre russe des Affaires étrangères, Sergueï Lavrov, l'hôte de M. Borrell a qualifié l'UE de « *partenaire peu fiable* », condamnant les sanctions prises par l'UE à l'encontre de la Russie à la suite de l'annexion de la Crimée et accusant les dirigeants de l'UE de mentir au sujet de l'empoisonnement d'Alexeï Navalny.

Plutôt que de discuter de ce qu'aurait dû ou n'aurait pas dû répondre M. Borrell à ces déclarations provocantes, je mentionne simplement ce voyage à Moscou afin de souligner deux faiblesses systémiques de l'action extérieure de l'UE : la première est l'absence de consensus concernant les ambitions stratégiques du bloc ; la seconde est l'approche à deux voies de l'UE, par laquelle l'Europe tente de poursuivre à la fois une conditionnalité normative et un engagement pragmatique dans son interaction avec des acteurs « rivaux » dans la sphère internationale. Cette brève analyse met en lumière un certain nombre de moyens permettant de surmonter ces obstacles dans l'action extérieure de l'UE.

Pour surmonter la première faiblesse identifiée ci-dessus, l'UE doit s'attaquer au concept d'autonomie stratégique, un sujet largement débattu dans les milieux politiques européens. C'est plus facile à dire qu'à faire, car l'UE tire son influence actuelle des échanges commerciaux et de l'accès aux marchés plutôt que d'une position politique ou militaire forte vis-à-vis de ses homologues dans la sphère internationale.

En outre, lorsque les débats actuels sur l'autonomie stratégique se concentrent sur les relations extérieures de l'UE, le dialogue introspectif fait défaut. La récente visite de M. Borrell à Moscou illustre le fait que les ambitions stratégiques sont une coquille vide si la dynamique interne de l'Europe ne permet pas de prendre des mesures décisives au nom du bloc dans son ensemble. Par conséquent, si l'UE veut atteindre un niveau important de prise de décision autonome, elle doit d'abord parvenir à un consensus entre ses États membres. Ce ne sera pas un exercice facile, car il faudra que les États membres s'accordent sur les objectifs et les instruments de l'autonomie stratégique, ainsi que sur la volonté politique de les mettre en œuvre.

Pour surmonter la deuxième faiblesse, l'UE doit repenser son approche à deux voies vis-à-vis des acteurs « rivaux », tels que la Chine et la Fédération de Russie. À l'heure actuelle, l'UE tente de combiner un engagement pragmatique et une conditionnalité normative dans ses interactions avec les pays considérés comme des rivaux systémiques. Cette double approche ne peut réussir que si les exigences normatives de l'UE s'alignent sur l'influence politique et économique de facto qu'elle détient sur ces acteurs, c'est-à-dire si l'UE est capable de faire respecter les exigences normatives qu'elle fixe.

Pour transformer l'approche à deux voies en un modèle réussi d'engagement multilatéral, l'UE devrait s'éloigner des évaluations ambitieuses de son pouvoir de négociation normatif et s'appuyer plutôt sur une évaluation critique de ses capacités *réelles* de mise en œuvre. En d'autres termes, l'UE ne devrait formuler que des demandes qu'elle peut réellement soutenir. La visite de M. Borrell à Moscou en février dernier illustre ce qui se passe lorsque les exigences normatives de l'UE et ses capacités de mise en application ne sont pas en adéquation : la crédibilité de l'Union en tant qu'acteur dans le domaine de la politique étrangère est mise à mal.

Pour mener à bien une action extérieure qui consiste en une autonomie stratégique et un engagement multilatéral productif, l'UE doit s'attaquer à ces deux faiblesses systémiques. En fin de compte, la solution à ces obstacles est étroitement liée : l'UE doit parvenir à un consensus interne concernant ses objectifs et ses instruments d'autonomie stratégique, et ce consensus doit être fondé sur une évaluation critique du pouvoir de négociation réel et existant de l'UE dans le domaine de la politique étrangère.

RÉFÉRENCES

Financial Times. 2021. Botched Moscow visit is a wake-up call for the EU. *Financial Times*, 11 février.

Commission européenne. 2019. EU–China–a strategic outlook. Report, European Commission and HR/VP contribution to the European Council, 12 Mars.

Scénarios de gouvernance mondiale et autonomie stratégique ouverte de l'UE : une fenêtre d'opportunité pour un « moment spinellien »

Par Mario Telò

INTRODUCTION : « L'AUTONOMIE STRATÉGIQUE OUVERTE » EST-ELLE UNE PRIORITÉ POUR LA CONFÉRENCE SUR L'AVENIR DE L'EUROPE ?

L'autonomie stratégique ouverte est un concept extrêmement pertinent et ambitieux pour l'avenir de l'UE : il s'agit de notre liberté et de notre bien-être dans le monde complexe et dangereux où nous vivons actuellement. Cependant, il s'agit d'une notion assez vague : la tâche de la rendre plus concrète devrait être une priorité tant pour les institutions de l'UE que pour la Conférence sur l'Avenir de l'Europe. La recherche peut y contribuer en approfondissant ses conditions et ses conséquences, notamment à propos de ce qui est possible et de ce qui ne l'est pas dans le contexte mondial du XXIe siècle. Alors que pendant 70 ans, l'unité européenne était principalement axée sur la prévention des conflits internes et la stabilité (après les deux guerres mondiales), l'enjeu principal des décennies à venir sera le lien cohérent entre le multilatéralisme interne et la capacité à façonner, en tant qu'acteur autonome, la mondialisation et l'ordre mondial.

L'UE ne représente que 5 % de la population mondiale, mais est comparable aux États-Unis et à la Chine en termes de PIB (15,4 % en 2019) et de puissance commerciale (15 %). Elle reste une puissance monétaire (l'euro est la deuxième monnaie de réserve mondiale), demeure un acteur majeur en matière d'aide aux pays en développement et d'aide humanitaire, et reste le numéro un mondial en matière de création de mécanismes et d'accords avec des partenaires internationaux, proches ou lointains. Comment peut-elle, grâce à un processus de coopération et d'intégration plus approfondi, non seulement survivre, mais aussi mieux influencer le monde multipolaire, non européen et sa gouvernance en fonction de ses propres intérêts et valeurs? Elle doit, tout d'abord, promouvoir de manière proactive les convergences multilatérales pour les biens communs : la paix par la prévention des conflits, la santé publique, le développement durable, la protection de l'environnement, la régulation équitable de l'économie et du commerce mondialisés.

Si l'UE rate cette occasion, un tragique retour en arrière est possible. Nous pourrions nous retrouver en retrait des années constructives entre la déclaration de Laeken de 2001, la Convention européenne et le traité de Lisbonne, lorsque des objectifs ambitieux étaient strictement liés à de nouveaux modes institutionnels de gouvernance.

SCÉNARIOS ALTERNATIFS : RÉSULTATS ANALYTIQUES

Le contexte mondial multipolaire actuel permettra-t-il l'émergence de nouveaux acteurs tels que l'UE? La recherche suggère qu'il existe quatre scénarios alternatifs pour le rôle potentiel de l'UE.

Une multipolarité asymétrique caractérisée par la primauté militaire des États-Unis

Depuis 1989-1991, le contexte mondial a évolué vers une multipolarité inédite, à la fois asymétrique et clivante, combinée à un réseau de coopération multiniveaux et multilatéral, qui est dans une certaine mesure très fragile, mais aussi, à certains égards, résilient et dynamique.

Pourquoi asymétrique? Contrairement à l'idéologie euro-centrique du XIXème siècle, la nouvelle multipolarité est asymétrique en termes d'extension géographique, de démographie, de puissance économique et de « *soft power* » des principaux pôles. La principale asymétrie, cependant, est celle qui concerne les capacités militaires et les budgets de la défense. Les États-Unis restent de loin la plus grande superpuissance. La rhétorique sur le renforcement de la compétitivité militaire de la Chine doit être soumise à un examen plus approfondi, les données montrant que le budget de défense de la Chine (209 milliards de dollars en 2020) ne représente toujours qu'un quart de celui des États-Unis (même s'il est en augmentation).

Les conséquences pour la sécurité nucléaire et non nucléaire européenne, notamment dans un contexte de réarmement mondial (SIPRI 2019), est que l'UE doit encore combiner sa propre autonomie stratégique ouverte avec un nouvel accord transatlantique pour les 20 prochaines années au moins (et avec le bénéfice de l'article 5 de l'OTAN pour sa sécurité). Cela ne signifie pas que l'OTAN sera toujours la priorité, et la relance de la coopération transatlantique ne sera pas facile. Ce qui est nouveau, c'est que les changements mondiaux et les expériences des dernières décennies ont fait prendre conscience aux dirigeants européens (Merkel, Macron, Borrell) que l'UE ne peut plus compter uniquement sur les États-Unis pour sa sécurité. Le déclin du rôle des États-Unis et le clivage transatlantique sur les intérêts stratégiques et les modèles de société sont des acquis à long terme de la recherche scientifique, même si seuls des extrémistes peuvent négliger la pertinence des valeurs communes et du modèle libéral. Les enquêtes Eurobaromètre ont montré que les citoyens de l'UE ne comptent plus sur les États-Unis, comme ils le faisaient auparavant, et ils s'inquiètent de la pertinence croissante de la politique intérieure américaine en provoquant des changements dans la volonté (et la capacité) des États-Unis à diriger la coopération mondiale.

Cela signifie que l'UE ne peut pas revenir au rôle obsolète de partenaire mineur dans l'alliance. Après la défaite de Trump, ramener les États-Unis dans le jeu multilatéral est dans l'intérêt de l'UE et dans l'intérêt général de tous les acteurs. Cela dit, quelques mois après le début de la présidence de Joe Biden, il est déjà évident qu'il sera souvent obligé de choisir entre un consensus interne et la conduite d'un changement mondial de manière multilatérale. Le rêve unipolaire de George W. Bush a disparu, mais les mesures prises pour relancer l'hégémonie mondiale des États-Unis risquent de prendre la forme d'un compromis incertain entre l'intérêt national américain et un concept défensif/exclusif d'internationalisme, bien loin du grand engagement multilatéral de 1944-1945, de Roosevelt et Kennedy, et même de l'approche d'Obama.

Une multipolarité de statu quo ? L'émergence de la Chine, un défi historique sans précédent

La deuxième preuve est le changement spectaculaire du pouvoir économique mondial dans le cadre du processus de consolidation d'un monde multipolaire. Depuis 2007, le reste du monde a dépassé l'Occident en termes de part du PIB mondial. La Chine est déjà la plus grande économie au monde en termes de parité de pouvoir d'achat, et elle sera également la plus grande en termes nominaux dans une décennie. La Chine est le numéro un des importations et des exportations. Elle est la première partenaire commerciale de 100 pays, ainsi que de l'UE. Le fait qu'un régime autoritaire (dont le bilan en matière de droits de l'homme est médiocre et qui a une conception différente des principes fondamentaux) soit l'économie dominante du monde, un pays hautement internationalisé, interdépendant et technologiquement avancé, est sans précédent dans l'histoire et exige une réflexion novatrice.

En outre, même si la Chine est un régime autoritaire, c'est un régime qui fonctionne bien : jamais dans l'histoire une telle croissance des avantages et de la protection sociale n'a été offerte à autant de personnes en si peu de temps. En URSS, par exemple, le maintien du statut de superpuissance militaire se faisait au détriment du bien-être de la population. Enfin, la Chine, contrairement à l'URSS, est beaucoup plus intégrée dans le système multilatéral, ce qui offre de multiples possibilités de coopération sur des biens communs.

La forte tendance à la division

L'ordre mondial multipolaire se divise de plus en plus entre les États-Unis et la Chine : des droits de douane sont introduits, la concurrence numérique technologique est omniprésente, les chaînes d'approvisionnement sont de plus en plus divisées, les menaces mutuelles ont augmenté et la rhétorique politique s'intensifie. Une deuxième guerre froide n'est pas un scénario abstrait, mais une question de décisions quotidiennes. En fait, elle est ouvertement considérée comme inévitable par les chercheurs concernés des deux côtés. À la suite de la ferme confrontation américano-chinoise d'Anchorage en mars 2021 et de la série de sanctions réciproques qui a suivi, une question à deux volets se pose.

- Une réduction sérieuse des chaînes mondiales de production et de l'interdépendance complexe est-elle possible, ou est-il trop tard pour contenir l'économie chinoise de manière efficace ? Voir, par exemple, le soutien d'Ericsson à la présence concurrentielle de Huawei en Occident, dans l'espoir que la Chine soutienne les activités d'Ericsson en Chine.
- Comment faire face au risque de multiplication sans fin de sanctions réciproques inefficaces, ne servant qu'à conforter le régime de Xi ?

L'UE a intérêt à éviter les deux risques : soit s'adapter passivement à une forte division, soit s'en tenir au statu quo. Ces risques peuvent conduire à affaiblir dramatiquement l'UE et les organisations multilatérales telles que l'Organisation mondiale du commerce (OMC), l'Organisation mondiale de la santé (OMS) et l'ONU, mais aussi le G20, ainsi que leurs différents agendas contraignants. Le programme de réforme de l'ONU d'António Guterres serait menacé, la révision de la gouvernance de l'OMS serait gelée et l'engagement de la nouvelle directrice générale de l'OMC, Ngozi Okonjo-Iweala, en faveur de la réforme des subventions, de la facilitation des investissements, de la réglementation des services intérieurs et de la relance de l'organe d'appel serait compromis.

Comment devrions-nous alors traiter avec la Chine, le pays qui a le plus bénéficié de la mondialisation et de la multipolarité ? Trump a tenté de combiner la priorité de son programme défensif et de son programme tourné vers l'intérieur (« *America first* ») avec une attitude extérieure dure : guerres commerciales et confrontation politique dans le but de provoquer un effondrement interne du régime de la République populaire de Chine. Il est rapidement devenu évident que non seulement sa tactique échouerait, mais qu'en outre l'endiguement économique n'était pas une option réalisable. Deux voies alternatives sont possibles : soit nous nous efforçons d'instaurer un multilatéralisme pluriel réel qui soit le miroir d'une multipolarité consolidée, faisant de la place à la Chine et à d'autres acteurs non occidentaux, à leurs économies et aussi à leurs différentes cultures de fond, soit nous recherchons des combinaisons innovantes de réalisme et de transformation.

L'UE doit bien entendu placer les droits de l'homme et la promotion de la démocratie au cœur de son agenda : les sanctions de l'UE sont justifiées sur la base d'une enquête neutre sur les violations des droits de l'homme, et s'il y a des représailles contre des membres du Parlement européen, des chercheurs et des centres de recherche, les actions de la Chine doivent être fermement rejetées. Toutefois, les sanctions, si elles sont considérées comme un moyen de pression externe, sont-elles le meilleur moyen de défendre les droits de l'homme et de promouvoir la démocratie ? Le renouveau d'une culture politique anti-réformiste et fondamentaliste (« *si nous n'obtenons pas tout ce que nous demandons, alors nous n'obtenons rien* ») est-il un moyen positif d'affirmer l'influence mondiale de l'Europe ou est-ce la voie d'un dangereux auto-isolement ?

Une alternative pour l'UE : combiner réalisme, dialogue et transition vers un nouveau multilatéralisme

Le secrétaire général des Nations unies, António Guterres, a mentionné l' « Acte final d'Helsinki » (également connu sous le nom de Commission sur la sécurité et la coopération en Europe (CSCE)) à plusieurs reprises en référence à des régimes autoritaires. Lorsque la CSCE a été créée en 1976 à la suite de la célèbre conférence d'Helsinki de 1975, l'idée de ses promoteurs, d'Helmut Schmidt à Olof Palme, et de bien d'autres, était de changer profondément les régimes autoritaires d'Europe de l'Est grâce au dialogue et à la coopération fonctionnelle dans trois domaines : la sécurité, l'économie, la culture et les droits de l'homme. L'Ostpolitik de Willy Brandt a inspiré cette approche innovante, malgré « L'Archipel du goulag ».

Combiner la défense de nos valeurs à des négociations de plus en plus sophistiquées sur nos intérêts, en utilisant notre pouvoir de marché, par exemple en incluant des conditions de concurrence équitables et un chapitre sur le « développement durable » dans l'Accord global sur les investissements (AGI) entre l'UE et la Chine est la voie choisie par l'UE, et elle est conforme à l'objectif d'autonomie stratégique ouverte. Cette voie est à la fois réaliste et ambitieuse. Elle est réaliste parce que c'est un simple fait que, grâce au récent Partenariat régional économique global, tous les États d'Asie-Pacifique, y compris les entités démocratiques les plus importantes de la région (Japon, Corée, Australie, Nouvelle-Zélande), ont récemment signé un accord avec la Chine, tout comme les États-Unis, avec le « *Phase One Deal* » (janvier 2020). Mais elle est également ambitieuse parce que l'UE semble être consciente que si le réalisme n'est pas associé à des demandes fortes pour que la Chine respecte les droits de l'homme, à l'amélioration du contenu des traités et à la relance de l'OMC, le risque objectif est un passage de facto à une multipolarité conservatrice et de statu quo, encadrée par un multilatéralisme faible et fragile. En même temps, l'avenir de l'UE en tant qu'entité multilatérale est directement lié à la réforme du cadre multilatéral, et l'avenir du multilatéralisme dépend, dans une large mesure, de l'UE en tant que moteur clé de la construction de coalitions multiples.

Contrairement à certains commentaires, l'autonomie stratégique est le contraire de « faire cavalier seul ». À juste titre, la déclaration franco-allemande du 20 novembre 2020 a affirmé l'alternative européenne à une guerre froide (c'est-à-dire la perspective d'une nouvelle « alliance pour le multilatéralisme ») alors que le scénario de celle-ci diviserait les coalitions multilatérales actuelles et potentielles pour les biens communs et affaiblirait les régimes et organisations multilatéraux. Le rôle principal de l'UE est de jeter des ponts et de former des coalitions au niveau mondial, régional et interrégional, menant ainsi le processus de multilatéralisation de la multipolarité et de chaque accord bilatéral. Puisque « *le statu quo n'est pas une option* », défendre le multilatéralisme n'est possible que si on le réforme. C'est pourquoi l'UE est politiquement obligée de promouvoir différentes coalitions politiques et fonctionnelles.

C'est à juste titre que Josep Borrell a affirmé que l'UE doit utiliser le langage du pouvoir avec les régimes autoritaires. J'irais même plus loin : nous devons utiliser notre langage *distinctif* du pouvoir. Le pouvoir du marché, le pouvoir commercial et l'euro sont les leviers d'influence internationale les plus efficaces dont dispose l'UE.

CONCLUSIONS UN « MOMENT SPINELLIEN » ?

En 2021, nous célébrons le 80e anniversaire du « Manifeste de Ventotene ». Il s'agit de la déclaration fondatrice de la construction européenne, rédigée par Altiero Spinelli et ses collègues pendant leur détention fasciste. Ne serait-ce pas une idée largement consensuelle que de proposer de faire de 2021-22 un *moment spinellien* pour l'UE ? Dédier le bâtiment du Parlement de Bruxelles à Spinelli était une façon de reconnaître le principal moteur du processus de démocratisation de l'UE. Toutefois, à une époque où l'UE a besoin à la fois de plus de démocratie et d'un renforcement de son rôle dans le monde, les citoyens de l'Union seraient plus enthousiastes à l'idée d'un *moment spinellien* que d'un « *moment hamiltonien* » (pour citer Wolfgang Schäuble et *The Economist*). Le combat d'Hamilton visait à construire les États-Unis ; l'UE ne peut pas devenir un deuxième États-Unis, car elle n'est pas un État en devenir. Spinelli représente non seulement l'idée et le mouvement fédéralistes, mais aussi un ensemble beaucoup plus vaste de forces et d'espoirs pour l'unité européenne, ancré dans chaque État membre et dans chaque culture politique, un projet européen ambitieux sur le plan international et très actuel dans le monde actuel. Souligner cette inspiration solide permettrait d'éviter deux faux pas : d'une part, une approche purement instrumentale de l'unité de l'Europe, dont la disparition a été confirmée par le Brexit ; d'autre part, un accent mis sur la construction d'un État souverain européen ou un rêve euro-centrique de « civilisation européenne ». S'inspirer de Spinelli pour une autonomie stratégique ouverte peut contribuer à revaloriser le projet distinctif de modernité européenne de l'UE mondiale et constituer un moteur pour la nouvelle coopération multilatérale. Ce projet est plus actuel que jamais. Grâce à cette référence symbolique, la conférence de 2021 pourrait rendre « l'autonomie stratégique ouverte » de l'UE plus crédible et plus à même de représenter la volonté de millions de citoyens en faveur de la paix et d'un modèle politique et socio-économique inspirant dans un monde incertain.

RÉFÉRENCES

Telò, M., et Viviers, D. 2021. *Europe, China, USA: Alternative Visions of a Changing World*. Bruxelles : Académie Royale.

Tocci, N. 2021. European strategic autonomy: what it is, why we need it, how to achieve it. Rapport, Istituto Affari Internazionali, mars.

Une politique étrangère européenne numérique et verte qui parle aux citoyens européens et au monde

Par Guillaume Klossa

UNE OPPORTUNITÉ

Nous avons actuellement l'opportunité de faire du développement durable et de la technologie numérique les deux piliers centraux (favorables aux citoyens) de l'action extérieure de l'UE.

Outre un rééquilibrage des pouvoirs de l'Ouest vers l'Est sans précédent depuis le début du XIXème siècle, le monde est aujourd'hui confronté à deux défis urgents : il doit faire face à la détérioration rapide du caractère habitable de la planète et à une transition numérique accélérée qui remet en question nos modes d'accès à l'information, nos vies professionnelles, la façon dont nous organisons nos vies économiques et sociales, la répartition de la valeur économique, notre sécurité, nos droits et nos libertés. Plus profondément, ces deux défis, qui ne connaissent pas de frontières, soulèvent à la fois une question éthique, sur le monde que nous voulons pour les générations futures, et des questions politiques sur la relation entre la souveraineté nationale et européenne pour les États membres de l'UE. Plus largement, à l'échelle de la planète, se pose la question d'une volonté collective globale.

Il est dans l'intérêt de l'UE de faire de ces deux défis les piliers centraux de son action extérieure, avec pour objectif de s'assurer que ces priorités sont comprises non seulement par les diplomates, mais aussi par les leaders d'opinion et les citoyens du reste du monde. Cela devrait être simple pour deux raisons. Premièrement, ces priorités constituent déjà deux piliers de l'action interne de l'UE, menée par la « *Commission européenne géopolitique* » dirigée par Ursula von der Leyen, et du plan de relance européen négocié en juillet 2020. Et deuxièmement, elles font à présent l'objet d'un large consensus parmi les États membres de l'UE, ce qui n'a pas toujours été le cas.

Dans ce contexte, la Conférence sur l'avenir de l'Europe (qui est déjà en cours et qui se poursuivra au premier semestre 2022) est l'occasion de définir une vision de l'avenir de l'UE qui donne la priorité aux dimensions numérique et verte. C'est cette vision qui pourrait ensuite être transmise dans le monde par le Service d'action extérieure de l'UE et par les services diplomatiques des États membres. Cela nous permettrait d'avoir une politique étrangère européenne qui parle aux citoyens de l'UE, ce qui n'est pas le cas lorsque l'UE semble s'occuper exclusivement de la résolution des conflits. Il s'agirait d'une réponse plus large à la « *politique étrangère de la classe moyenne* » préconisée par l'administration Biden.

UN CONTRASTE

Contrairement à l'UE, les États-Unis et la Chine ont des politiques établies de longue date en matière de technologie numérique et des politiques récentes en matière de développement durable.

Il y a longtemps, les États-Unis du président Bill Clinton ont fait des « *autoroutes de l'information* », et de la nouvelle société numérique qui en résulte, une priorité politique et géopolitique. Dès le milieu des années 1990, l'Amérique a compris l'enjeu de se positionner comme une puissance d'avenir et aussi d'attirer les talents que cette dimension, que l'on qualifie aujourd'hui de numérique, requiert. À partir de ce moment, l'Amérique a fait de la dimension numérique un élément central de son message de politique étrangère. D'un point de vue concret, le pays a orienté le programme de leadership de son département d'État vers les questions numériques, en organisant presque systématiquement des visites dans la Silicon Valley, dans le but d'enraciner le leadership numérique américain dans les esprits. Le pays a rapidement identifié la nature transnationale de la technologie numérique et de la circulation des données, et a donc élaboré des législations extraterritoriales puissantes, comme le *Patriot Act* et le *Cloud Act*. L'Amérique poursuit désormais une stratégie extérieure de soutien actif aux intérêts économiques et fiscaux de ses géants du numérique, que nous appellerons par souci de simplicité les GAFAM

(Google, Amazon, Facebook, Apple et Microsoft). Les administrations Trump et Biden ont identifié ces géants comme des leviers décisifs de la puissance américaine au XXIe siècle.

Depuis le début des années 2010, la Chine utilise la technologie numérique pour soutenir sa vision de l'avenir du pays, mais aussi pour soutenir son pouvoir. La Chine a fait de la souveraineté numérique une priorité en 2012. Elle a mis en place d'ambitieux programmes visant à attirer des talents (tels que « *1000 talents* ») et a soutenu massivement le développement des BATX (Baidu, Alibaba, Tencent, Xiaomi ; auxquels il faut désormais ajouter Huawei), tant sur le territoire national qu'à l'étranger, avec l'idée de faire de la Chine le pays disposant de la meilleure infrastructure numérique au monde au service d'une société de l'efficacité. L'Occident l'analyse à juste titre comme une société de contrôle et de surveillance. Ces entreprises sont également utilisées comme leviers de la puissance chinoise, notamment dans le cadre de l'initiative « *Nouvelle route de la soie* ».

Ce n'est que récemment, avec l'accord de Paris de décembre 2015 sur la lutte contre le réchauffement climatique (qui a été mis en pause pendant l'administration Trump), que l'Amérique et la Chine ont commencé à donner la priorité à la question internationale du développement durable. Cela deviendra sans doute l'un des rares domaines de coopération sino-américaine.

En revanche, les Européens ont très tôt fait du développement durable une priorité, en l'inscrivant dans le traité de Lisbonne et en jouant un rôle majeur dans la définition des dix-sept objectifs de développement durable des Nations unies. Après l'échec désastreux de la Conférence de Copenhague sur le changement climatique en 2009, qui faisait suite au très ambitieux Paquet climat et énergie mis en place sous la présidence française du Conseil de l'UE en 2008, les Européens se sont donné les moyens de réussir la Conférence de Paris sur le changement climatique en anticipant et coordonnant leurs actions et en créant des coalitions, y compris avec la société civile. Cette conférence restera un moment fondateur de la stratégie extérieure européenne de développement durable. Il est regrettable que l'UE n'ait pas mené de stratégie de « *soft power* » dans ce domaine à partir de 2008, en promouvant son Paquet climat et énergie. Une telle approche aurait permis à l'UE d'asseoir son leadership dans l'opinion publique mondiale.

Dans le domaine du numérique, force est de constater qu'il y avait jusqu'à récemment peu d'actions extérieures concrètes de l'UE, hormis celles liées au Règlement général sur la protection des données (RGPD), qui a de facto une dimension extraterritoriale. Tant aux États-Unis qu'en Chine, le RGPD est davantage perçu comme une action défensive d'une UE qui ne possède pas ses propres géants du numérique que comme un acte de protection du droit fondamental à la vie privée, tel qu'il est compris par les citoyens européens. Pourtant, le RGPD est un pilier majeur du *soft power* numérique européen. Les cyberattaques contre des infrastructures européennes clés (dans les domaines de la défense, de la santé, des médias, des affaires, etc.), les campagnes de désinformation numérique émanant de l'étranger, le refus des géants de la technologie de contribuer à la fiscalité européenne et la crise du Covid-19 ont fait prendre conscience aux Européens que l'UE doit développer une stratégie numérique avec une forte composante « action extérieure » pour protéger les intérêts européens. Cette préoccupation est au cœur de l'agenda de l'actuelle Commission. Dans ce contexte, la notion d'autonomie stratégique prend tout son sens dans le domaine du numérique : il s'agit à la fois de sécuriser et de diversifier les approvisionnements européens liés au numérique, et d'acquérir la capacité de fournir certains services numériques de manière autonome, notamment dans le domaine de l'hébergement de données.

En bref, en termes d'action extérieure, l'UE n'a pas pleinement tiré parti de ses résultats en matière de développement durable, tandis que dans le domaine numérique, elle commence à développer ce qui est essentiellement une vision fondée sur la protection. Cela peut sembler trop défensif en soi et ne donne pas l'impression d'une puissance future.

UNE AFFIRMATION

La conférence sur l'avenir de l'Europe est l'occasion d'affirmer l'UE comme une puissance numérique et verte de l'avenir.

Il est important de comprendre le potentiel des technologies numériques actuelles et en développement, qui peuvent être utilisées pour favoriser une vision européenne de l'avenir. Par exemple, il est possible d'imaginer un espace public et médiatique numérique européen transnational et multilingue qui permette aux citoyens de différents pays de débattre entre eux en utilisant leur propre langue et qui dispose de sources d'information non nationales et diversifiées de qualité, traduites automatiquement dans chaque langue européenne. Le numérique permet également (ou facilite fortement) le développement de nouveaux droits relatifs à la politique, au domaine social et à la santé. Dans ce dernier domaine, qui est bien sûr crucial pour les citoyens, on peut désormais imaginer un droit à un diagnostic de qualité égale pour tous les citoyens européens. En termes de sécurité, on peut imaginer un droit à la cyber-sécurité pour tous les citoyens européens. Il est également important de souligner le besoin de coordination entre la politique numérique et la politique de développement durable, qui ne doivent pas être considérées comme cloisonnés, comme c'est le cas aujourd'hui, mais comme complémentaires.

Il est important d'examiner les aspects pratiques de l'action extérieure de l'UE. Elle doit tirer parti des derniers développements numériques, notamment en matière de personnalisation et de traduction automatique, pour établir une relation personnalisée entre les leaders d'opinion et les citoyens du monde dans leur propre langue. En outre, la stratégie d'action extérieure devrait être conçue de manière non autarcique en réunissant les pays qui partagent la même éthique en matière de données et d'intelligence artificielle.

Enfin, une proposition importante de la conférence pourrait être qu'en matière numérique et verte, les États membres prennent leurs décisions à la majorité qualifiée et non à l'unanimité, comme c'est le cas aujourd'hui. Le choix d'une majorité qualifiée en faveur des supports numériques et verts serait certainement un signal très fort que l'UE pourrait donner au reste du monde.

RÉFÉRENCE

Klossa, G. 2019. Towards European media sovereignty: an industrial media strategy to leverage data, algorithms and artificial intelligence. Rapport, Commission européenne, Bruxelles.

L'UE et la gouvernance économique mondiale

Par Paolo Guerrieri

Avant même que la pandémie de Covid-19 ne frappe, l'économie mondiale avait déjà connu des changements importants au cours des dernières années en raison du déclin de l'ordre multilatéral, de la rivalité entre les grandes puissances que sont les États-Unis et la Chine et de la détérioration de l'intégration économique mondiale. L'impact économique et social du Covid-19 a mis en évidence l'extrême vulnérabilité de la population mondiale à toute une série de menaces : pandémies, changement climatique, guerres numériques, etc. Toutes ces menaces sont mondiales, et elles ne peuvent être abordées ou résolues que par une action mondiale concertée. Mais il existe un risque très réel de vide systémique international, sans fournisseur de biens publics mondiaux. Comme nous l'avons vu lors de la réponse mondiale au Covid-19, la gouvernance économique mondiale n'a jamais été aussi nécessaire, mais elle n'a également jamais été aussi difficile.

La reconstruction de la gouvernance économique mondiale est un élément clé de l'agenda européen en cette ère de multipolarité. L'UE a été l'un des grands protagonistes de l'ordre multilatéral libéral, et l'un de ses plus grands bénéficiaires. En tant que plus grand bloc commercial du monde, l'UE dépend toujours fortement de l'évolution de l'économie mondiale. Le renforcement d'un nouveau cadre multilatéral, capable de promouvoir l'intégration économique et la coopération entre les pays, est donc vital pour les intérêts européens.

En réponse aux profondes mutations du système économique international, l'UE doit donc renforcer sa présence dans le nouveau monde. Ce qui a été réalisé dans le passé n'est plus suffisant. Selon la présidente de la Commission européenne, Ursula von der Leyen, « *il est inévitable de viser un niveau plus important d'autonomie stratégique européenne* ».

En termes de politique concrète, le développement de l'autonomie stratégique de sorte à offrir à l'UE un rôle international plus important pourrait signifier de nombreuses choses, bien sûr, mais je me limiterai à mentionner, très brièvement, quatre priorités auxquelles l'UE pourrait contribuer positivement afin de reconstruire la gouvernance économique mondiale.

RELATIONS DE L'UE AVEC LES ÉTATS-UNIS ET LA CHINE

Le premier concerne les relations de l'UE avec les États-Unis et la Chine et la grande rivalité entre les deux superpuissances. Le conflit entre les États-Unis et la Chine dominera les relations économiques internationales même sous la présidence de M. Biden, et le risque de voir cette confrontation stratégique dégénérer davantage restera extrêmement élevé. Nous pourrions par exemple assister à un découplage économique général de la Chine, soit une politique dont le coût serait extrêmement élevé et les bénéfices très faibles. L'UE risque de subir de lourds préjudices dans la lutte entre les États-Unis et la Chine, et elle a tout intérêt à éviter toute dérive qui conduirait à une militarisation accrue des relations économiques internationales.

Il faut tout d'abord une gestion plus efficace des relations transatlantiques avec les États-Unis. La présidence Biden ne signifie pas que les relations entre les États-Unis et l'Union européenne vont automatiquement redevenir ce qu'elles étaient auparavant, mais elle offre à l'Europe l'occasion de relancer les relations transatlantiques, surtout après les années noires de Trump.

Les nombreux liens que nous entretenons avec les États-Unis, comme dans les domaines de valeurs démocratiques communes et notre système de défense et de sécurité, restent un atout européen crucial qui doit être défendu et sauvegardé. Dans cette optique, la Commission a présenté à la fin de l'année dernière un plan pour l'avenir des relations transatlantiques qui fait avancer les choses dans la bonne direction. Ce plan prévoit un renouvellement de nos relations avec les États-Unis sur de nombreux fronts, à commencer par le commerce, la technologie et l'environnement.

L'Europe doit exploiter cette opportunité tout en maintenant sa propre identité. À cet égard, il n'existe pas de contradiction entre la relance d'un agenda transatlantique et une plus grande autonomie stratégique de l'Europe. Comme certains l'ont souligné, ce sont les deux faces d'une même pièce.

En outre, nous devons nous coordonner avec les États-Unis lorsque nous négocions avec la Chine, afin d'obtenir une plus grande réciprocité bilatérale et de coopérer au niveau mondial pour des biens publics communs tels que ceux liés au changement climatique, aux pandémies et à la cyber-sécurité. Il faut souligner que cette approche n'est pas en contradiction avec la défense ferme des droits fondamentaux par la partie européenne, comme l'ont pleinement confirmé les récentes sanctions occidentales coordonnées imposées à un petit nombre de fonctionnaires chinois pour leur rôle dans les violations des droits de l'homme au Xinjiang.

L'Europe doit avoir une politique chinoise et maintenir sa relative autonomie. Si l'UE partage bon nombre des préoccupations des États-Unis, par exemple en ce qui concerne les menaces sécuritaires liées au comportement nationaliste de Pékin, dans d'autres domaines, comme l'intégration économique avec la Chine et la région Asie-Pacifique au sens large, les préoccupations de l'Europe sont différentes de celles des États-Unis. La conclusion provisoire à laquelle l'UE et la Chine sont parvenues en décembre dernier au sujet de l'Accord global sur les investissements, après sept ans de négociations, l'a clairement démontré. L'UE ne devrait pas non plus accepter le plan de « découplage » de la Chine que l'administration Trump a vigoureusement poursuivi ces dernières années et que l'administration Biden n'a, pour l'instant, que suspendu.

COOPÉRATION INTERNATIONALE ET BIENS PUBLICS COMMUNS

Deuxièmement, l'Europe devrait prendre la tête de la sauvegarde des biens publics mondiaux, comme dans le cas de l'action en faveur du climat, où l'UE est déjà à l'avant-garde. Si une alliance mondiale s'avère difficile à réaliser dans l'immédiat, l'UE devrait favoriser une coalition climatique entre un groupe de pays ayant des approches similaires, dont les États-Unis, et elle devrait être ouverte aux autres membres s'ils s'engagent à respecter les mêmes objectifs et les mêmes règles. Ayant déjà indiqué son intention d'introduire un Mécanisme d'ajustement carbone aux frontières (MACF), l'UE devrait assumer l'entière responsabilité de cette initiative. Le MACF doit en priorité être conforme à l'OMC, afin d'éviter le risque majeur d'un conflit protectionniste. Plus généralement, la question clé est de savoir comment éviter que les questions litigieuses des confrontations bilatérales avec la Chine, sur de nombreux fronts, ne compromettent les possibilités de coopération multilatérale sur les négociations climatiques.

Bien entendu, il va sans dire qu'en termes de coopération internationale sur les biens publics, il est nécessaire à l'heure actuelle que l'UE et les États-Unis coopèrent pour améliorer l'approvisionnement en vaccins occidentaux des pays en développement, et en premier lieu de l'Afrique.

ACCORDS COMMERCIAUX BILATÉRAUX ET RÉGIONAUX DE L'UE

Troisièmement, dans les années à venir, il n'y aura pas beaucoup de pays qui défendront l'ouverture et une économie mondiale fondée sur des règles. L'UE devra le faire, car il en va de l'intérêt vital du bloc. Cela signifie que l'UE devrait prendre la tête des efforts visant à réformer l'OMC, en renforçant son rôle dans le règlement des différends et la fixation des règles, et même faire face à la Chine en partenariat avec les États-Unis et le Japon dans le cadre de négociations plurilatérales de l'OMC sur des questions délicates telles que les subventions.

En outre, l'UE doit disposer d'une stratégie commerciale efficace au niveau bilatéral, comme cela a été le cas ces dernières années, afin de consolider et de poursuivre le développement de son réseau complexe et sophistiqué d'accords bilatéraux et régionaux en matière de commerce et d'investissement, qui sont tous complémentaires de l'approche multilatérale. À cet égard, l'intégration commerciale déjà en cours dans la zone Pacifique (avec les accords bilatéraux conclus avec la plupart des économies de la région Asie-Pacifique ces dernières années, et avec le récent Partenariat régional économique global) rend le réseau européen encore plus important sur le plan stratégique.

Les accords commerciaux bilatéraux de l'UE devraient également être utilisés pour promouvoir des normes environnementales et sociales élevées dans les pays partenaires, afin de parvenir à un commerce équitable et non simplement au libre-échange.

Quatrièmement, l'émergence d'un régime monétaire multipolaire est une possibilité très réelle à moyen terme en raison du rôle de plus en plus international du renminbi. L'euro devrait, sans aucun doute, faire partie de ce nouveau régime. Il est donc temps de rompre avec la neutralité passée de l'UE sur le rôle international de l'euro et de créer des conditions qui favorisent une plus grande présence internationale de la monnaie européenne. À cette fin, des choix importants doivent être faits et des réformes complexes doivent être entreprises. Il faut compléter l'union bancaire et l'union des marchés de capitaux, jusqu'à la création d'un actif financier sûr pour la zone euro. Toutes ces réformes nécessiteront un temps assez long pour être mises en œuvre, de même qu'un soutien politique fort de la part des États membres. Quel que soit le cas, l'important est d'entamer les démarches le plus tôt possible.

OBSERVATIONS FINALES

J'émet deux réserves. Pour maintenir et développer l'ouverture commerciale et poursuivre l'intégration économique internationale de l'Europe, nous devons renforcer les protections des travailleurs et des citoyens. Ils veulent un système économique ouvert, certes, mais aussi un système qui leur procure des avantages et qui les protège mieux. À cet égard, des politiques sociales et des politiques de bien-être sont nécessaires pour faire face aux impacts très inégaux du commerce et de la technologie. Les gouvernements peuvent faire beaucoup, mais n'ont pas beaucoup progressé ces dernières années. L'heure est venue d'adopter de nouvelles politiques et de nouvelles mesures.

En outre, une présence mondiale plus autonome et plus affirmée de la part de l'UE doit être fondée sur une plus grande unité entre les États membres. Parmi les grands obstacles à un programme politique d'autonomie stratégique figurent les divisions internes qui existent au sein de l'UE. Ces dernières années, Pékin a utilisé une approche de division et de conquête avec les capitales nationales pour affaiblir le front commun de l'UE. Pour pouvoir agir différemment à l'avenir, nous devrions mettre en place dès que possible des mécanismes et des capacités de décision communs efficaces. Leur absence a affaibli le rôle extérieur de l'Europe dans le passé.

Enfin, nous devons être pleinement conscients que le processus d'intégration européenne ne fonctionnera jamais sans une dimension et une capacité géopolitiques fortes. D'autre part, la nouvelle politique économique extérieure de l'UE sera plus crédible si l'économie européenne est capable de retrouver le chemin d'une croissance élevée et durable. Cela implique d'accélérer le processus d'intégration de l'UE et de cohésion interne, ce qui peut être réalisé en commençant par mettre en œuvre la stratégie du Green Deal et l'ambitieux programme *Next Generation EU*, qui nous aidera, dans un esprit de solidarité, à surmonter la crise dramatique provoquée par la pandémie de Covid-19.

Défendre l'élan, concrétiser les progrès : l'avenir de la défense européenne

Par Vassilis Ntousas

La politique de défense, autrefois le domaine tabou par excellence pour l'UE, a effectué d'énormes progrès ces dernières années. Le dévoilement de la Stratégie globale de l'UE en 2016 (qui a donné un élan crucial aux discussions et aux décisions relatives à la défense au niveau européen), le lancement et les travaux en cours par le biais de la Coopération structurée permanente (CSP, ou PESCO en anglais), la mise en place d'un Examen annuel coordonné en matière de défense et la création d'un Fonds européen de la défense financé par l'UE ont tous constitué des percées essentielles en cours de route. Ce travail important se poursuit malgré les perturbations causées par la pandémie de Covid-19, mais il est crucial que l'élan que nous avons atteint soit soigneusement conservé et entretenu alors que les menaces extérieures deviennent plus complexes et que les risques de renationalisation potentielle des questions de sécurité deviennent de plus en plus évidents.

La volonté du bloc de devenir un acteur plus fort sur la scène de la sécurité a maintenant besoin d'engagements durables et de résultats tangibles. Il ne s'agit pas non plus d'un fait reconnu uniquement dans les couloirs de Bruxelles : c'est une attente croissante de majorités décisives de citoyens de l'UE, comme le confirment les sondages Eurobaromètre successifs.

Partant du simple fait que l'UE ne peut pas se permettre d'externaliser ses besoins en matière de sécurité, l'approfondissement du contenu politique de l'autonomie stratégique doit être considéré comme une priorité essentielle (comme l'a récemment reconnu le Conseil européen de février 2021). Il est toutefois difficile de progresser sur ce front, notamment en raison de la persistance de cultures stratégiques très divergentes au niveau national, de l'importante inégalité des capacités militaires des États membres, des priorités différentes qui sont évidentes à travers le continent, et du manque fréquent de solidarité entre les États membres. Malgré la volonté générale de reconnaître sa pertinence, le concept d'autonomie stratégique lui-même est contesté, les différences de compréhension du concept allant du niveau politique au niveau purement terminologique.

Pourtant, à mesure que se déroulent les discussions sur ce qu'est le concept et ce qu'il implique, il est tout aussi important de préciser ce qu'il n'est pas. Parler d'autonomie stratégique ne doit pas être confondu avec l'autarcie. Comme le suggère l'étymologie du mot autonomie (*auto* = qui vient de soi + *nomos* = règles), ce terme désigne simplement la capacité de l'UE à décider et à agir selon ses propres règles, principes et valeurs. La prospérité et la sécurité de l'Union sont étroitement liées au bon fonctionnement d'un ordre mondial fondé sur des règles, et devenir plus autonome sur le plan stratégique signifie donc devenir plus résistant aux interférences exogènes indues. Il ne s'agit cependant pas d'une approche « Europe seule ».

Mais comment faire pour aller au-delà de ce concept ? Pour répondre à cette question de plus en plus urgente, il faut avoir la volonté politique de s'engager dans des discussions internes difficiles, notamment celles portant sur l'articulation de *ce que* l'UE veut (peut) faire pour faire face à *quelles* menaces et sur la base de *quelles* capacités.

C'est pourquoi il convient de soutenir les travaux en cours dans le cadre du processus de la Boussole stratégique. Cette initiative, qui a été lancée par les ministres de la Défense de l'UE en juin 2020, peut apporter une réelle contribution, non seulement pour combler les écarts considérables entre les cultures stratégiques à travers le bloc et définir quels objectifs spécifiques les priorités déjà actées dans la stratégie globale devraient servir, mais aussi pour forger un consensus interne solide sur certains aspects clés qui peuvent renforcer la capacité de l'UE à agir au niveau mondial. L'objectif général devrait être de définir des priorités et des actions non ambiguës, mais ambitieuses, dans le cadre de ce processus.

Sur le front de la gestion des crises, cela exige que l'on se concentre plus fortement sur la manière dont les missions et les opérations peuvent être menées et rendues opérationnelles de façon efficace à l'avenir. Les évolutions positives dans ce domaine (telles que la nouvelle Facilité européenne pour la paix, qui s'est vue attribuer un fonds hors budget d'une valeur d'environ 5 milliards d'euros pour la période 2021-2027) sont des pas dans la bonne direction. Ils renforcent incontestablement la capacité de l'UE en tant que fournisseur de sécurité mondiale.

Néanmoins, la Boussole stratégique doit apporter une plus grande précision dans la manière dont l'UE fait face aux crises actuelles et futures, notamment en termes de disponibilité opérationnelle et de capacité de rassemblement de forces, et elle doit également apporter la clarté nécessaire sur les points de convergence fonctionnels et régionaux de ses actions.

En ce qui concerne le groupe de travail sur les capacités et les instruments nécessaires pour y parvenir, l'accent devrait être mis sur la définition et le perfectionnement des efforts de coopération en matière de défense. Malgré les progrès déjà accomplis, un degré élevé d'incohérence persiste dans la manière dont les engagements pris se traduisent dans la réalité. En prenant comme point de départ les écarts bien établis entre les ambitions futures et les capacités existantes, il convient donc de trouver un équilibre significatif entre les diverses initiatives, mécanismes et niveaux de développement des capacités, qui se chevauchent parfois. Grâce à la Boussole stratégique, les États devraient de toute urgence préciser comment ils peuvent préparer, acquérir, produire et fournir les capacités militaires et civiles nécessaires, ainsi que les projets opérationnels pertinents, afin de servir les objectifs collectifs de l'Union.

À cet égard, et comme l'a tragiquement mis en évidence la pandémie de Covid-19, les efforts visant à renforcer la résilience interne et externe de l'UE devraient également être placés au centre de la réflexion sur l'avenir de la défense européenne. Le renforcement de la capacité de l'Union à rebondir après une crise et à mieux répondre à des défis en constante évolution ne doit cependant pas conduire à l'adoption myope d'une « forteresse Europe ». Il s'agit plutôt d'une prise en compte beaucoup plus systématique des multiplicateurs de menaces spécifiques, tels que le changement climatique ou les urgences numériques et sanitaires, dans la réflexion et le modus operandi de l'UE. Il est essentiel de faire tomber les barrières entre les (ré)actions politiques cloisonnées au niveau de l'UE et des États membres, de la phase de planification à la phase d'exécution.

Sur cette base, la transition vers un modèle de partenariat plus efficace de la part de l'UE devrait également constituer un objectif clé. Dans la lignée de ce qui a été mentionné plus haut, une évolution positive de la défense européenne repose sur la garantie qu'une plus grande autonomie européenne est également synonyme d'une plus grande responsabilité européenne, et qu'aucun de ces deux concepts ne signifie un affaiblissement des partenariats établis. Au contraire, comme je l'ai soutenu ailleurs en ce qui concerne la relation bilatérale du bloc avec les États-Unis, l'objectif peut et doit être qu'une Europe plus forte se traduise par un partenariat et une empreinte transatlantique plus forts.

À la lumière de ce qui précède, il est clair que la Boussole stratégique offre à l'UE une formidable opportunité de changer d'attitude et de conceptualiser ce qui, selon elle, pourrait fonctionner en termes de division du travail dans sa relation avec l'OTAN, en s'appuyant sur la fin du mythe selon lequel une défense européenne plus forte implique une Alliance plus faible. La nécessité concomitante d'assurer la cohérence entre les résultats produits par la Boussole stratégique et les autres processus en cours, tels que le nouveau Concept stratégique de l'OTAN, est tout aussi évidente. De même, et malgré la décision du gouvernement britannique de laisser les questions de politique étrangère et de sécurité en dehors des négociations du Brexit, il est facile de voir pourquoi le maintien de liens forts entre les deux parties est vital alors que les passions s'apaisent. Néanmoins, le programme de partenariat de l'UE ne doit pas s'arrêter là, et un examen et une analyse complets des partenariats existants doivent être effectués afin de s'assurer que l'action extérieure de l'Union est cohérente.

Enfin, il est vital de souligner que le renforcement de la solidarité intra-européenne sera essentiel pour déterminer le véritable succès non seulement de la Boussole stratégique, mais aussi de toutes les initiatives de défense futures. La manière d'y parvenir est autant une question institutionnelle (par exemple, par une exploration plus significative de ce à quoi pourrait ressembler en pratique la mise en œuvre des clauses d'assistance mutuelle (article 42.7 du TUE) et de solidarité (article 222 du TFUE) des traités de l'UE) qu'une question politique. C'est pourquoi il convient de trouver un équilibre délicat entre l'obtention d'une adhésion maximale des États membres aux décisions prises et la garantie d'un niveau approprié de coordination et de contrôle par les institutions européennes.

Il est clair qu'il n'existe pas de solution miracle pour résoudre cette énigme. Pour ce faire, il faudra beaucoup de travail et de patience si l'UE veut remplir la double tâche de devenir plus stratégique *et* plus autonome. Pourtant, il est tout aussi clair que l'absence d'une importante solidarité exploitable et la persistance d'une diversité prononcée risquent de gâcher les efforts de tous. Pour une UE à l'esprit plus géopolitique, qui souhaite réaliser des progrès substantiels dans les domaines de la sécurité et de la défense, c'est le seul moyen pour le bloc d'être crédible dans le monde et d'être perçue comme défendant ses valeurs aux yeux de ses citoyens.

RÉFÉRENCES

Lamond, J., et Ntousas, V. 2021. In our hands: progressive ideas for a renewed and repurposed transatlantic bond. Report, FEPS/Center for American Progress, Janvier.

Ntousas, V. 2019. How can the EU learn the language of power. Expert Comment, Chatham House/World Economic Forum, décembre.

Pirozzi, N., et Ntousas, V. 2019. Walking the strategy talk. Document de recherche, FEPS/I.

L'action extérieure européenne en matière de migration

Par Hedwig Giusto

Au cours des cinq dernières années, nous avons entendu à maintes reprises combien la forte augmentation du nombre d'arrivées de migrants et de réfugiés en Europe, à la suite de la guerre civile en Syrie, a suscité des craintes chez les citoyens européens déjà épuisés par la récente crise économique et financière. Nous avons vu comment l'immigration a provoqué une sorte d'attitude de « passe-droit » parmi les États membres de l'UE, précipitant une crise politique et une crise de solidarité pour l'Union, et comment elle a contribué à déclencher les tactiques alarmistes des partis politiques conservateurs et d'extrême droite pour gagner des votes faciles face aux inquiétudes légitimes des gens. Nous avons également vu comment la crise migratoire a contraint l'UE à assumer une responsabilité croissante dans un domaine où les États membres étaient traditionnellement et restent les acteurs fondamentaux. Enfin, nous avons entendu les histoires de trop de personnes qui ont perdu la vie dans la mer Méditerranée, tandis que trop d'autres ont enduré des difficultés, de la violence et des tortures dans leur tentative d'atteindre un endroit plus sûr et de commencer une nouvelle vie en Europe.

Cette histoire bien connue avait déjà commencé à prendre un cours différent en 2017, lorsque l'afflux de migrants en Europe a commencé à diminuer considérablement et que le mode d'urgence qui caractérisait l'approche de l'UE pour gérer les migrations a été progressivement abandonné...

Mais il a fallu une autre crise tragique, la pandémie de Covid-19 et la récession sociale et économique qui a suivi, pour que la migration disparaisse enfin (mais probablement seulement temporairement) des radars des citoyens européens et de leurs gouvernements.

Et pourtant, au cours de cette même période, l'implication de l'UE dans la gouvernance des migrations a été acceptée. Cela a conduit la Commission européenne à tenter de développer davantage les compétences de l'Union dans ce domaine : créer de nouvelles agences européennes et d'essayer de donner enfin un sens à un patchwork de mesures européennes et nationales, en systématisant et en renforçant la politique migratoire et d'asile de l'UE au moyen d'un nouveau pacte sur les migrations et l'asile qui a été présenté en septembre 2020. Toutefois, le nouveau pacte n'a de pacte que le nom et l'ambition et non la réalité, car ses composantes devront être approuvées par le Parlement européen et les États membres. Malgré ses aspirations, il reste une tentative de trouver un compromis entre de nombreuses positions éloignées et il ne va donc pas jusqu'à représenter un changement significatif dans la politique migratoire de l'UE.

Comme je l'ai dit, la gestion de crise semble désormais derrière nous. Ainsi, au lieu d'attendre l'arrivée de la prochaine crise, ce serait le bon moment pour profiter du fait que l'opinion publique s'est tournée vers autre chose et qu'il semble y avoir une «accalmie» momentanée dans l'arrivée des nouveaux arrivants (accalmie que les restrictions de mouvement introduites pour lutter contre la pandémie ont naturellement accentuée). Ceci pourrait nous aider à surmonter les différences et les résistances des États membres et à finalement élaborer et adopter une politique européenne cohérente qui favorise réellement une « *migration sûre, ordonnée et régulière* » vers l'Europe.

On peut toutefois douter que l'UE et ses États membres finissent par trouver la volonté politique et le courage d'abandonner leur approche actuelle à courte vue qui, en dépit des déclarations officielles, considère toujours la migration essentiellement sous l'angle de la sécurité.

Tout en reconnaissant la dimension stratégique de la migration, l'UE la traite comme un phénomène humain normal, inévitable et multidimensionnel qu'il convient de gérer plutôt que d'arrêter, et comme une opportunité tant pour les pays d'origine que pour les pays d'accueil. Nous devons passer d'une approche largement fondée sur l'externalisation de la gestion des frontières et des flux vers des pays tiers, sur l'utilisation superficielle et simpliste de l'aide au développement et sur une focalisation excessive sur les retours à une approche réellement fondée sur une coopération équitable avec les pays d'origine et de transit, sur des connaissances factuelles et sur les valeurs de liberté et de respect des droits de l'homme que l'UE promeut, mais ne respecte pas toujours. Nous avons également besoin d'une politique qui ne mette pas en danger la vie de ceux qui tentent de rejoindre l'Europe pour trouver un abri ou de meilleures opportunités. On ne peut nier que, jusqu'à présent, la stratégie adoptée par l'UE semble avoir porté ses fruits. Les flux illégaux vers l'Europe ont certainement diminué ces dernières années. Mais le prix payé, en termes de crédibilité de l'UE et de respect des droits de l'homme, a été élevé. La stratégie existante était fondée sur l'idée que les politiques restrictives, qui reposent essentiellement sur des accords avec des pays tiers, tels que la Turquie, chargée de gérer les frontières et de contrôler les flux migratoires, peuvent mettre un terme aux migrations et qu'il est nécessaire de les contenir face à l'augmentation attendue des flux, notamment en provenance d'Afrique. Cependant, non seulement il est prouvé que les politiques restrictives ne peuvent pas arrêter complètement la migration, mais il est également douteux qu'une telle approche puisse être efficace à long terme, car son succès dépend de l'état des relations entre l'UE et lesdits pays tiers, de la stabilité politique de ces derniers et de la perpétuation indéfinie de mesures qui devraient plutôt être extraordinaires et temporaires.

Un autre aspect fondamental de l'approche européenne actuelle de la gestion des migrations passe par son utilisation de l'aide au développement. Sans nier l'importance absolue du soutien aux processus de développement dans les pays africains en soi, l'utilisation de ces instruments pour contrôler et réduire les flux migratoires devrait être évaluée plus attentivement sur la base des recherches disponibles. En effet, alors que l'opinion publique et la rhétorique considèrent que s'attaquer aux soi-disant causes profondes de la migration est l'un des outils les plus importants pour réduire la mobilité internationale, principalement la mobilité de l'Afrique vers l'Europe, ces points de vue négligent un certain nombre de faits. Non seulement les décisions d'émigrer sont déterminées par de nombreux facteurs, parmi lesquels les opportunités économiques offertes par le pays d'origine pour un migrant potentiel n'en sont qu'un (bien qu'il soit crucial), mais les données empiriques prouvent que, jusqu'à un certain niveau de PIB, le développement augmente plutôt qu'il ne diminue l'émigration. En outre, une utilisation aveugle de l'aide au développement ne tient pas compte du fait que l'exploitation de l'aide, pour mettre fin au franchissement des frontières, risque de perpétuer une relation dichotomique «malsaine» entre les pays donateurs et les pays bénéficiaires ou que, en fin de compte, la migration représente également un outil remarquable pour lutter contre la pauvreté (tant pour les migrants et leurs familles que pour leurs pays d'origine) et stimuler le développement par le transfert de connaissances, les envois de fonds, etc. L'aide au développement visant à freiner les migrations risque donc de ne pas atteindre son objectif premier. Si elle n'est pas bien ciblée sur les besoins et les conditions des pays bénéficiaires, elle risque de créer des obstacles à d'autres sources importantes de développement.

L'idée selon laquelle la promotion d'accords garantissant le retour des migrants en situation irrégulière dans leur pays d'origine offrirait une solution viable à l'objectif de réduction de la mobilité est tout aussi irréaliste. S'il est vrai que les retours sont nécessaires dans le cadre des politiques qui ouvrent et renforcent les voies migratoires régulières afin de garantir leur efficacité et leur crédibilité, mettre trop l'accent sur l'utilité des retours en tant qu'instrument pour freiner la migration est un vœu pieux. Non seulement les retours sont très difficiles et coûteux à mettre en œuvre, mais les pays d'origine ont normalement très peu d'intérêt à récupérer leurs ressortissants (dont les envois de fonds contribuent très souvent largement au PIB de leur pays d'origine). Ils sont donc également peu motivés à souscrire à des accords visant à mettre en œuvre et à normaliser la pratique des retours.

L'approche future de l'UE en matière de migration devrait se fonder sur la reconnaissance du fait que la migration ne peut être arrêtée et qu'il ne s'agit pas d'une caractéristique négative : la migration est et a toujours été un outil important pour le développement des pays d'origine et d'accueil. Compte tenu de sa complexité et de son caractère multidimensionnel, la question des migrations appelle des réponses complexes et la définition d'une stratégie à long terme qui obligera inévitablement l'UE à trouver un équilibre entre son devoir d'assurer la sécurité et le bien-être de son territoire et de ses citoyens, son devoir moral d'offrir une protection aux personnes qui en ont besoin, et le besoin de main-d'œuvre face à une population vieillissante et en diminution.

Compte tenu du dilemme non résolu exposé ci-dessus, la question de la migration restera certainement un sujet de discorde à l'avenir et la définition des outils pour la régir continuera à polluer les relations entre les États membres de l'UE. Pourtant, le fait que la migration ne soit plus sous les feux de la rampe, du moins pour l'instant, doit être considéré comme une opportunité à ne pas perdre. Le moment est venu de réorienter la politique migratoire européenne vers une approche plus équilibrée, une approche qui combine le renforcement des voies d'accès régulières à l'Europe, avec des règles et des procédures européennes communes, cohérentes et transparentes et avec des partenariats plus justes et égaux avec les pays d'origine et de transit. Une approche dans laquelle l'aide au développement est détachée de l'objectif de contrôle des frontières.

Enfin, si l'UE et ses États membres veulent respecter leurs valeurs fondamentales, la vie, le bien-être et les droits des personnes en mouvance doivent être considérés comme primordiaux, tant dans les relations avec les pays tiers que dans la gestion de la frontière extérieure de l'UE. Dans le même ordre d'idées, la solidarité envers les migrants et entre les États membres de l'Union européenne devrait constituer le fil conducteur des progressistes européens.

L'action extérieure européenne et le système constitutionnel de l'UE

Par Diego Lopez Garrido

Il existe un paradoxe au niveau de l'action extérieure de l'UE. D'un point de vue juridique et constitutionnel, nous constatons une action extérieure forte dans le traité de Lisbonne. Le traité introduit deux innovations : une représentation et une direction stables et unifiées ainsi qu'une procédure unique pour la négociation d'un accord international. Il y a deux clauses de solidarité. L'article 42.7 du Traité sur l'Union européenne (TUE) prévoit que :

> *Si un État membre est victime d'une agression armée sur son territoire, les autres États membres ont envers lui une obligation d'aide et d'assistance par tous les moyens en leur pouvoir, conformément à l'article 51 de la Charte des Nations unies. Cela ne doit pas porter atteinte au caractère spécifique de la politique de sécurité et de défense de certains États membres.*

L'article 222.2 du Traité sur le fonctionnement de l'Union européenne (TFUE) prévoit que :

> *Si un État membre est l'objet d'une attaque terroriste ou la victime d'une catastrophe naturelle ou d'origine humaine, les autres États membres lui portent assistance à la demande de ses autorités politiques. À cette fin, les États membres se coordonnent entre eux au sein du Conseil.*

Les traités envisagent clairement une coopération structurelle permanente.

L'article 21.2 du TUE prévoit que :

L'Union définit et mène des politiques et actions communes, et œuvre pour un haut degré de coopération dans tous les domaines des relations internationales, afin de :
  a. *sauvegarder ses valeurs, ses intérêts fondamentaux : sécurité, indépendance et intégrité ;*
  b. *consolider et soutenir la démocratie, l'État de droit, les droits de l'homme et les principes du droit international ;*
  c. *préserver la paix, prévenir les conflits et renforcer la sécurité internationale, conformément aux principes de l'Acte final d'Helsinki et aux objectifs de la Charte de Paris, y compris ceux relatifs aux frontières extérieures ;*
  d. *favoriser le développement économique, social et environnemental durable des pays en développement, dans le but premier d'éradiquer la pauvreté ;*
  e. *encourager l'intégration de tous les pays dans l'économie mondiale, notamment par la suppression progressive des restrictions au commerce international ;*
  f. *contribuer à l'élaboration de mesures internationales visant à préserver et à améliorer la qualité de l'environnement et la gestion durable des ressources naturelles mondiales, afin d'assurer un développement durable ;*
  g. *aider les populations, les pays et les régions confrontés à des catastrophes naturelles ou d'origine humaine ;*
  h. *promouvoir un système international fondé sur une coopération multilatérale renforcée et une bonne gouvernance mondiale.*

L'article 22.1 du TUE dit :

Sur la base des principes et objectifs énoncés à l'article 21, le Conseil européen détermine l'intérêt et les objectifs stratégiques de l'Union.

Le TUE contient des dispositions spécifiques sur la politique étrangère et de sécurité commune (PESC). Nous devons insister sur les points suivants. Article 24.1 premier :

> *La compétence de l'Union en matière de politique étrangère et de sécurité commune couvre tous les domaines de la politique étrangère et toutes les questions relatives à la sécurité de l'Union, y compris la définition progressive d'une politique de défense commune pouvant conduire à une défense commune.*

L'article 31.1 dispose que les décisions relatives à la PESC sont prises par le Conseil européen et que celui-ci doit statuer à l'unanimité. L'article 31, paragraphe 2, prévoit que le Conseil statue à la majorité qualifiée lorsqu'il adopte (i) une décision sur la base d'une décision du Conseil européen relative aux intérêts et objectifs stratégiques de l'Union (article 22, paragraphe 1), (ii) une proposition du haut représentant de l'Union pour les affaires étrangères et la politique de sécurité présentée à la suite d'une demande spécifique du Conseil européen, ou (iii) une décision définissant une action ou une position de l'Union. Et l'article 31.3 définit la clause dite *«passerelle»*. Il s'agit d'une norme très pertinente qui permet au Conseil européen d'adopter à l'unanimité une décision stipulant que le Conseil statue à la majorité qualifiée dans des cas autres que ceux visés à l'article 31.2.

Selon moi, l'UE a connu une «constitutionnalisation silencieuse» depuis sa création : le traité de Rome, le traité de Maastricht et le traité de Lisbonne. Les principaux piliers sont le libre marché, la primauté du droit européen et l' «autonomie stratégique» dans le cadre de la stratégie globale de 2016 pour la politique étrangère et de sécurité de l'Union européenne.

Le programme *Next Generation EU* est un exemple de cette constitutionnalisation silencieuse. Ce fonds de 750 milliards d'euros pour lutter contre la pandémie offre la possibilité de consolider le projet européen et la capacité d'action de l'Europe.

Néanmoins, dans la pratique, l'action extérieure de l'UE n'est pas extrêmement présente. Les difficultés proviennent du fait que les États membres ont leurs propres intérêts. Des intérêts qui diffèrent de ceux de l'UE dans son ensemble, principalement en ce qui concerne la politique étrangère et la politique de défense.

L'UE est une formidable puissance en matière de réglementation commerciales, mais elle souffre d'un manque de cohérence en matière de politique étrangère. À cet égard, comme l'a dit le président Macron, l'Europe est «*au bord du précipice*».

L'UE doit développer une force militaire qui lui soit propre. Elle doit agir comme un bloc politique, avec des politiques sur la technologie, les données et le changement climatique. Elle doit également mettre en place une coopération structurée et un fonds de défense, qui n'en sont qu'à leurs débuts.

De nombreux pays sont trop absorbés par leurs problèmes intérieurs. L'UE ne dispose pas d'une stratégie claire et prévisible concernant ses relations avec la Russie, ou avec l'Afrique du Nord, la Chine ou la Turquie, ou encore avec les États-Unis, après leur énorme polarisation interne qui entraîne une «autodestruction de la politique étrangère», sans consensus dans le scénario américain.

Le marché de l'UE est fort, mais faible dans d'autres dimensions de son action extérieure (par exemple, la santé et la technologie). Il existe des obstacles à ce que le bloc parle d'une seule voix : il compte cinq commissaires, tous responsables de différents domaines de la politique étrangère européenne, ainsi que le président du Conseil européen Charles Michel et la présidente de la Commission européenne Ursula von der Leyen. Les priorités stratégiques de l'Union ne sont donc pas assez cohérentes.

PROPOSITIONS

- L'Europe ne doit être soumise ni aux États-Unis ni à la Chine (tout en se rappelant que les États-Unis sont une démocratie).
- L'Europe doit se rassembler pour se construire une place dans l'espace entre Washington et Pékin.
- L'Europe devrait mener une action extérieure audacieuse sur des questions telles que l'industrie, l'économie numérique (par exemple, la 5 G), les infrastructures et l'éducation.
- Elle doit s'inspirer du multilatéralisme progressiste. Ces objectifs ne sont positifs que dans le cadre d'institutions multilatérales fortes (par exemple, l'OMS, l'accord de Paris, les Nations unies) et d'une coopération solide avec les partenaires internationaux (par exemple, l'adoption d'un agenda Europe-Afrique, par le biais d'initiatives conjointes concrètes).

- Un nouvel agenda transatlantique, qui ne soit pas fondé sur la domination des États-Unis et une Europe subordonnée, mais plutôt axé sur la santé, le commerce, la durabilité et la sécurité (et sur un pilier européen au sein de l'OTAN), est nécessaire. Un sommet UE-États-Unis devrait avoir lieu cette année.
- Pendant la présidence portugaise du Conseil, des efforts devraient être déployés pour abolir la peine de mort.
- Nous avons besoin d'une conférence forte pour l'avenir de l'Europe. Une société ouverte à la société civile organisée, aux groupes de réflexion et aux citoyens européens, et qui actualise son cadre constitutionnel.
- Nous devons nous efforcer de parvenir à la non-prolifération des armes nucléaires.
- Nous devrions activer la clause passerelle prévue (article 31.3 du TUE). Dans ce cas, la réforme du traité n'est pas nécessaire.
- Une harmonisation fiscale mondiale et l'abolition des paradis fiscaux sont nécessaires.
- Un nouvel accord européen sur l'asile devrait voir le jour pour contrecarrer le fait que le flux de réfugiés et la récente crise économique ont alimenté la montée des partis politiques d'extrême droite et populistes.
- Nous avons besoin d'une autonomie stratégique européenne pour protéger les valeurs de paix, de solidarité, de coopération, d'État de droit et de démocratie, qui constituent le socle de la culture occidentale.
- L'idée d'un Conseil européen de sécurité devrait être explorée.
- L'Europe a besoin de plus d'indépendance en matière de politique étrangère (par exemple, elle devrait développer ses propres capacités technologiques), et elle devrait lancer des opérations militaires en dehors de l'OTAN.
- L'Europe devrait faire davantage pour se défendre et elle devrait être capable de définir sa propre position mondiale en termes géopolitiques. La géopolitique est de retour.

L'UE est, et doit rester, une puissance normative qui exporte la démocratie libérale.

PARTIE III

Une gouvernance économique pour une Union européenne forte

Synthèse du débat

Par Robin Huguenot-Noël

La gouvernance économique a des significations très différentes pour les divers observateurs et acteurs de l'UE. Depuis la révolution néo-classique des années 1980, la gouvernance économique a souvent été utilisée comme un moyen de mettre en évidence une approche réglementaire « douce » de l'évolution des marchés. Ici, le rôle de l'UE est principalement compris comme celui d'un « arbitre » permettant l'intégration du marché. L'approfondissement du marché unique devrait servir un processus « d'intégration négative » et contribuer à éliminer les obstacles aux « quatre libertés » : la libre circulation des personnes, des biens, des services et des capitaux. La gouvernance de l'Union économique et monétaire (UEM) se concentre sur la mise en œuvre de règles qui permettent de contrôler les finances publiques des États membres et d'assurer (d'imposer) la coordination fiscale.

Une approche alternative considère la gouvernance économique comme un système toujours lié à l'environnement social et politique dans lequel il évolue. Sur la base des demandes des décideurs politiques et du public, les institutions (de l'UE) agissent comme des entrepreneurs politiques, contribuant à façonner la voie du développement économique. Dans ce cas, l'objectif de la gouvernance économique consiste moins à atteindre un équilibre du marché qu'à répondre aux aspirations communes des citoyens de l'UE. Il est évident que le passage à un tel type « d'intégration positive », dans une Union de vingt-sept États membres, comporte ses propres défis. Mais elle a aussi le mérite de chercher sans relâche de nouvelles façons de définir ce que sont les biens publics européens.

Dans le cadre du débat sur l'avenir de l'Europe, la nature des outils économiques à la disposition des institutions européennes fera certainement l'objet de discussions animées. Les contributions évalueront les mérites de la politique fiscale et monétaire de l'UE et, espérons-le, ceux d'une politique industrielle et sociale mieux coordonnée pour relancer la croissance économique. Il faut cependant se garder de mettre la charrue avant les bœufs. Le débat devrait d'abord servir à clarifier le rôle que les chefs d'État et de gouvernement sont prêts à laisser jouer aux institutions de l'UE dans l'élaboration quotidienne de la politique économique. Il est clair qu'aujourd'hui, étant donné que la nécessité d'une intervention forte de l'État est revenue sur le devant de la scène, les institutions de l'UE devront proposer quelque chose de plus ambitieux que de simples petites sauvegardes de l'économie de marché.

Le reste de ce chapitre met en lumière les idées du groupe d'experts sur les objectifs à atteindre pour un nouveau cadre de gouvernance écologique de l'UE, les défis à relever et les réformes institutionnelles et politiques nécessaires pour les surmonter.

LE CADRE EUROPÉEN DE LA GOUVERNANCE ÉCONOMIQUE

Au cours des dernières décennie, la gouvernance économique de l'UE a été marquée par une tentative de gouverner par les règles et par les chiffres, en utilisant les mauvaises règles et les mauvais chiffres. De manière assez surprenante, cette approche n'a pas fonctionné. La règle des 3 % de déficit et des 60 % de dette a été décidée sur un coin de table. Les règles de l'UE et d'autres pays en matière d'annulation de la dette ont entraîné de faibles niveaux d'investissement et une croissance modérée, mais elles ont également accentué les divergences macroéconomiques, notamment entre le cœur et la périphérie de la zone euro. Dans le même temps, l'intégration économique mondiale n'a pas été régulée, ce qui a suscité un mécontentement croissant parmi les citoyens de l'UE qui se sentent laissés pour compte. Un retour de bâton politique s'en est suivi, avec la montée des partis eurosceptiques et nationalistes, déclenchant une pression accrue sur le projet d'intégration de l'UE et, finalement, conduisant au Brexit. De nombreux facteurs sont entrés en jeu, notamment des facteurs structurels tels que la circulation non réglementée des capitaux et les divisions politiques entre les chefs de gouvernement. Les processus décisionnels de l'UE sont également à blâmer : les règles d'unanimité dans le domaine de la fiscalité ont paradoxalement conduit à une concurrence fiscale sans entrave et à l'érosion des ressources fiscales, ce qui a fini par compromettre les dispositions en matière de protection sociale.

Le développement économique de l'UE a donc été durablement influencé par le cadre idéologique en vigueur au moment de la signature du traité de Maastricht. La doctrine ordo libérale a eu un impact négatif sur les perspectives d'investissement et de croissance en se montrant alarmiste quant à l'impact des déficits et des dettes, en louant les avantages de l'austérité et en fixant ses propres critères pour dire comment la stabilité macroéconomique devrait être définie. Les idées néolibérales sont également très répandues, les pays de l'UE suivant des doctrines de réduction de l'intervention de l'État, de réformes structurelles axées sur l'offre et de flexibilité du marché du travail, indépendamment de leur impact sur les individus et leurs structures sociales.

Dans quelle mesure les évolutions récentes, notamment liées à la pandémie de Covid-19, ont-elles affecté cette réalité ?

La pandémie de Covid-19 a entraîné un changement radical tant dans la réflexion économique que dans l'élaboration des politiques au niveau de l'UE et des États membres. Enfin, les gouvernements sont considérés comme faisant partie intégrante de la solution à la pandémie, plutôt que du problème. Cette évolution reflète également des tendances plus structurelles. L'économie mondiale est marquée par de profonds changements structurels, qu'il s'agisse du changement climatique, de la numérisation et de l'intelligence artificielle ou de l'explosion des inégalités. Enfin, avec le Brexit, la signification de l'Europe a changé dans une mesure que nous ne percevons pas encore pleinement. De nouveaux défis et de nouvelles opportunités se présenteront en termes de relations de l'UE avec ses frontières, la fonction publique, les services, la fiscalité, etc. Tous ces développements n'ont pas seulement créé de nouvelles pressions sur les gouvernements pour qu'ils agissent, ils ont également révélé la nécessité d'une action mieux coordonnée au niveau supranational pour relever les défis de nature mondiale.

Par ailleurs, le contexte actuel d'incertitude permanente est l'occasion de mettre en avant de nouvelles idées sur la manière de gérer une économie de plus en plus vulnérable aux pandémies, aux chocs économiques et aux conséquences plus larges du changement climatique. Il existe désormais un consensus relatif sur la nécessité pour les gouvernements de réaliser les investissements nécessaires à la décarbonisation et à la numérisation de l'industrie de l'UE. Dans le même temps, on reconnaît de plus en plus l'importance de fournir des filets de protection sociale plus efficaces pour limiter l'impact des chocs sur les individus et les sociétés.

Comment les institutions européennes devraient-elles se transformer pour rapprocher la gouvernance économique des préoccupations des citoyens ?

Aujourd'hui, il y a un décalage entre les objectifs que nous nous fixons dans le cadre des objectifs de développement durable (ODD) et le cadre de gouvernance économique de l'UE, qui fournit les moyens selon lesquels ces objectifs doivent être poursuivis. La première étape devrait consister à s'entendre sur les « premiers principes », c'est-à-dire sur la vision qui sous-tend le cadre de gouvernance économique de l'UE. Les instruments économiques sont des outils, pas des fins. Tenter de faire en sorte que les pays européens s'accordent sur une stratégie de développement continuera certainement à se heurter à la résistance des bureaucraties qui souhaitent poursuivre la gouvernance économique « *par les règles* » telles qu'elles les connaissaient. C'est là que le leadership politique doit intervenir et donner le ton, comme cela a été fait récemment avec l'adoption du socle européen des droits sociaux (SEDS) et du plan d'action correspondant.

Nous devons également améliorer la responsabilité démocratique dans le processus décisionnel de l'UE. On a trop souvent tendance à n'impliquer de nombreux acteurs politiques qu'au stade de l'approbation. Ceci est particulièrement valable pour la gouvernance économique dans l'UE, où les décisions dans les domaines à faible importance, mais à forte pertinence socio-économique sont prises par des fonctionnaires du ministère des Finances partageant les mêmes idées au fur et à mesure qu'elles progressent dans le processus décisionnel. En fin de compte, un choix entre des options politiques limitées est fait (au sein du Conseil ECOFIN par exemple) ou du Conseil des gouverneurs de la Banque centrale européenne. Cette approche devrait évoluer et permettre que des questions aussi cruciales que l'orientation budgétaire globale de l'UE ou la politique de la Banque centrale européenne (BCE) soient plus régulièrement discutées au Parlement européen, contribuant ainsi à concilier « stratégie et politique » dans la gouvernance économique de l'UE.

LE RÔLE DE LA COORDINATION ÉCONOMIQUE EUROPÉENNE

L'intégration européenne dans le domaine de la politique économique et sociale a été asymétrique dès le début. Les gouvernements de l'UE détiennent certainement des prérogatives importantes sur la manière dont ils souhaitent réguler leur économie, par exemple en matière de fiscalité, de politique industrielle ou de négociations salariales. Pourtant, l'intégration monétaire et fiscale de l'UE s'est considérablement développée depuis l'adoption du traité de Maastricht. La politique monétaire est désormais entre les mains de la Banque centrale européenne, qui donne le ton à dix-neuf États membres. Les institutions de l'UE ont également une responsabilité considérable en matière d'intégration économique, notamment dans les domaines liés au marché unique, à la politique de concurrence et à la politique commerciale. En revanche, l'emploi et les politiques sociales restent largement une prérogative nationale. En effet, les régimes d'État-providence de l'UE diffèrent largement en termes de droits à la retraite, d'accès aux soins de santé, de marché du travail et de politiques éducatives. Alors que la stratégie de Lisbonne exigeait qu'une attention égale soit accordée à la compétitivité et à la cohésion sociale, les mécanismes de coordination « non contraignants » qui sont censés stimuler cette dernière ont perdu de leur dynamisme depuis le milieu des années 2000. Par-dessus tout, l'austérité est devenue le principal enjeu de la Grande Récession, la cohésion sociale et la privation matérielle étant souvent reléguées au second plan.

Comment la coordination des politiques nationales (par exemple dans le cadre du semestre européen) devrait-elle être réorientée pour soutenir une stratégie de développement à long terme ?

La crise de la dette souveraine a changé la donne en matière de coordination des politiques nationales par les institutions européennes. Les années d'austérité dans la périphérie de la zone euro ont été associées à la montée des partis nationalistes et eurosceptiques. Dans le même temps, on craint que la concurrence à la baisse entre les régimes d'aide sociale ne crée une nouvelle course vers le bas, ce qui compromettrait la durabilité des prestations sociales. L'adoption du SEDS, qui peut être considérée comme une réponse à ces évolutions, est incontestablement une voie prometteuse pour les perspectives de développement à long terme de l'UE. Pourtant, des déséquilibres subsistent entre les cadres de gouvernance sociale et économique. Les nouveaux outils de coordination mis en œuvre pendant la crise de la zone euro (dont, notamment, le pacte budgétaire et la procédure de déséquilibre macroéconomique) ont essentiellement renforcé les prérogatives de l'UE en matière de surveillance macroéconomique. En conséquence, la prédominance des règles budgétaires a conduit à une augmentation du pouvoir entre les mains du Conseil ECOFIN, renforçant la gouvernance de l'économie de l'UE par des règles et des chiffres uniquement.

Le soutien de l'opinion publique en faveur de dispositions efficaces en matière de protection sociale dans l'ensemble de l'UE a atteint de nouveaux sommets à la suite de la pandémie. Cela renforce la nécessité de positionner les droits sociaux sur le même pied que les quatre libertés économiques dans la coordination des politiques de l'UE. Sur le plan politique, le SEDS devrait être incorporé dans les traités de l'UE par le biais d'un protocole social. La gouvernance devrait également être révisée : des objectifs et des critères de référence devraient être fixés pour toutes les politiques coordonnées du semestre européen et de la stratégie annuelle de croissance durable (SACD). Les critères pourraient commencer par des normes minimales qui évolueraient au fil du temps pour tenir compte du contexte spécifique de chaque État membre de l'UE, comme dans l'exemple du salaire minimum proposé dans le plan d'action du SEDS. Le suivi devrait inclure des évaluations de l'impact socio-économique qui faciliteraient l'apprentissage des politiques. Enfin, une réforme institutionnelle sera nécessaire, en attribuant plus de pouvoir à ceux qui font la politique sociale et en rendant les cycles de coordination plus démocratiques. Au niveau de l'UE, les réunions conjointes entre ECOFIN et l'EPSCO au Conseil devraient devenir une pratique courante au sein du semestre européen, tout comme un dialogue macroéconomique et social annuel au Parlement européen. Au niveau national, les gouvernements devraient être mandatés pour discuter des rapports nationaux et des recommandations spécifiques au pays au parlement et pour impliquer systématiquement les partenaires régionaux dans la conception des plans de développement impliquant des fonds européens.

Des règles et des processus différents doivent-ils s'appliquer aux membres de l'UE appartenant ou non à la zone euro ?

L'appartenance à la zone euro a des conséquences sur la politique économique et sociale au niveau national. Dans la zone euro, la politique monétaire est gérée par la Banque centrale européenne, qui fixe un taux d'intérêt commun à tous ses membres. Lorsqu'un choc externe se produit, les pays comptent généralement sur une dévaluation de leur monnaie pour rétablir leur compétitivité. Ce mécanisme ne s'applique plus aux pays de la zone euro. Il en va de même lorsque la monnaie nationale est rattachée à l'euro, comme c'est le cas du Danemark aujourd'hui. Ce n'est cependant pas le cas en Suède, qui fonctionne selon un taux de change flottant. La Suède peut donc compter sur une boîte à outils plus grande pour faire face à la concurrence déloyale qui se produit lorsque des pays de la zone euro pratiquent le dumping fiscal ou social. L'intégration de l'euro force une plus grande solidarité entre ses membres. L'augmentation des taux de chômage (des jeunes) en Europe du Sud pendant la Grande Récession devrait inciter à considérer la politique fiscale et sociale sur un pied d'égalité dans la gestion de la zone euro. La réalisation de l'UEM est donc essentielle à cet égard.

Cela signifie-t-il que les pays qui ne sont pas membres de la zone euro ne devraient pas être inclus dans des initiatives telles que le Socle européen des droits sociaux? L'inclusion de tous les membres de l'UE dans le SEDS montre que la promotion d'un programme socio-économique ambitieux pour tous les États membres ne doit pas faire obstacle à l'achèvement de l'UEM. Les pressions structurelles, qu'il s'agisse de la décarbonisation, de la numérisation, de l'évolution démographique ou de l'essor de l'économie de plateforme, sont largement les mêmes dans tous les États membres de l'UE. Les régimes de protection sociale ne sont pas seulement le reflet de siècles de lutte pour la citoyenneté sociale, ils peuvent aussi être l'occasion d'améliorer la résilience et les performances économiques de l'UE dans son ensemble si nous parvenons à faire en sorte qu'ils soient également conçus de manière durable sur le plan budgétaire. Des défis se dressent sur ce chemin. Sur le plan politique, le scepticisme des «économes» vis-à-vis d'un mécanisme commun d'émission de la dette de l'UE suggère que la solidarité budgétaire reste difficile à atteindre. Les contraintes démocratiques, qui s'expriment, par exemple, dans les contestations répétées de la Cour constitutionnelle allemande, devront également être dûment prises en compte. Et pourtant, comme l'a souligné l'adoption du pacte fiscal pendant la grande récession, il n'y a aucune raison pour que ces obstacles ne puissent pas être finalement surmontés. Le fort soutien du public européen à des dispositions efficaces en matière de protection sociale nous oblige finalement à examiner leur contribution à la durabilité du projet d'intégration européenne.

LES POLITIQUES ÉCONOMIQUES, FISCALES ET MONÉTAIRES DE L'UE

D'immenses progrès ont été accomplis ces derniers mois avec l'adoption par la BCE du programme d'achat d'urgence en cas de pandémie (PEPP), la conclusion d'un accord sur les programmes Next Generation EU et SURE, et la suspension temporaire du pacte de stabilité et de croissance. Le risque que la réponse globale de l'UE soit trop limitée sur le plan macroéconomique demeure, mais en l'état actuel des choses, la gouvernance économique de l'UE est bien mieux équipée qu'elle ne l'était avant la pandémie. Aujourd'hui, des instruments qui avaient été débattus pendant des années sont sur la table et, ce qui est important, il y a également un large consensus dans les cercles politiques et académiques sur le fait que le cadre économique de l'UE doit évoluer pour mieux répondre à un large éventail de défis. Le défi consiste maintenant à faire en sorte que cette évolution de la pensée macroéconomique se poursuive et se répercute sur la politique monétaire, fiscale et industrielle de l'UE.

Quels rôles doivent jouer les politiques monétaire et budgétaire?

La politique monétaire de la BCE s'est avérée être un atout essentiel pour protéger l'euro contre les pressions des marchés financiers au cours de la dernière décennie. L'institution a réussi à surmonter le défi posé par les différentes expositions au risque des pays souverains, en agissant comme une autorité budgétaire de facto et en élargissant la marge de manœuvre budgétaire (autrement très restreinte) de certains gouvernements de la zone euro. Si le programme d'achat d'urgence en cas de pandémie a été utile pendant celle-ci, les niveaux d'endettement ont grimpé en flèche dans de nombreux États membres et des mécanismes plus permanents, tels que la création d'un «actif sûr» de l'UE, devraient être envisagés pour éviter que certains gouvernements ne restreignent leurs efforts de dépense pendant la phase de reprise. Pour l'instant, la politique monétaire de la zone euro reste plus conservatrice que celle de la Réserve fédérale américaine, dont le président, Jerome H. Powell, a récemment reconnu la nécessité de mettre davantage l'accent sur la stimulation de l'emploi, au prix toutefois d'une certaine surchauffe de l'économie. Il est évident qu'il faut continuer à accorder l'attention nécessaire aux conséquences sociales négatives d'une surchauffe de l'économie, mais dans l'environnement actuel, marqué par de faibles pressions inflationnistes et de fortes perturbations du marché du travail, l'objectif du plein emploi doit être mis sur le même plan que la lutte contre l'inflation. A l'avenir, nous devons examiner comment la BCE pourrait prendre des mesures pour mettre fin à l'achat d'actifs «bruns» et passer à la création exclusive d'obligations vertes qui soutiennent les objectifs de l'UE en matière d'atténuation du changement climatique.

La politique budgétaire de l'UE a également besoin d'une vue d'ensemble. L'accord qui a été conclu sur *Next Generation EU* évoque une avancée historique pour l'UE, mais nous devons maintenant transformer des outils temporaires tels que les plans nationaux de résilience et de relance et le programme SURE en mécanismes permanents. Les priorités à cet égard seraient de doter l'UE d'une capacité d'émission de dette à long terme et d'un fonds de réassurance chômage.

En ce qui concerne la politique nationale, la réponse de l'UE à la pandémie s'est également avérée plus souple que pendant la Grande Récession, car elle a fourni aux pays de l'UE une marge de manœuvre budgétaire supplémentaire de manière *anticyclique*. Le piège qui nous guette aujourd'hui est de nous battre uniquement pour ces «clauses de sauvegarde», alors que nous avons besoin d'un nouvel ensemble de règles mieux adaptées à l'environnement macroéconomique actuel. L'émission de dettes a toujours des conséquences : les taux d'intérêt sur les obligations d'État ont tendance à profiter aux ménages les plus riches, tandis que la réduction de la dette passe souvent par des augmentations d'impôts ou des réductions de dépenses qui ont un impact asymétrique sur les personnes les plus démunies sur le plan économique. Pourtant, les *règles* relatives à la dette et au déficit, dans leur état actuel, sont par essence incapables de gérer des situations d'urgence importantes. Pour y remédier, des *normes* fiscales seraient plus appropriées pour évaluer la durabilité dans leur contexte. Ces normes ne devraient s'appliquer qu'aux dépenses qui ne relèvent pas des investissements publics censés profiter aux générations futures. Ces derniers seraient soumis à une «règle d'or» qui encourage les investissements dans les infrastructures et les programmes d'investissement social. Ce débat sur la définition de ce qu'est une dépense soutenable nous permettrait également de revoir notre manière de définir la soutenabilité de la dette (en isolant les coûts du service de la dette, par exemple) et de proposer des voies de réduction de la dette différenciées.

Cependant, la gouvernance économique de l'UE nécessite un rééquilibrage qui va au-delà de la création de nouveaux instruments de stabilisation macroéconomique. Non seulement nous devons veiller à ce que les pays disposant d'une marge de manœuvre budgétaire limitée ne se retrouvent pas dans une situation de surendettement qui menacerait l'économie de l'UE dans son ensemble, mais nous devons également nous assurer que ceux qui disposent d'une marge de manœuvre budgétaire investissent réellement dans les actifs dont l'Europe a besoin pour relever ses défis. Aujourd'hui, la Commission européenne discute trop souvent des questions fiscales avec les différents pays sur la base de règles techniques. Pour que l'UE devienne le « moteur de la croissance » auquel elle aspirait autrefois, les gouvernements de l'UE devraient disposer d'un espace commun pour débattre de ce que serait une position budgétaire souhaitable. La mise en place d'un dialogue macroéconomique et social annuel au Parlement européen permettrait d'ajuster régulièrement cette orientation globale de la politique budgétaire. Des mécanismes appropriés seraient associés à cette procédure pour permettre de réduire les risques d'aléa moral, mais aussi pour prendre en compte de manière appropriée les économies les plus affectées par l'orientation globale.

Comment la politique industrielle de l'UE doit-elle évoluer ?

L'achèvement de l'UEM devrait également impliquer clairement la conception d'une nouvelle stratégie, composée d'objectifs et d'outils clairs, pour l'industrie européenne. Au cours des dernières décennies, les institutions de l'UE se sont principalement concentrées sur la stimulation de la compétitivité industrielle, conformément aux dispositions restrictives des traités de l'UE. En conséquence, la plupart des publications officielles de l'UE se concentrent sur la question de la frontière technologique. Actuellement, les règles qui régissent le marché unique servent de mécanisme paneuropéen pour réguler l'industrie européenne en créant des conditions de concurrence équitables pour les entreprises. Le programme de l'UE en matière de commerce et d'investissement vise à garantir l'ouverture économique au niveau mondial. En outre, le semestre européen et la politique de cohésion de l'UE ont été de plus en plus utilisés pour encourager les réformes visant à transformer les économies nationales en fonction des nouvelles tendances mondiales. Les priorités de la Facilité pour la reprise et la résilience doivent être comprises comme une continuation de ce programme.

Pour l'avenir, l'UE a clairement besoin d'une stratégie industrielle plus complète. Il est essentiel de définir une *orientation* pour les mutations industrielles. Une politique industrielle adéquate devrait reposer sur une vision commune et des outils appropriés pour soutenir la décarbonisation et la numérisation de l'industrie, promouvoir la création de «bons emplois» et s'attaquer aux disparités géographiques et sociales croissantes. Une première étape consisterait à définir les principaux domaines stratégiques et prioritaires. La pandémie de Covid-19 a révélé que l'Europe doit s'organiser pour répondre à ses propres besoins et qu'elle ne peut pas dépendre du reste du monde pour tous ses biens et services. Les appels à l'autarcie sont irréalistes et irresponsables. De même, comme la Commission elle-même l'a affirmé un jour, la mondialisation doit être «maîtrisée» par des règles et des normes européennes appropriées, dans l'esprit de l'accord de Paris ou du règlement général sur la protection des données (RGPD). Nous devons également nous appuyer sur le «*Green Deal*» européen et l'améliorer en redoublant d'efforts pour réaliser nos ambitions en matière d'atténuation du changement climatique et en y consacrant les moyens nécessaires, notamment en transformant la Banque européenne d'investissement pour qu'elle devienne le principal bailleur de fonds de l'action climatique au niveau mondial. Pour que l'UE agisse en tant qu'«*entrepreneur politique*», il faudra modifier les priorités du semestre européen, loin de la discipline budgétaire et vers des objectifs de développement à long terme. Les conseillers fiscaux existants devraient être remplacés par des conseillers en politique industrielle et les conseils de compétitivité par des conseils de politique industrielle. De même, la conception des plans nationaux de relance et de résilience (PNRR), conçus comme des exercices ascendants, doit être considérée comme une occasion de décentraliser le processus de planification, d'impliquer davantage les niveaux inférieurs de gouvernance (tels que les autorités régionales et locales) et d'accroître la participation des partenaires sociaux et des acteurs de la société civile.

Comment le budget européen et le système fiscal devraient-ils être mis à jour pour relever les nouveaux défis et bénéficier de nouvelles sources?

La capacité budgétaire de l'UE reste très limitée. Aux États-Unis, les dépenses publiques au niveau fédéral représentent 20 % du revenu national brut (RNB) total du pays. En revanche, le budget de l'UE représente environ 1 % du RNB européen (ou moins de 3 % si l'on considère les dépenses intergouvernementales dans leur ensemble).

Globalement, les dépenses de l'UE ne représentent donc qu'environ 2 % du total des dépenses publiques dans l'UE. L'accord conclu par les gouvernements de l'UE sur le cadre financier pluriannuel (CFP) 2021-2027 et sur *Next Generation EU* représente une avancée majeure dans ce contexte. Tout d'abord, l'accord sur les emprunts communs constitue un bond en avant en termes d'intégration européenne. Il cristallise également un changement de paradigme en termes de rôle de l'investissement et du secteur public, tant dans la résolution de la crise que dans les phases de reprise. Le plan incitera enfin les États membres à élaborer des plans de développement ou de relance, ajoutant ainsi une finalité à la définition largement statique des priorités budgétaires que l'on observe souvent dans les négociations budgétaires de l'UE. Cette décision présente néanmoins quelques lacunes, à commencer par le caractère temporaire du plan, dont la suppression progressive est prévue en 2026. Il existe également des risques que la gouvernance et la fragmentation des fonds conduisent à un décaissement lent, ce qui atténue leur impact attendu. Enfin, l'extension des rabais obtenus par les «frugaux» laisse un goût amer, car elle crée un précédent durable dont on aurait pu espérer qu'il s'éteigne avec le Brexit.

Les négociations sur Next Generation EU ont également remis sur le devant de la scène la question des ressources propres de l'UE. La modification de la structure des ressources propres de l'UE ne doit pas être comprise comme conduisant automatiquement l'UE à prélever de nouvelles taxes ni être assimilée à une augmentation de la charge fiscale pour les citoyens de l'UE. Il faut plutôt y voir une occasion de reconsidérer la composition des ressources et d'identifier les synergies entre les ressources européennes et nationales. En outre, en envisageant de nouvelles sources de revenus au-delà des ressources propres de l'UE, ce débat offre l'occasion d'abandonner la logique du «*juste retour*» et d'autoriser la part des ressources propres de l'UE basée sur le RNB (qui a considérablement augmenté depuis les années 1990). Au contraire, la nouvelle structure des ressources propres de l'UE devrait être conçue pour soutenir les politiques de l'UE dans les domaines clés de sa compétence, en contribuant à renforcer l'action climatique ou à réduire l'hétérogénéité fiscale de l'Union.

Plusieurs propositions sont maintenant sur la table. Les taxes vertes bénéficient du plus haut niveau de soutien politique, la taxation des déchets plastiques non recyclés étant la plus soutenue de toutes. Son apport au budget de l'UE devrait toutefois être limité, et ses recettes diminueront également au fil du temps. Veiller à ce qu'un pourcentage élevé de ces recettes fiscales soit versé au budget de l'UE devrait être considéré comme une exigence minimale pour que l'UE maintienne les ambitions qu'elle s'est fixées pour le contrat vert européen. Parmi les autres propositions figure une taxe sur les marchandises importées de pays non-membres de l'UE dont les normes en matière de respect du climat sont faibles, ainsi que l'extension du système d'échange de droits d'émission de CO_2 aux secteurs aérien et maritime. Nous ne devrions pas considérer ces propositions comme des alternatives, mais comme une bonne combinaison de politiques dans le but plus large d'atténuer le changement climatique. Au-delà des questions climatiques, un dernier sujet de préoccupation concerne l'écart d'impôt sur les sociétés. Il s'agit de la perte de revenus que nous estimons être due à l'évasion fiscale des entreprises technologiques. Le manque à gagner fiscal est estimé à 100 milliards d'euros par an, soit environ deux tiers du budget de l'UE. Compte tenu de la résistance des États-Unis à s'attaquer à ce problème, il aurait été considéré comme impossible de le faire il y a un an, mais les récentes déclarations de l'administration Biden améliorent les chances de parvenir à un accord dans le cadre des négociations OCDE/G20. En l'absence d'un accord plus large, les perspectives d'une taxe numérique ou d'un prélèvement sur le marché unique s'amélioreraient. Dans l'ensemble, il convient de garder à l'esprit que l'UE peut surtout bénéficier d'un accord sur des contributions limitées, mais *durables* pour ses propres ressources.

L'ARCHITECTURE INSTITUTIONNELLE DE LA GOUVERNANCE ÉCONOMIQUE DE L'UE

À quoi ressemblerait la gouvernance économique de l'UE un cadre républicain ?

La *Res Publica* concerne la gouvernance efficace des *biens publics*, c'est-à-dire les services mis à la disposition de tous les membres de la société. La construction du projet européen s'est, dans l'ensemble, faite progressivement, selon une logique « *d'effets de débordements*», l'intégration dans certains domaines (le marché unique) incitant à la mise en commun de ressources communes dans d'autres (la politique monétaire). Ce processus a conduit à la création de deux types de biens publics européens.

Premièrement, les « *biens du club*» sont accessibles à tous les citoyens européens. Il s'agit de biens publics *inclusifs* qui créent des incitations à la coopération et au consentement. Pour ces types de biens, un agent peut être nécessaire pour garantir que les membres respectent les règles et pour réduire l'asymétrie d'information. Les quatre libertés du marché unique, qui exigent essentiellement que la Commission joue un rôle d'arbitre, en sont un bon exemple.

Deuxièmement, les « *biens de ressources communes*» dépendent de ressources rares et constituent des biens publics *exclusifs*. Les États membres ne sont pas incités à coopérer. En fait, ils sont plutôt incités à se faire concurrence. Par exemple, dans le cas de la politique monétaire, un membre de la zone euro peut être tenté de s'engager dans des emprunts (prêts) excessifs au prix d'une augmentation (baisse) des taux d'intérêt pour les autres. Dans ce cas, une seule autorité est nécessaire pour appliquer l'option optimale, tout en s'appuyant sur le choix collectif de tous les individus qui sont affectés par ces externalités.

Faire fonctionner la gouvernance inter-gouvernementale, malgré l'absence d'incitations à la coopération, est une tâche complexe pour les institutions européennes dans le contexte de la gouvernance économique de l'UE. L'option consistant à forcer la coopération par des règles ne s'est pas avérée efficace et a entravé la croissance économique au cours des dernières décennies. En fait, les biens publics européens exclusifs exigent que l'agence centrale joue un rôle plus proactif que dans le cas des biens publics inclusifs. Ces conditions sont remplies dans le cas de la BCE, qui peut compter sur une marge de manœuvre appropriée pour définir l'orientation monétaire de l'UE. On ne peut pas encore en dire autant de la politique budgétaire. En théorie, pour que la gouvernance économique de l'UE s'avère à la fois efficace et légitime, la définition de l'orientation budgétaire globale devrait être déplacée au niveau de l'UE tout en étant contrôlée par le Parlement européen en tant que seule institution représentant directement tous les citoyens européens.

En outre, le modèle *sui generis* de l'UE nous invite à apprécier des dimensions supplémentaires dans la définition des biens publics. Premièrement, étant donné la nature multidimensionnelle de l'élaboration des politiques dans l'UE, la prise de décision légitime suggère que la nature des biens publics devrait être différenciée en fonction des communautés politiques impliquées dans un domaine politique donné. Deuxièmement, étant donné le cadre de gouvernance à plusieurs niveaux de l'UE et son attachement au principe de subsidiarité, le contrôle à différents niveaux de gouvernance est essentiel pour légitimer davantage ce processus. Il convient ici d'établir une distinction entre les acteurs ayant un droit *de vote* et ceux ayant une *voix*, comme cela est parfois fait dans le cadre des débats sur l'intégration de l'UEM impliquant des membres de l'UE n'appartenant pas à la zone euro.

Que pouvons-nous apprendre des expériences fédérales dans d'autres pays sur la répartition des compétences dans la gouvernance économique de l'UE?

L'Union européenne pourrait actuellement ressembler à un système fédéral comparable à celui des États-Unis ou de l'Allemagne. Selon la définition du «fédéralisme fiscal», il manque toutefois plusieurs éléments pour que l'UE soit considérée comme une entité fédérale. Contrairement aux États-Unis, l'UE ne dispose pas du pouvoir coercitif nécessaire pour faire appliquer ses lois, et s'en remet largement à la carotte et au bâton qui ont peu d'impact sur les économies des grands États membres. Les gouvernements nationaux ont également le pouvoir exclusif de modifier les traités de l'UE. Enfin, les pouvoirs de dépense et d'imposition au niveau de l'UE sont limités. En bref, le système européen est plus proche du modèle allemand «coopératif» en termes institutionnels. Mais le niveau central ne dispose ni des compétences juridiques ni des ressources financières du gouvernement fédéral allemand. Dans le même temps, les règles budgétaires strictes de l'UE contrastent également avec le régime en place dans les systèmes fédéraux hautement décentralisés tels que celui des États-Unis ou de la Suisse, dans lesquels le gouvernement fédéral a peu de contrôle sur les budgets des États. Aujourd'hui, en combinant une forte décentralisation fiscale avec des règles fiscales centralisées, l'UE fournit en fait un modèle largement incompatible avec tout modèle de fédéralisme fiscal.

Comment la gouvernance économique de l'UE pourrait-elle être rééquilibrée pour permettre un système plus efficace ? Les réformes institutionnelles pourraient aller dans l'une des deux directions suivantes. Une première option consisterait à fédéraliser davantage la gouvernance économique de l'UE en centralisant et en intégrant des pouvoirs supplémentaires en matière de dépenses et de fiscalité. Pour ce faire, l'UE se verrait attribuer des pouvoirs réglementaires supplémentaires pour fournir directement des biens publics et serait autorisée à collecter les recettes nécessaires pour financer ces activités. Une autre option consisterait à conserver la plupart des responsabilités en matière de stabilisation, de distribution et d'allocation entre les mains des États membres de l'UE, mais en les libérant de l'ombre de l'austérité fiscale, ce qui leur donnerait plus de latitude pour investir, par exemple, dans les infrastructures et l'aide sociale.

Le cadre actuel de gouvernance économique de l'UE combine des éléments des deux options. À la suite de la grande récession, qui a révélé les failles de la conception initiale de l'UEM, les institutions européennes ont privilégié une approche de *coordination budgétaire*. Avec l'arrivée de la pandémie de Covid-19, la question de la *capacité de stabilisation* de l'UEM est revenue sur le devant de la scène, tandis que la question de la redistribution a également fait son entrée sur la table du Conseil. Dans le même ordre d'idées, les initiatives de l'UE telles que le programme de transactions monétaires directes de la BCE, le mécanisme européen de stabilité et l'initiative «*Next Generation EU*» ont joué un rôle crucial dans la résolution des déséquilibres macroéconomiques. Dans le même temps, l'imposition de *règles* budgétaires strictes, qui empiétaient à l'origine sur les régimes nationaux de protection sociale acquis de longue date, a fini par se retourner contre elle. Moins de règles et plus de flexibilité, voilà peut-être ce dont la gouvernance économique de l'UE a le plus besoin.

Aspirations : renforcer les idées progressistes dans la gouvernance économique de l'UE en associant « programme et politique »

Par Alvaro Oleart

Pendant trop longtemps, les questions liées à la gouvernance économique de l'UE ont été discutées en termes technocratiques, éliminant la dimension politique des processus politiques et décisionnels. Ces discussions dépolitisées sur la politique économique au niveau européen, qui signifient que les décisions politiques sont présentées comme s'il s'agissait de choix « techniques » ou « administratifs » et, comme s'il n'y avait pas d'alternatives, expliquent pourquoi Vivien Schmidt (2006) a conceptualisé l'élaboration des politiques de l'UE comme un « *programme sans politique* ». La dépolitisation des discussions politiques au niveau de l'UE contraste avec le « *programme sans politique* » qui existe au niveau national, où les discussions politiques passionnées sur la politique économique ont un impact politique relativement mineur parce que la plupart des décisions importantes sont prises au niveau européen par les gouvernements nationaux dans un cadre intergouvernemental.

Les rares fois où nous avons vu la gouvernance économique de l'UE être politisée, cela a eu tendance à se faire en opposant les États membres de l'UE les uns aux autres. L'épisode le plus important de cette politisation s'est déroulé pendant la crise de la zone euro, au cours de laquelle les États membres de l'UE ont été montés les uns contre les autres, donnant lieu à un conflit passionné qui a atteint son paroxysme lorsque la plupart des États membres de l'UE, ainsi que la troïka, se sont opposés aux tentatives du gouvernement grec, dirigé par le parti de gauche SYRIZA, de restructurer la dette du pays. Ce type de politisation, menée par des gouvernements nationaux contre d'autres gouvernements nationaux, reflète les processus intergouvernementaux qui continuent à animer la gouvernance économique de l'UE.

Alternativement, à l'opposé de la dépolitisation et d'un type de politisation plutôt antagoniste, il est possible d'imaginer et de construire un cadre institutionnel de la gouvernance économique de l'UE qui facilite la politique transnationale au sein de l'UE un cadre qui fait correspondre « le programme avec la politique ». Comme l'a souligné la crise du Covid-19, les États membres de l'UE sont inextricablement liés les uns aux autres. Les processus politico-économiques d'un État membre exercent une influence directe sur les autres États membres. Comme tous les États membres de l'UE sont dans le même bateau politico-économique, le moment est venu pour les gouvernements nationaux d'ouvrir les cabines de la politique nationale et d'amener les acteurs non exécutifs dans les différents courants du débat politique européen. Un tel changement institutionnel favoriserait la formation de coalitions transnationales, qui faciliteraient la politisation selon des lignes transnationales, plutôt que d'opposer les pays « frugaux » aux pays du « Sud », les pays « créanciers » aux pays « débiteurs », ou les pays « occidentaux » aux pays « de l'Est ». Au lieu de cela, l'adéquation entre « programme et politique » sera accomplie en encourageant la formation de coalitions paneuropéennes d'acteurs progressistes qui s'opposent aux coalitions conservatrices ou néolibérales.

Les idées et les mouvements progressistes dépassent déjà les frontières nationales. Des mouvements tels que *#MeToo*, *Fridays For Future* et *Black Lives Matter* illustrent le flux de plus en plus transnational de la politique. Toutefois, dans un contexte où la politique transnationale au sein de l'UE est plus nécessaire que jamais, la structure institutionnelle actuelle de la gouvernance économique de l'UE ne permet pas de canaliser cette énergie. Pour rendre la société plus féministe, plus écologiste, plus antiraciste et généralement plus égalitaire, il est nécessaire d'aborder la justice sociale dans une perspective transnationale, et non intergouvernementale. Ce décalage entre le flux de plus en plus transnational d'idées progressistes dans l'UE et la structure institutionnelle plutôt intergouvernementale de l'UE ainsi que le discours technocratique dominant est susceptible de provoquer un mécontentement supplémentaire si l'UE est incapable d'y répondre.

Le cadre financier pluriannuel 2021-27 et le plan de relance *Next Generation EU,* doté de 750 milliards d'euros, qui a été adopté lors du sommet du Conseil européen de juillet 2020, offrent une occasion particulièrement intéressante de démocratiser la gouvernance économique de l'UE. Comme il a été reconnu que la crise du Covid-19 est une crise européenne, qui nécessite une approche politique qui va au-delà de l'État-nation comme l'illustre la mutualisation européenne sans précédent de la dette, les structures de gouvernance économique de l'UE doivent s'adapter en conséquence. Une manière possible de réconcilier le «programme avec la politique» dans la structure de gouvernance économique de l'UE est d'augmenter le poids du Parlement européen au détriment du Conseil et d'intégrer les parlements nationaux dans les processus politiques et décisionnels de l'UE de telle sorte que les partis politiques nationaux et les organisations de la société civile soient incités à accorder plus d'attention au niveau européen. Cela contribuerait à combler le fossé entre la politique européenne et la politique nationale. Une conséquence probable de ce mouvement serait la création d'alliances transnationales entre les partis nationaux et la société civile à travers les frontières, dynamisant ainsi la politique transnationale plutôt que d'opposer les gouvernements des États membres de l'UE les uns aux autres.

Non seulement le fait de faire coïncider «programme et politique» au niveau européen démocratiserait la gouvernance économique de l'UE, mais cela affecterait également ses relations de pouvoir. Ce fut le cas lorsque le Partenariat transatlantique de commerce et d'investissement (TTIP) a été défait par la mobilisation paneuropéenne d'une coalition de partis politiques progressistes, d'organisations de la société civile et de syndicats (Oleart 2021). Comme il est peu probable que le néolibéralisme soit vaincu par un discours technocratique et des processus intergouvernementaux, la promotion de la démocratisation de l'élaboration des politiques européennes, l'activisme transnational et la réduction du fossé entre les politiques européennes et nationales sont des conditions préalables à l'introduction d'idées progressistes dans la gouvernance économique de l'UE.

RÉFÉRENCES

Oleart, A. 2020. *Framing TTIP in the European Public Spheres: Towards an Empowering Dissensus for EU Integration*. Palgrave Macmillan.
Schmidt, V. A. 2006. *Democracy in Europe: The EU and National Polities*. Oxford University Press.

Gouvernance économique européenne : questions clés pour évaluer son passé récent et son évolution souhaitable

Par Vivien Schmidt

Au cours de la décennie qui a précédé la pandémie de Covid-19, mais aussi avant, la gouvernance économique de l'UE a souffert d'une série de problèmes. La gestion de la crise de la zone euro a forcé à gouverner par les règles et à gouverner par les chiffres, avec les mauvaises règles et les mauvais chiffres. Celles et ceux qui n'ont pas fonctionné. Il en résulte une insuffisance des investissements et une faible croissance, ainsi qu'une divergence macroéconomique persistante. La mondialisation est également allée trop loin, laissant l'UE vulnérable aux ruptures des chaînes d'approvisionnement mondiales au moment où elle en avait le plus besoin, aux plateformes numériques qui contrôlent le contenu et évitent les taxes, à la désindustrialisation en Europe et au mécontentement des citoyens. Ce mécontentement a des origines socio-économiques diverses, les travailleurs se sentant de plus en plus laissés pour compte, souffrant de la stagnation des salaires, de mauvais emplois mal rémunérés, de l'augmentation de la pauvreté et des inégalités (liées au genre entre autres), et de la diminution des opportunités (en particulier pour les jeunes). Le mécontentement s'est également manifesté par des préoccupations socioculturelles, en particulier la perte du statut social, et a engendré des réactions politiques, notamment la politique de « *take back control*», le déclin des partis traditionnels et la montée des partis et mouvements eurosceptiques antisystème.

On peut attribuer ces problèmes à ce que l'on veut : la structure du capitalisme et la force motrice du marché, les divisions politiques entre les acteurs de l'UE, les institutions et les lois qui rendent si difficile la prise de décisions à somme positive. Mais il ne faut pas perdre de vue les idées : les idées ordo-libérales sur la stabilité macroéconomique, les dangers des déficits et de la dette et les avantages de l'austérité, au détriment de l'investissement et de la croissance, et les idées néolibérales sur la nécessité de marchés toujours plus libres ainsi qu'un État de plus en plus petit, la sacro-sainte compétitivité et les avantages de la flexibilité du marché du travail, en ignorant la précarité et l'insécurité sociales croissantes.

Il est important de noter que les choses ont changé depuis la pandémie de Covid-19. On reconnaît aujourd'hui la nécessité de trouver de nouvelles idées pour faire face à une économie européenne mise à mal non seulement par des catastrophes sanitaires et économiques, mais aussi par le changement climatique. Nous devons repenser le cadre de la gouvernance économique européenne au-delà des anciennes idées, afin de réparer les dommages causés à la fois par la gestion de la crise de l'euro et par une mondialisation non gérée. Les nouvelles idées appellent à un rôle accru de l'État en tant qu'entrepreneur : promouvoir la croissance et fournir des investissements pour relever les défis de la transition verte et de la transition numérique tout en assurant une plus grande équité sociale avec plus de démocratie.

Alors, comment faire pour aller d'ici à là ? Pour évaluer l'évolution souhaitable du cadre européen de gouvernance économique, nous devons examiner comment modifier les politiques et les procédures tout en renforçant la démocratie. Dans ce qui suit, je suggère quelques voies que nous pourrions emprunter.

POLITIQUE MONÉTAIRE ET COORDINATION MACROÉCONOMIQUE

Il existe de nombreuses idées sur ce que la Banque centrale européenne (BCE) pourrait faire pour améliorer encore les perspectives économiques de l'UE grâce à son rôle dans la politique monétaire et la coordination macroéconomique, des idées qui vont au-delà de son programme d'achat d'urgence en cas de pandémie (PEPP) déjà ambitieux. Tout d'abord, la BCE devrait passer d'une focalisation quasi exclusive sur les objectifs primaires définis dans sa charte à des objectifs secondaires. Cela pourrait impliquer de se donner un objectif de plein emploi au même titre que la lutte contre l'inflation, mettre fin à l'achat d'obligations «neutres» tout en créant des obligations vertes pour l'environnement, ou même fournir de l'argent «hélicoptère» qui offre un soutien direct aux ménages dans le besoin. Enfin, elle pourrait créer un «actif sûr» de l'UE tout en résolvant le problème du surendettement national en faisant racheter par le Mécanisme européen de stabilité une partie des obligations souveraines détenues par la BCE.

Il est important de noter qu'en prenant de telles mesures, la BCE gagnerait à renforcer sa responsabilité et sa transparence tout en démocratisant le processus. Un moyen d'y parvenir serait d'accroître la responsabilité de la BCE vis-à-vis du Parlement européen (PE), par exemple en imposant des exigences formelles pour le dialogue entre la BCE et le PE. Une autre solution serait de créer des lieux de débat et de délibération plus démocratiques sur la gouvernance macroéconomique de l'UE. Appelons cela le «grand dialogue macroéconomique» et organisons une conférence annuelle pour présenter les grandes stratégies économiques de l'année à venir, en laissant la place au dialogue entre la BCE et les autres acteurs — non seulement avec le Parlement européen, mais aussi avec la Commission et le Conseil, ainsi qu'avec les représentants de l'industrie, des syndicats et de la société civile de toute l'Europe.

LA POLITIQUE INDUSTRIELLE ET LE SEMESTRE EUROPÉEN

L'UE a également fait de grands progrès avec son Facilité temporaire par la reprise et la résilience, qui fait partie de l'initiative «*Next Generation EU*». Ce type de politique industrielle doit cependant être renforcé par le développement d'une dette permanente au niveau de l'UE. Il s'agit d'un fonds souverain de l'UE qui émet des titres de créance sur les marchés mondiaux et utilise les recettes pour investir, par le biais de subventions aux États membres, dans l'éducation, la formation et l'aide au revenu, dans l'écologisation de l'économie et la connexion numérique des personnes, ainsi que dans de grands projets d'infrastructure physique. Le fonds pourrait également être utilisé pour investir dans des efforts transfrontaliers au niveau de l'UE ainsi qu'à des fins de redistribution dans une série de fonds européens innovants : un fonds de réassurance chômage, un fonds d'intégration des réfugiés, un fonds européen pour la mobilité équitable et un fonds de lutte contre la pauvreté.

La question suivante est donc de savoir comment garantir le succès de ces nouvelles politiques industrielles et sociales. Pour cela, le Semestre européen serait le véhicule idéal de contrôle et d'assistance, mais seulement si nous repensons à la fois son objectif et ses règles. Les règles restrictives de la zone euro en matière de déficit et de dette doivent clairement être modifiées pour répondre aux nouvelles circonstances et aux nouveaux objectifs. Ces règles devraient être suspendues de manière permanente et remplacées, par exemple, par un ensemble de « normes budgétaires » permettant d'évaluer leur viabilité dans leur contexte. Celles-ci s'appliqueraient à toute dépense qui ne relève pas d'un investissement public dont on estime qu'il profitera aux générations futures (règle d'or). En outre, la dette publique elle-même devrait être ignorée en ce qui concerne l'investissement public si elle est viable (ce qui signifie que le gouvernement peut emprunter à un taux inférieur au taux de croissance moyen du PIB). L'une des leçons de la dernière décennie est que l'on ne peut pas sortir de la dette publique par l'austérité, la seule issue est la croissance. Dans cet ordre d'idées, une autre initiative devrait consister à éliminer le frein à l'endettement de la législation constitutionnelle nationale, qui constituait un obstacle non seulement pour ceux qui ne disposaient pas de la « marge de manœuvre budgétaire », qui ne pouvaient pas investir, mais aussi pour ceux qui l'avaient et n'investissaient pas.

Les procédures du Semestre européen doivent également être ré-imaginées. Le Semestre fournit une architecture formidable pour la coordination, mais dans quel but ? Au début de la crise de la zone euro, il est passé d'un mécanisme de coordination souple (semblable à la « méthode ouverte de coordination ») à un mécanisme de contrôle coercitif descendant. Mais il a ensuite été appliqué avec de plus en plus de souplesse, alors même qu'elle faisait l'objet d'une politisation croissante au sein des acteurs institutionnels de l'UE et entre eux. Aujourd'hui, à la lumière de la réponse à la pandémie, la mission de la Commission a complètement changé, avec un nouvel accent sur les plans nationaux de de relance et de résilience (PNRR) en tant qu'exercices ascendants des gouvernements des États membres.

La question est maintenant de savoir quelle est la meilleure façon d'exercer une surveillance coordonnée tout en décentralisant et en démocratisant le processus. En ce qui concerne les évaluations globales, une solution consisterait à remplacer la procédure de déséquilibre macroéconomique, qui a fini par être principalement une discussion entre la Commission et les États membres individuels, par une approche plus coordonnée via quelque chose comme un nouveau dialogue macroéconomique, éventuellement dans le cadre du grand dialogue macroéconomique mentionné ci-dessus. En ce qui concerne chaque État membre, des évaluations plus précises de leur situation dans le cycle économique, de leurs perspectives de croissance et de leurs chances d'atteindre leurs objectifs d'investissement pourraient contribuer à éclairer les recommandations de la Commission. Il serait également utile de transformer les conseils fiscaux existants en conseillers en politique industrielle, et de transformer les conseils de la compétitivité en conseils de la politique industrielle, tout en décentralisant le processus de planification des PNR aux niveaux régional et local et en le démocratisant en faisant participer les partenaires sociaux et les acteurs de la société civile. En outre, alors que les gouvernements devraient soumettre leurs plans à l'approbation de leurs parlements nationaux, l'UE devrait impliquer davantage le Parlement européen aux différents stades du semestre européen, tout en l'associant davantage aux dialogues sociaux dans le cadre du socle européen des droits sociaux.

COMMERCE INTERNATIONAL ET POLITIQUE DE CONCURRENCE

La question de savoir comment gérer la mondialisation à l'avenir revêt également une grande importance. Il est devenu évident pour tout le monde que, si les chaînes de valeur mondiales doivent se poursuivre, les chaînes d'approvisionnement européennes et nationales doivent être recréées et relocalisées grâce à la relocalisation d'une partie des capacités de fabrication en Europe. L'UE doit penser globalement à la promotion des champions européens, et elle doit penser localement à la protection des industries naissantes lorsqu'elles ne mettent pas en danger le marché unique. En outre, si l'UE maintient les règles du marché unique en matière de concurrence qui exigent des conditions de concurrence équitables, elle devrait revoir à la hausse les règles relatives aux aides d'État, afin de permettre aux États membres d'investir beaucoup plus massivement dans les industries nationales dans les domaines critiques. Enfin, et cela devrait aller de soi, l'UE devrait régler une fois pour toutes les questions de justice fiscale. Elle devrait abolir les paradis fiscaux et les pratiques fiscales faussant la concurrence au sein de l'UE, et veiller à ce que les États membres perçoivent les impôts qui leur sont dus par les entreprises (et, par la même occasion, par leurs citoyens).

POLITIQUE SOCIALE ET DU TRAVAIL

Et, pour conclure, l'UE doit revitaliser son approche de la politique sociale et du travail. À tout le moins, l'UE doit passer de la flexibilité du marché du travail à une plus grande sécurité du marché du travail, notamment en veillant à ce que les travailleurs à temps partiel, les travailleurs temporaires et les travailleurs de l'économie de plateforme bénéficient des mêmes droits et protections sociales que les travailleurs à temps plein. Elle devrait également faciliter la syndicalisation afin d'assurer une pression à la hausse sur les salaires par le biais de la négociation ; elle devrait créer des régimes européens communs d'indemnisation du chômage ; et elle devrait fixer un salaire minimum (ou équivalent) afin d'éviter la concurrence déloyale et le nivellement par le bas des salaires. Enfin, pourquoi ne pas offrir des prestations universelles, comme un revenu annuel minimum garanti (de base), financé par le dividende numérique ? (C'est-à-dire en faisant payer aux plateformes numériques la licence de nos données).

CONCLUSION

En résumé, il existe de nombreuses idées sur la manière d'améliorer le cadre européen de gouvernance économique. Le moment est venu de les mettre en œuvre pour établir une mondialisation mieux gérée, avec un « État » plus proactif et démocratisé au niveau européen.

Un système capable de répondre aux besoins et aux demandes des citoyens, d'assurer leur bien-être économique et leurs droits sociaux tout en renforçant leur participation politique. Ce n'est que de cette manière que nous pouvons espérer contrer les sirènes du populisme national.

RÉFÉRENCES

Schmidt, V. A. 2020. *Europe's Crisis of Legitimacy: Governing by Rules and Ruling by Numbers in the Eurozone.* Oxford University Press.

Avgouleas, E., et Micossi, S. 2020. On selling sovereigns held by the ECB to the ESM: institutional and economic policy implications. *CEPS Policy Insight*, PI2021-04, mars.

Longergan, E., et Blyth, M. 2018. *Angrynomics.* Newcastle: Agenda.

Blanchard, O., Leandro, A., et Zettelmeyer, J. 2021. Redesigning EU fiscal rules: from rules to standards. Working Paper WP 21-1, February, Peterson Institute for International Economics.

Un dosage des politiques économiques européennes pour soutenir le projet européen à long terme

Par Michael Landesmann

Jusqu'à présent, au moins, les politiques monétaire et budgétaire ont mieux fonctionné ensemble, et de manière plus opportune, pendant la crise du Covid-19 que pendant la crise financière, mais il est encore tôt (à l'heure où nous écrivons ces lignes, cela ne fait qu'un an que le choc de la Covid-19 a eu lieu). Le véritable test de la volonté de s'attaquer aux importantes déficiences du dispositif de politique macroéconomique qui existent au niveau de l'UE/de la zone euro reste encore à venir.

D'un point de vue intellectuel, il y a maintenant une prise de conscience générale, suite à l'expérience de la crise financière, qu'il doit y avoir des changements/réformes majeurs dans la façon dont la politique macroéconomique est menée au niveau de l'UE/de la zone euro. Cette prise de conscience existe depuis longtemps parmi les universitaires et les économistes, mais au cours de la dernière décennie, elle s'est étendue au grand public et a influencé l'opinion d'un plus grand nombre de décideurs politiques. Cette évolution intellectuelle s'est encore renforcée pendant la crise actuelle.

Il y a également eu un changement en ce qui concerne la nécessité d'une politique industrielle et, dans une certaine mesure, également en ce qui concerne le développement d'un pilier renforcé de la politique sociale au niveau de l'UE : en témoigne, par exemple, l'accueil généralement chaleureux que le programme SURE a reçu.

SUR QUOI DEVRIONS-NOUS NOUS CONCENTRER ?

Dans ce chapitre, j'ai l'intention de relater certains des principaux thèmes d'un prochain rapport de la FEPS (« Compléter la stratégie

européenne de relance : politique fiscale, monétaire et industrielle »
[FEPS-IEV]) sur lequel un groupe interne a travaillé.

L'idée de base qui a guidé les auteurs du rapport était l'importance de
faire face aux principales « forces centrifuges » présentes au sein de l'UE/
eurozone, au niveau international et également au sein des pays membres. Comment faire pour que les réformes du cadre politique de l'UE/
de la zone euro réussissent mieux à contrer ces « forces centrifuges » ?

Tout d'abord, quelles étaient/sont ces forces centrifuges ? Le
graphique 1 présente un « constat stylisé » assez connu concernant
l'impact de la crise financière de 2008/2009 : l'élargissement assez
spectaculaire de l'écart de revenu entre le « sud de la zone euro » et
le « nord de la zone euro ». La plupart des réflexions concernant la
réforme du cadre politique de l'UE/de la zone euro visent à éviter une
répétition de cette expérience à la suite de la crise du Covid-19 et à
s'attaquer aux problèmes structurels à plus long terme de l'économie
européenne. C'est ce qui crée un tel élargissement des expériences
économiques, avec tous leurs impacts sociaux et politiques néfastes.

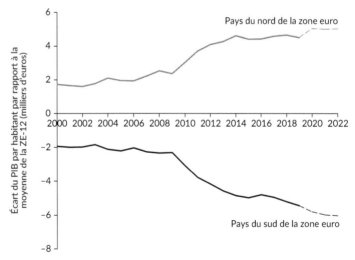

Schéma 1. PIB par habitant pondéré par la population pour les pays du nord et
du sud de la zone euro (différence par rapport à la moyenne de la ZE-12).
(Sources de données : AMECO. Calculs personnels. Nord ZE : Belgique, Allemagne, Pays-Bas, Finlande, Autriche. Sud ZE : Grèce, Espagne, Italie, Portugal.)

LE CADRE DE LA POLITIQUE
MACROÉCONOMIQUE

Je ne m'étendrai pas ci-dessous sur les réformes possibles du cadre de la politique monétaire de la zone euro : premièrement, parce que je ne suis pas un expert en la matière, deuxièmement, parce qu'il s'agit d'un domaine dans lequel l'expertise de la Banque centrale européenne (BCE), et les antécédents de l'institution en termes de développement de son arsenal d'instruments et de l'étendue et du moment de leur utilisation, se sont plutôt bien développés. Cependant, j'aimerais souligner une contribution importante de Willem Buiter : il considère l'Eurosystème comme un système de caisse d'émission de facto avec dix-neuf centres de profit différents. Les principales questions qu'il aborde sont les dangers de l'exposition différentielle au risque au niveau des banques centrales nationales et les risques de défaut souverain au sein de l'Eurosystème. C'est ce qui explique à la fois la vulnérabilité du dispositif de l'UEM et sa mise à l'épreuve périodique par les marchés financiers, qui peut constituer (et a parfois constitué) une menace existentielle. Ses propositions de réforme visent toutes à réduire les risques pour l'Eurosystème dans son ensemble et pour les différentes entités nationales qui le composent. Dans ce rapport, son analyse correspond bien à la nôtre.

Permettez-moi de passer à la politique fiscale.

Le cadre budgétaire en place, qui repose sur des règles budgétaires spécifiques, s'est révélé avoir un fort penchant en faveur de l'austérité au cours de la crise financière et de ses suites (et l'aurait été à nouveau pendant la crise de Covid-19 si les règles n'avaient pas été suspendues). Les règles ont été conçues en tenant compte d'une vision asymétrique des « externalités » : une grande importance a été accordée à l'« aléa moral » selon lequel les pays abuseraient de leur marge de manœuvre budgétaire, faisant ainsi peser une charge sur l'ensemble du système européen (par le canal des taux d'intérêt et par le recours de facto à un renflouement), tandis qu'une faible importance a été accordée à l'autre « externalité », à savoir que dans le cas d'économies fortement interdépendantes (avec de forts multiplicateurs entre les pays), l'expansion budgétaire des pays individuels serait sous-optimale. C'est ce qui a engendré l'argument en faveur d'une coordination beaucoup plus forte des politiques budgétaires et de programmes de dépenses communs au niveau de l'UE.

Nous saluons bien sûr les initiatives qui ont été prises pendant la crise de Covid-19 : les nouveaux instruments fiscaux qui ont été mis en place au niveau européen, dont le plus important est la Facilité pour la reprise et la résilience, mais aussi diverses autres nouvelles initiatives telles que le mécanisme de financement de l'aide au développement.

Le programme SURE, le soutien aux PME, ainsi que l'augmentation du financement des investissements parrainés par la BEI. Toutes ces mesures (et, bien sûr, l'intervention plutôt décisive de la BCE) ont eu un impact important sur le principal problème susceptible de provoquer un impact potentiellement très différencié de la crise, à savoir l'inégalité de la « marge de manœuvre budgétaire » dont disposent les différents pays membres.

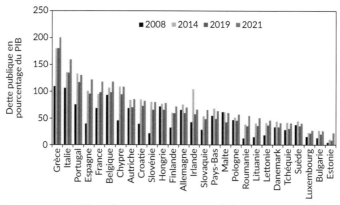

Schéma 2. Dette publique (en pourcentage du PIB). (Source : AMECO [automne 2020]. Le ratio dette publique/PIB pour 2021 est une prévision.)

En principe, la « marge de manœuvre budgétaire » de la zone euro dans son ensemble n'est pas différente de celle dont disposent les États-Unis : la zone euro est une entité économique très vaste, dotée d'une autorité monétaire de confiance, et il est peu probable, si elle émettait collectivement beaucoup plus de dette, que cela suscite des réactions négatives majeures de la part des marchés financiers. La question de l'inégalité de la « marge de manœuvre budgétaire » se pose parce que la BCE ne peut être considérée comme un « prêteur en dernier ressort » pour les différents États membres (en fait, sa constitution lui interdit de l'être), et les autorités budgétaires de ces États membres sont donc soumises à des pressions différentes. Les niveaux d'endettement inégaux (voir graphique 2) et les paramètres de base qui déterminent la viabilité de la dette à long terme (c'est-à-dire la croissance tendancielle prospective du revenu national et les taux d'intérêt auxquels les pays peuvent emprunter pour couvrir les déficits budgétaires) sont des facteurs déterminants pour savoir si un pays peut engager des dépenses budgétaires suffisantes en période de crise et donc soutenir une reprise durable. D'où, en l'absence de dispositions coordonnées en matière de politique budgétaire et de soutien collectif, les différents États membres se trouveraient dans des positions très inégales pour ce qui est de la mise en œuvre de programmes de politique budgétaire susceptibles de contrer de manière adéquate l'impact de la crise. Cette inégalité engendrerait alors un certain nombre de processus de rétroaction en spirale dans certains des pays membres (effets multiplicateurs budgétaires négatifs affectant les revenus, impacts néfastes sur les bilans des banques et les conditions de crédit et, à leur tour, sur les finances publiques, contraction des investissements privés et publics, etc.) qui conduiraient à des disparités croissantes en matière de croissance, d'emploi et de conditions sociales, toutes choses que nous avons observées après la crise financière.

La question de l'octroi d'une « marge de manœuvre budgétaire » suffisante et plus équilibrée a donc été la principale question abordée par les initiatives au niveau de l'UE et de la zone euro. Les mesures énergiques prises par la BCE étaient, bien entendu, essentielles pour maintenir l'espace budgétaire ouvert à tous les pays membres et éviter une spirale potentiellement désastreuse de risque souverain inégal et de coûts croissants des mesures de politique budgétaire dans les différents États membres. Cependant, il fallait en faire plus.

En ce qui concerne les « règles fiscales », il était correct de les suspendre pendant la crise. La grande question est maintenant de savoir quand, et sous quelle forme, les règles budgétaires seront réimposées. Il est manifestement clair qu'elles ne peuvent pas être réimposées sous leur forme actuelle : les fortes augmentations des niveaux d'endettement pendant la crise actuelle rendent tout à fait irréaliste un retour aux règles existantes. En outre, les scénarios actuels et futurs probables concernant la relation entre les taux d'intérêt prospectifs et les taux de croissance prospectifs à long terme ont changé. Olivier Blanchard, Alvaro Leandro et Jeromin Zettelmeyer (2020) ont discuté de ce changement dans les scénarios futurs et ils affirment que nous devrions nous éloigner complètement des règles budgétaires et adopter plutôt des « normes budgétaires ». Cette proposition est plus radicale que la nôtre, mais elle mérite d'être examinée sérieusement.

Cependant, nous nous limitons ici à proposer des réformes de grande envergure des règles budgétaires, principalement parce que nous pensons que les propositions de Blanchard, Leandro et Zettelmeyer ont moins de chance d'être réalisées assez rapidement sur le plan politique et qu'il est essentiel que les réformes du cadre budgétaire existant soient mises en œuvre rapidement au cours de la reprise après la crise de Covid-19.

Ainsi, tout d'abord, à l'instar d'autres économistes, nous sommes favorables à une « règle de dépenses » plutôt qu'à la règle actuelle du « déficit budgétaire ». Il est bien connu qu'une règle de dépense est moins susceptible d'avoir des effets pro-cycliques. Deuxièmement, notre proposition s'accompagne d'un ajout important : elle devrait être combinée à une interprétation élargie de la « règle d'or ».

Dans le cadre de la règle d'or de l'investissement public, l'investissement net en capital fixe (et humain) des administrations publiques ne serait plus inclus dans les mesures de déficit pertinentes pour le calcul du solde budgétaire « structurel », ce qui offrirait un espace supplémentaire pour l'investissement public. Elle permettrait non seulement d'assouplir les contraintes imposées par les règles budgétaires, mais aussi d'encourager les pays disposant d'une marge de manœuvre budgétaire à mener des politiques plus expansionnistes lorsque cela est approprié pour assurer une expansion économique plus équilibrée dans l'ensemble de la zone euro.

Dans notre proposition, nous étendons la règle d'or afin que la notion « d'investissement » inclue les dépenses d'éducation et de formation. Ceci sera particulièrement important pendant les phases de reprise et de post-reprise de la crise actuelle, car les tendances technologiques à long terme (numérisation), les changements associés dans l'organisation du travail et les changements de politique structurelle (le *Green Deal*) façonneront et remodèleront la demande de main-d'œuvre.

À cela s'ajoutent les effets hystériques de la crise actuelle : la baisse des taux de participation des jeunes et des femmes, la compensation de l'érosion des compétences et des pertes d'éducation et de formation pendant la pandémie, qui ont eu des impacts différentiels sur différents groupes sociaux (personnes ayant des antécédents familiaux différents, minorités, migrants et réfugiés récents dont le processus d'intégration a été sérieusement interrompu, etc.)

L'application de la règle d'or sera également importante pour une autre raison : il y avait déjà une déficience généralisée de l'investissement au cours d'une succession de cycles économiques sur plusieurs décennies. Cette situation doit être combattue au niveau national, mais aussi au niveau de l'UE, par un programme d'investissement soutenu dans des biens publics véritablement européens. Les domaines évidents pour un tel programme sont la santé publique (en prenant note des leçons de la pandémie) et les infrastructures de transport et d'énergie (voir l'article complémentaire de Creel *et al.* [2020], qui expose les détails d'un tel programme). Ces programmes d'investissement pourraient être financés de la même manière que *Next Generation EU*, la Commission levant des fonds au nom de l'UE, le service de la dette étant assuré par des paiements provenant du budget de l'UE, idéalement sous la forme de nouvelles ressources propres de l'UE.

Nous soulignons également la nécessité d'étendre les mesures du socle social telles que le programme SURE, mais en l'étendant à des programmes conjoints sur le chômage et la formation des jeunes, ainsi qu'à des programmes conjoints de réassurance du chômage qui sont préconisés depuis longtemps. Ils peuvent jouer le rôle d'importants stabilisateurs budgétaires automatiques à l'échelle européenne, ce qui permettrait de lever les contraintes budgétaires en période de crise et contribuerait à renforcer la légitimité sociale du cadre politique de l'UE.

RÉFÉRENCES

Blanchard, O., Leandro, A., et Zettelmeyer, J. 2020. Redesigning the EU fiscal rules: from rules to standards. 72e réunion du panel de politique économique, Bundesministerium der Finanzen.

Buiter, W. 2020. *Central Banks as Fiscal Actors: The Drivers of Monetary and Fiscal Policy Space.* Cambridge University Press.

Creel, J., Holzner, M., Saraceno, F., Watt, A., et Wittwer, J. 2020. How to spend it: a proposal for a European Covid-19 recovery programme. Policy Notes and Reports 38, IMK (Macroeconomic Policy Institute). Gräbner, C., Heimberger, P., Kapeller, J., Landesmann, M., et Schütz, B. 2021. The evolution of debtor—creditor relationships within a monetary union: trade imbalances, excess reserves and economic policy. IFSO

Document de travail 10/2021, Université Johannes Kepler/wiiw.

Landesmann, M. 2020. Covid-19 crisis: centrifugal vs. centripetal forces in the European Union—a political economic analysis. *Journal of Industrial and Business Economics* 47 (3), 439–453.

Landesmann, M., et Székely, I. P. (eds). 2021. *Does EU Membership Facilitate Convergence? The Experience of the EU's Eastern Enlargement* (deux volumes). Palgrave Macmillan.

La prochaine génération des finances publiques de l'UE

Par David Rinaldi

La moyenne des dépenses publiques au sein de l'UE est plus ou moins conforme à celle des États-Unis, soit environ 45 % du PIB. Les États membres d'Europe centrale et orientale ont des dépenses inférieures à la moyenne de l'UE, tandis que les États membres nordiques et les autres États membres occidentaux dépensent plus que les États-Unis. Ce qui change radicalement d'un côté de l'Atlantique à l'autre, c'est, bien sûr, la manière dont ces dépenses publiques sont effectuées et le niveau auquel le gouvernement s'implique. Aux États-Unis, environ la moitié des dépenses publiques totales est couverte par le niveau fédéral, les niveaux étatiques et locaux étant responsables de l'autre moitié. En Europe, les dépenses au niveau de l'Union représentent un peu plus de 1 % du PIB de l'UE, soit 2 % du total des dépenses publiques européennes. C'est cette disparité, 2 % des dépenses publiques européennes contre 50 % des dépenses publiques américaines, qui marque la différence entre une puissance mondiale fédérale véritablement unie et le processus européen en cours.

Il ne fait guère de doute que si l'Europe veut avancer, gagner en pertinence et être le moteur de la transformation dans quelque domaine que ce soit, qu'il s'agisse de l'autonomie stratégique, de la transition verte, de la révolution numérique, de la politique de santé, de sécurité et industrielle, etc., il est nécessaire de repenser complètement les finances publiques européennes et de leur donner un grand coup de d'accélérateur.

Si l'on observe l'évolution du budget de l'UE depuis sa création, il est évident que nous ne parviendrons pas de sitôt à une puissance budgétaire comparable à celle du gouvernement fédéral américain. L'UE avance lentement, par paliers. D'un point de vue budgétaire, en effet, et malgré l'élargissement de l'UE, la crise financière mondiale, la crise de la zone euro, la crise migratoire et l'urgence climatique, le plafond du budget de l'Union au cours des deux dernières décennies est resté plafonné à moins de 1,3 % du RNB européen.

La stratégie consistant à «faire plus avec moins» est devenue la norme, les mélanges et les instruments financiers tentant de tirer le meilleur parti des rares investissements publics. Une autre tendance que nous avons observée est la création d'autres solutions intergouvernementales, ou temporaires, ou hors budget. Par exemple, si nous incluons certaines dépenses intergouvernementales (par exemple le Mécanisme européen de stabilité ou la Facilité pour la Turquie) et les 750 milliards d'euros de financement temporaire de l'UE de *Next Generation EU*, la part de l'UE dans les dépenses du secteur public européen augmente, mais pas massivement : nous pourrions passer d'environ 2 % des dépenses publiques européennes à environ 4 %. Il reste encore un long chemin à parcourir pour atteindre les 50 % du niveau fédéral américain, mais cela signifierait au moins un doublement du bras financier de l'UE si ces outils devenaient permanents et passaient sous le droit communautaire.

Il est intéressant de noter que le débat initial sur la création d'une Union économique et monétaire (UEM), qui a débuté à la fin des années 1960 avec le Rapport Werner (1970) était très lié à l'idée d'un grand budget communautaire avec des stabilisateurs automatiques et des transferts interrégionaux. Lorsque, au contraire, le traité de Maastricht a été adopté vingt ans plus tard, l'UEM s'était concentrée sur les questions monétaires et leur lien avec la politique fiscale, et n'avait accordé que peu ou pas d'attention aux questions budgétaires de l'UE.

Aujourd'hui, trente ans plus tard, nous continuons à discuter, à planifier et à concevoir l'avenir de notre Union, avec le risque sérieux de négliger une fois de plus l'importance de porter les finances publiques de l'UE à un niveau supérieur.

LA PROCHAINE GÉNÉRATION DE RESSOURCES PROPRES

S'il est vrai que, au moins du côté des dépenses, certains progrès ont été réalisés, le côté des recettes n'a pas exactement évolué dans

la direction que la Commission précédente avait espérée. Premièrement, l'importance des ressources propres fondées sur le RNB est
encore trop grande pour que l'on puisse attendre des États membres qu'ils abordent les négociations budgétaires sans avoir à l'esprit
cette logique d'équilibre net, logique qui est très préjudiciable à la
conception de dépenses européennes véritablement fonctionnelles.
Deuxièmement, les ressources statistiques propres de TVA n'ont pas
été réformées. Elles restent compliquées à calculer et très limitées en
termes de magnitude. Troisièmement, malgré le *Brexit*, nous n'avons
pas été en mesure de nous débarrasser des rabais, qui sont en fait
revenus à l'ordre du jour du Conseil lors des dernières négociations
sur le cadre financier pluriannuel et Next *Generation EU*. L'Autriche,
le Danemark, les Pays-Bas, la Suède et, dans une moindre mesure,
l'Allemagne ont réussi à négocier des diminutions de leurs contributions à l'UE.

L'essentiel de ce qui devrait être fait pour concevoir de nouvelles
ressources propres peut être tiré des recherches menées par un groupe
de travail dirigé par la Commission du Groupe de Haut Niveau sur
les Ressources Propres présidé par Mario Monti en 2014-16, qui a
conclu que : (a) la réforme des ressources propres devrait avoir un
impact sur la composition des ressources, et pas nécessairement sur
le volume du budget de l'UE ; (b) avec des synergies plus importantes
entre les ressources de l'UE et les ressources nationales, l'augmentation des ressources de l'UE peut se faire sans augmenter la charge
fiscale sur les citoyens ; et (c) la conception de nouvelles ressources
propres devrait « *soutenir les politiques de l'UE dans les domaines clés
de la compétence de l'UE : renforcement du marché unique, protection
de l'environnement et action climatique, union énergétique, et réduction de l'hétérogénéité fiscale dans le marché unique* ». En outre, bien
sûr, (d) les rabais devraient être supprimés et (e) la part des ressources
propres basée sur le RNB devrait être réduite, pour abandonner
l'approche du solde net, mais nous savons déjà que les compromis
politiques nous ont entraînés dans d'autres directions.

Ce qu'il y avait de nouveau dans les conclusions du Conseil de
juillet 2020, conformément au point (c), était l'ouverture d'un processus politique pour relancer de nouvelles potentielles ressources
propres.

Nouvelles ressources propres basées sur les déchets plastiques non recyclés

Il s'agit d'une nouvelle ressource propre de l'Union introduite en janvier 2021. Généralement appelée «taxe européenne sur les plastiques», il s'agit en fait d'une contribution nationale des États membres au budget de l'UE, basée sur le poids des déchets d'emballages plastiques non recyclés qu'ils produisent (0,80 € par kilogramme), avec des plafonds et des remises, bien entendu. Cette mesure est utile pour inciter les États membres à présenter des plans d'action concrets pour réduire les déchets plastiques, mais du point de vue des finances publiques, elle ne change pas la donne. Premièrement, elle peut ne pas produire de ressources fiscales supplémentaires à moins que les États membres n'introduisent des taxes nationales sur le plastique. En fait, il s'agit simplement d'un transfert de ressources des caisses nationales vers les caisses européennes. Deuxièmement, la contribution aux ressources propres de l'UE qui en résulte est faible et temporaire. Les estimations optimistes de la Commission font état d'une collecte d'environ 7 milliards d'euros par an, soit 4 % des ressources propres. Les contributions nationales sont censées rester stables pendant environ cinq ans, puis diminuer à mesure que les déchets plastiques seront réduits.

Un mécanisme d'ajustement carbone aux frontières (MACF) et une réforme du système d'échange de quotas d'émission (SEQE)

Comme pour les contributions nationales sur les plastiques, l'objectif de ces mesures est principalement environnemental et lié à la mise en œuvre du *Green Deal* de l'UE. Néanmoins, dans ce cas, l'impact sur les ressources propres de l'UE pourrait être important. Le potentiel de revenus d'un MACF (Krenek, Sommer et Schratzenstaller 2019) va de 27 à 84 milliards d'euros par an et ne devrait pas disparaître aussi rapidement que la contribution des déchets plastiques. En outre, une réforme du SEQE intégrant les secteurs de l'aviation et de la marine pourrait générer des recettes supplémentaires de 3 à 10 milliards d'euros par an en Europe. Plusieurs intérêts sont en jeu : des considérations géopolitiques pour le MACF et le secteur stratégique et positif de l'aviation, qui a été assez durement touché par la pandémie de Covid-19.

Une redevance numérique liée au marché unique

La proposition de la Commission de 2018 concernant une taxe sur les services numériques a été une occasion manquée. Premièrement, les dirigeants de l'UE n'ont pas réussi à trouver un accord rapide, et plusieurs États membres ont maintenant introduit, ou sont sur le point d'introduire, leurs propres versions nationales d'une taxe numérique, ce qui rend plus difficile l'établissement d'une taxe véritablement européenne qui transfère les recettes des budgets nationaux vers le budget de l'UE dans un avenir proche. Deuxièmement, lorsque cette nouvelle taxe a été proposée, elle n'a même pas été conçue comme une ressource propre potentielle. Le Chapitre 4 de la proposition de Directive du Conseil concernant le système commun de taxe sur les services numériques, faite en 2018 déclare que : « *La proposition n'aura aucune incidence sur le budget de l'UE.* » Une nouvelle consultation est en cours et une proposition révisée sera bientôt lancée, mais à ce stade, cette option ressemble à une sorte de plan B au cas où les négociations du G20 sur la proposition de l'OCDE relative à un taux effectif d'imposition des sociétés minimum n'aboutiraient pas.

Une taxe sur les transactions financières (TTF)

Discutée pour la première fois en 2011 au lendemain de la crise financière mondiale pour faire payer au secteur financier sa juste part, la TTF n'a pas encore vu le jour. Il était initialement estimé qu'elle générerait 57 milliards d'euros par an si elle était appliquée à toutes les transactions dans tous les pays de l'UE. Le champ d'application et le nombre de pays ont toutefois tellement diminué depuis lors que les recettes attendues sont désormais fixées à 3,45 milliards d'euros par an.

Les sociaux-démocrates ont réussi à remettre cette question à l'ordre du jour politique de l'Union, et la proposition du ministre des Finances allemand Olaf Scholz a désormais une chance d'aboutir.

Malheureusement, même dans ce cas, l'instauration d'une nouvelle taxe, même au niveau européen, n'implique pas nécessairement une nouvelle source d'argent pour le budget de l'UE. Les progressistes européens doivent faire en sorte que deux miracles se produisent : premièrement, que la TTF soit introduite et deuxièmement, qu'elle soit prélevée au niveau européen.

QUELQUES IDÉES POUR INFLUENCER LE DÉBAT

Dans le cadre d'un processus de consultation ouvert auquel les citoyens sont également associés, il est intéressant d'essayer de tester certaines idées politiques innovantes et/ou radicales qui n'ont pas encore fait leur chemin dans l'agenda politique. Même si, au départ, elles peuvent sembler politiquement irréalisables, elles ont une chance de susciter le débat et d'ouvrir des espaces de consensus sur des prémisses plus progressistes.

Un impôt européen sur la fortune nette

Pour faire face à la fois à la crise du Covid-19 et aux urgences climatiques, il faut un volume sans précédent de ressources publiques. La capacité des ménages les plus riches à contribuer est beaucoup plus élevée qu'on ne le pensait auparavant. Les données montrent que le 1 % d'Européens les plus riches détiennent 32 % de la richesse nette totale de l'Europe, tandis que la moitié la plus pauvre de tous les ménages n'en détient qu'environ 4,5 % (Kapeller, Leitch et Wildauer 2021). S'attaquer à ces inégalités croissantes tout en finançant des transitions et des transformations qui profiteront à tous pourrait apporter un double dividende. Les meilleurs fiscalistes - Piketty (2020), Saez et Zucman *in primis* (Landais, Saez et Zucman 2020) - ont été plutôt virulents à ce sujet. Une récente étude de la FEPS, qui examine le potentiel de recettes d'un impôt européen sur la fortune nette, confirme que même en se concentrant sur les 1 % des ménages les plus riches d'Europe, on pourrait obtenir un montant considérable de recettes fiscales, même en tenant compte de l'évasion fiscale (Kapeller, Leitch et Wildauer 2021). Le potentiel de recettes d'un impôt européen sur la fortune nette se situe entre 1,6 % et 3,0 % du PIB par an. Un modèle d'imposition hautement progressif, tel que le modèle de plafonnement de la richesse proposé par Piketty, aurait un potentiel de recettes pouvant atteindre 10 % du PIB.

La combinaison de choix conceptuels judicieux, de seuils élevés et de l'absence d'exemptions, ainsi que d'un faible investissement en infrastructure de la part des autorités fiscales de l'UE, rendrait possible la mise en place d'un impôt européen sur la fortune nette.

Une retenue fiscale commune à la frontière de l'UE

Après de longs débats sur l'assiette commune consolidée de l'impôt sur les sociétés depuis la première proposition de la Commission en 2011, les pays européens doivent encore trouver un consensus sur ce que devrait être l'assiette de l'impôt sur les sociétés. Et comme le débat sur l'impôt sur les sociétés s'est déplacé vers le niveau du G20 avec la récente proposition de l'OCDE, il est possible de concevoir d'autres impôts sur les sociétés qui soient spécifiques à l'UE et à son marché intérieur. La FEPS a présenté une proposition d'un impôt commun retenu à la source sur les flux sortants de dividendes, d'intérêts et de redevances à la frontière commune de l'UE pour les paiements intra-entreprise (Lejour et van't Riet 2020). Il s'agirait d'un impôt direct sur les bénéfices des ressortissants de plusieurs pays qui sont transférés en dehors de l'UE. Elle ne s'appliquerait pas aux transactions entre États membres. Une telle mesure permettrait de freiner à la fois l'évasion et la concurrence fiscales et, en fixant un plancher commun à l'imposition des revenus passifs, elle resterait conforme aux discussions de l'OCDE/G20 sur l'imposition minimale. Comme c'est le cas pour les recettes fiscales sur les tarifs d'importation aux frontières douanières, cette nouvelle taxe serait prélevée à la frontière de l'UE et constitue donc un candidat naturel pour une ressource propre véritablement européenne.

Un fonds européen pour la mobilité équitable

La dévaluation interne et la mobilité intra-UE sont les ajustements automatiques disponibles au sein de la zone euro en cas de chocs.

En effet, la mobilité est faible au sein de l'UE, et elle devrait être renforcée, mais tous les flux de mobilité, surtout s'ils se prolongent dans le temps, ne sont pas un bon signal pour le projet européen. Les sorties constantes créent une fuite des jeunes et des cerveaux, ce qui donne lieu à de dangereux cercles vicieux : les pays en crise perdent du capital humain et des recettes fiscales, tandis que les pays mieux lotis bénéficient d'une main-d'œuvre qualifiée, de l'imposition des revenus et d'une stimulation de leur demande interne grâce aux entrées. Du point de vue des finances publiques, le problème est que les pays d'origine ont consenti d'importants investissements publics dans l'éducation des travailleurs qu'ils perdent, de la petite enfance à l'enseignement supérieur. Si l'on exclut les petits envois de fonds, les pays de destination bénéficient du rendement de cet investissement. La viabilité des finances publiques des pays d'origine est menacée par la diminution des contributions au système de retraite et des recettes de l'impôt sur le revenu et, contraints par les règles relatives à la dette/PIB et au déficit/PIB, ces pays disposent de peu de ressources pour débloquer les investissements nécessaires à la correction des déséquilibres économiques et à la création d'activités économiques susceptibles d'empêcher une mobilité «économique» supplémentaire.

À l'avenir, notre Union devra être dotée d'un fonds auquel les États membres contribueront en fonction du nombre d'arrivées de résidents en provenance d'autres pays européens et dont ils recevront des fonds en fonction du nombre de départs au cours d'une année donnée. En bref, les ressources du budget de l'UE générées par les contributions des pays qui bénéficient le plus de la mobilité intra-UE devraient être utilisées pour cibler les investissements et la politique industrielle dans des domaines qui, sans l'intervention de l'UE, risqueraient de connaître de graves divergences et un appauvrissement.

Bye bye l'unanimité

La mesure la plus radicale, cependant, n'est pas une nouvelle politique ou une nouvelle taxe potentielle générant des ressources propres à l'UE. La proposition la plus radicale pour l'avenir de l'Europe en ce qui concerne la prochaine génération de finances publics est une question de procédure et hautement politique : passer de l'unanimité à la majorité qualifiée pour les questions fiscales. Ce serait *le* grand pas vers l'intégration européenne, et cela pourrait débloquer plusieurs développements potentiels.

En plus de la clause passerelle générale que la Commission envisage d'utiliser et en plus de la coopération renforcée qui a déjà été autorisée pour la TTF, le Traité sur le Fonctionnement de l'Union européenne (TFUE) offre deux options pour contourner l'unanimité. Le vote à la majorité qualifiée peut être la solution dans certaines circonstances : (i) pour les mesures de nature fiscale dans le domaine de l'environnement (article 192) ; et (ii) pour éliminer les distorsions au fonctionnement du marché unique (article 116). La première est susceptible d'être employée pour les taxes durables mentionnées plus haut dans ce chapitre. La dernière, jamais utilisée jusqu'à présent, attend toujours que la politique se rende compte de ce qui est évident : que de nombreuses pratiques fiscales différentes dans les vingt-sept juridictions fiscales européennes faussent la concurrence au sein de l'UE et empêchent le bon fonctionnement du marché unique européen.

RÉFÉRENCES

Hemerijck, A., Francesco, C., Rinaldi, D., et Huguenot-Noel, R 2020. L'investissement social maintenant ! Faire progresser l'UE sociale grâce au budget de l'UE. Étude politique de la FEPS, 31 janvier.

Kapeller, L., et Wildauer, A. 2021. European wealth tax for a fair and green recovery. Policy Study, mars, FEPS/Renner Institute.

Kotanidis, S. 2020. Passerelle clauses in the EU Treaties—opportunities for more flexible supranational decision-making. Étude du Parlement européen, décembre.

Krenek, A., Sommer, M., et Schratzenstaller, M. 2019. Sustainability-oriented future EU funding: a European border carbon adjustment. Document de travail 587, août, WIFO.

Landais, S., et Zucman, A. 2020 A progressive European wealth tax to fund the European covid response. *voxeu.org*, 3 avril.

Lejour, A., et van't Riet, M. 2020. A common withholding tax on dividend, interest and royalty in the European Union. FEPS Policy Brief, septembre.

Núñez Ferrer, J., Le Cacheux, J., Benedetto, G., et Saunier, M. 2016. Study on the potential and limitations of reforming the financing of the EU budget. Rapport, Centre for European Policy Studies, juin.
Piketty, T. 2020. *Capital and Ideology*. Cambridge, MA: Harvard University Press.

Une capacité budgétaire européenne pour soutenir le projet européen sur le long terme

Par Peter Bofinger

POURQUOI AVONS-NOUS BESOIN D'UNE CAPACITÉ BUDGÉTAIRE EUROPÉENNE ?

Deux arguments principaux plaident en faveur d'une forte capacité budgétaire européenne : permettre la stabilisation budgétaire pendant les crises économiques graves et stimuler une croissance économique durable à long terme en fournissant des fonds suffisants pour les investissements publics et privés orientés vers l'avenir. Dans ce chapitre, je démontrerai que l'absence d'une capacité budgétaire suffisante place l'Europe dans une position concurrentielle très désavantageuse, notamment par rapport aux États-Unis et à la Chine.

LA STABILISATION MACROÉCONOMIQUE : APERÇU DE LA FINANCE FONCTIONNELLE (« THÉORIE MONÉTAIRE MODERNE »)

La pandémie de Covid-19 a mis en évidence les faiblesses de la structure institutionnelle de l'Europe. Selon les prévisions de l'OCDE de mars 2021, la production économique des États-Unis en 2022 sera déjà supérieure de 6 % au niveau de 2019. En revanche, le produit intérieur brut de la zone euro, ainsi que celui de l'Allemagne, ne dépasseraient le niveau d'avant la crise que de 1 % en 2022. En Espagne et en Italie, qui ont été particulièrement touchées par la pandémie, l'activité économique devrait en fait être inférieure d'environ 1,5 % en 2022 à ce qu'elle était en 2019.

Le principal facteur de la performance des États-Unis est sa politique fiscale. Selon les calculs du FMI, les mesures de soutien financier liées au Covid-19 (à la fois les dépenses supplémentaires et les recettes abandonnées) depuis janvier 2020 ont atteint 25,5 % du PIB aux États-Unis. Le chiffre équivalent pour l'Allemagne est de 11 % tandis qu'en Espagne et en Italie, il n'est que de 7,6 % et de 8,5 %, respectivement.

Au début de la pandémie, des propositions ont été faites pour créer des possibilités de financement conjoint pour la gestion de la crise. Le Conseil européen a réagi en adoptant le fonds de reconstruction de l'UE basé sur la solidarité avec la prochaine génération. Toutefois, avec seulement 3 % du PIB, le volume des subventions directes de ce fonds est modeste par rapport à ce que l'on observe aux États-Unis. En outre, les fonds n'ont pas encore été distribués et ils ne sont pas conçus comme un instrument de stabilisation.

Le moment de la théorie monétaire moderne

L'absence d'un dispositif commun de stabilisation macroéconomique à l'échelle de la zone euro ou de l'Union européenne constitue un sérieux handicap pour l'Europe par rapport aux États-Unis ou à la Chine. Cela implique que la stratégie de «finance fonctionnelle» développée par Abba Lerner (1942), qui est aujourd'hui présentée comme la «théorie monétaire moderne», ne peut être pleinement appliquée en Europe.

Lerner présente les messages clés de la finance fonctionnelle comme suit :

- *«La… responsabilité du gouvernement… est de maintenir le taux total de dépenses du pays en biens et services ni supérieur ni inférieur au taux qui, aux prix courants, permettrait d'acheter tous les biens qu'il est possible de produire. Si l'on permet à l'ensemble des dépenses de dépasser ce seuil, il y aura de l'inflation, et si l'on permet qu'elles soient inférieures à ce seuil, il y aura du chômage. »*
- *« Tout excédent par rapport aux recettes monétaires, s'il ne peut pas être comblé par les réserves monétaires, doit être comblé par l'impression de nouvelle monnaie. »*

Les stratégies macroéconomiques suivies par la plupart des grands pays pendant la pandémie de Covid-19 coïncident avec la logique de la théorie monétaire moderne. La politique budgétaire joue le rôle principal dans la politique de stabilisation. En achetant des obligations d'État, en principe sans limites, les banques centrales veillent à ce qu'il n'y ait pas de goulots d'étranglement pour le financement de la politique budgétaire.

Lors d'une audience à la Chambre des Lords du Royaume-Uni, Charles Goodhart a présenté la situation comme suit :

> « *Nous sommes dans un monde très étrange où nous utilisons réellement la monnaie hélicoptère. Nous suivons exactement les préceptes de la théorie monétaire moderne, également connue sous le nom d'arbre magique de l'argent et, en même temps, nous prétendons que nous ne le faisons pas. Nous faisons ce que nous prétendons ne pas faire. Je trouve cette situation absolument bizarre.* »

La recette du financement fonctionnel a également été utilisée en Europe, la Banque centrale européenne (BCE) ayant accepté de financer l'intégralité du déficit de la zone euro. Cependant, comme l'ont montré les mesures de stimulation limitées, notamment en Italie et en Espagne, les pays à fort endettement n'ont pas osé tester les limites de la stabilisation macroéconomique.

Le problème spécifique de l'insolvabilité des États membres de la zone euro

Cela peut s'expliquer par un problème fondamental de l'adhésion à l'UEM. Pour les grandes économies comme les États-Unis ou le Japon, le problème de l'insolvabilité de l'État est absent, puisqu'il est endetté dans sa propre monnaie. Si les investisseurs privés ne sont plus disposés à acheter des obligations d'État, la banque centrale se tient toujours prête avec des programmes d'achat d'obligations.

La situation est différente pour les États membres de l'UEM, puisque leur dette est libellée en euros. Une perte de confiance des investisseurs privés peut donc conduire à l'insolvabilité de l'État. Comme l'a montré la crise de l'euro en 2010-12, les États membres de l'UEM sont alors dépendants de la volonté des autres États membres d'organiser un programme de sauvetage assorti de conditions strictes.

Ce risque ne peut être évité qu'avec la création d'un fonds de stabilisation européen commun dont la dette n'est pas comptabilisée comme étant celle des différents États membres.

LA FINANCE ET LA CROISSANCE : UNE PERSPECTIVE SCHUMPETERIENNE

La nécessité d'une facilité budgétaire européenne va au-delà de la stabilisation macroéconomique. Les défis du changement climatique et de la numérisation exigent des investissements publics et privés massifs. Alors que le président Biden a annoncé un programme d'investissement massif représentant environ 10 % du PIB américain, les subventions qui composent *Next Generation EU* ne représentent que 3 % du PIB du bloc.

Le manque de fonds publics disponibles pour les investissements est aggravé par les règles du Pacte de stabilité et de croissance, qui ne tiennent pas compte des investissements publics. Cela va à l'encontre de la « règle d'or » selon laquelle les gouvernements sont autorisés à financer les investissements par le crédit. L'Europe souffre donc non seulement de l'absence d'un niveau fédéral, mais sa marge de manœuvre est en plus réduite par un cadre fiscal défectueux.

Le rôle de la croissance financée par le crédit est souligné dans la théorie du développement de Joseph Schumpeter. *Mutatis mutandis,* cette théorie peut également être appliquée aux gouvernements qui sont financés par leur banque centrale. La Chine est un excellent exemple d'un tel modèle de croissance fondé sur le crédit, qui peut être considéré comme une version dynamique de la théorie monétaire moderne.

LA NÉCESSITÉ D'UNE FACILITÉ BUDGÉTAIRE EUROPÉENNE RENFORCÉE

Par rapport à la Chine et aux États-Unis, l'absence en Europe d'une facilité budgétaire fédérale financée par sa banque centrale est un inconvénient évident. Elle empêche une stabilisation macroéconomique efficace et constitue un frein à la croissance. Pour que l'Europe parvienne à des conditions de concurrence équitables, une intégration poussée des politiques budgétaires serait nécessaire, mais comme cela impliquerait un transfert important des responsabilités nationales en matière de politique budgétaire au niveau européen, un tel changement de régime est peu probable pour le moment.

Réviser le Pacte de stabilité et de croissance d'une manière favorable à l'investissement

Quelles solutions intermédiaires sont envisageables? Une mesure relativement simple consisterait à réviser le Pacte de stabilité et de croissance afin de permettre le financement par l'emprunt des investissements publics, conformément à la «règle d'or». Cela permettrait de réduire la nécessité d'une facilité budgétaire commune.

Mais cela nécessiterait également une révision de la règle de réduction de la dette, selon laquelle il faut atteindre une réduction annuelle de la dette d'un vingtième de la différence entre le niveau réel de la dette et le seuil de 60 %. Pour l'Italie, dont le niveau d'endettement est d'environ 160 % du PIB, cela ne laisserait pas de place à des investissements publics importants financés par la dette.

Un «moment hamiltonien»?

Par conséquent, pour les pays dont le niveau d'endettement est élevé, les solutions de financement au niveau européen sont la solution privilégiée. À cet égard, la Facilité pour la reprise et la résilience, qui est la pièce maîtresse de *Next Generation EU*, a définitivement constitué un «moment hamiltonien», comme l'a dit Olaf Scholz, le ministre allemand des Finances. Pour la première fois de son histoire, l'UE a été autorisée à lever un montant important de dettes. À ce stade, il reste à savoir si ce changement de paradigme passera l'examen de la Cour constitutionnelle allemande, qui a été invitée à vérifier la compatibilité des fonds avec le droit communautaire. Toutefois, en cas de décision positive, les fonds pourraient créer un précédent pour d'autres initiatives conjointes visant à favoriser les transitions verte et numérique.

L'EUROPE À UN MOMENT CRITIQUE

Avec le président Biden à la barre, les États-Unis se lancent désormais dans des projets d'investissement à grande échelle. En Chine, le gouvernement a traditionnellement soutenu fortement les nouvelles technologies, directement ou indirectement par l'intermédiaire des grandes banques d'État. Dans aucun des deux pays, ces activités ne sont limitées par des règles relatives au déficit ou au niveau d'endettement autorisé. Avec son cadre institutionnel actuel, l'Europe est sérieusement désavantagée par rapport à ses principaux concurrents pour le leadership technologique et économique mondial. De plus, il sera très difficile de concevoir la transition verte d'une manière qui soit à la fois efficace et socialement acceptable.

Si la nécessité d'un pouvoir financier accru est évidente, il sera difficile de surmonter la résistance des États membres qui s'opposent au transfert de compétences supplémentaires au niveau européen. Le fonds *Next Generation EU* constitue donc un test important du potentiel de renforcement des compétences budgétaires. Si cela échoue, l'Europe n'aura pas un avenir radieux. Le seul espoir serait alors que les États membres modifient le traité et fassent preuve de courage afin de parvenir à une plus grande intégration fiscale.

RÉFÉRENCE

Lerner, A. P. 1941. Functional finance and the federal debt. *Social Research* 10 (1), 38–51.

Que pouvons-nous apprendre des expériences fédérales dans le monde ?

Par Tanja Boerzel

L'UE — UN SYSTÈME FÉDÉRAL *SUI GENERIS*

La relation entre le fédéralisme et l'intégration européenne a longtemps été tendue. Pour beaucoup, le fédéralisme et la fédération sont des mots en « F », synonymes de centralisation et de création d'un super État européen. Au début de l'intégration européenne, le fédéralisme était en effet une vision politique ou un programme pour la constitution d'une fédération européenne souveraine. Mais en tant que théorie des sciences sociales, le fédéralisme fournit un langage constitutionnel pour analyser et discuter de la division et du partage de la souveraineté dans un système de gouvernance à plusieurs niveaux.

Sans suggérer que l'UE est, ou devrait devenir, un État fédéral, elle partage la plupart des caractéristiques qui définissent une fédération selon la littérature. L'UE a un système de gouvernance avec deux ordres de gouvernement, chacun existant de plein droit et exerçant une influence directe sur le peuple. En même temps, il n'est pas facile de déterminer la nature particulière du système fédéral de l'UE. Dans certains domaines, l'UE ressemble beaucoup moins à une confédération (sécurité, défense), tandis que dans d'autres, elle est un État quasi fédéral (politique monétaire). L'UE étant un système fédéral *sui generis*, que pouvons-nous apprendre des expériences fédérales dans le monde ? Je soutiens que ce sont précisément les différences entre l'UE et les autres systèmes fédéraux qui révèlent le principal défi, si ce n'est la déficience absolue, de la gouvernance économique de l'UE.

LA GOUVERNANCE ÉCONOMIQUE EUROPÉENNE : UN OXYMORE FÉDÉRAL

L'UE ressemble aujourd'hui à un système fédéral et, dans de nombreux domaines, elle fonctionne également comme un système fédéral. En même temps, il ne s'agit pas d'un État fédéral et il est peu probable qu'elle le devienne de sitôt. Premièrement, l'UE ne dispose pas du pouvoir coercitif nécessaire pour faire appliquer ses lois. L'efficacité du droit communautaire dépend en fin de compte de la volonté des États membres de s'y conformer et d'inciter les autres à le faire. Deuxièmement, les États membres restent les « maîtres » des traités, c'est-à-dire qu'ils ont le pouvoir exclusif de modifier ou de changer les traités constitutifs de l'UE. Troisièmement, l'UE n'a aucun pouvoir de dépense ou d'imposition.

L'UE peut compter sur les autorités chargées de faire appliquer la loi dans ses États membres pour garantir le respect du droit communautaire. Modifier les traités de l'UE est aussi fastidieux que de changer les constitutions nationales, en particulier dans les États fédéraux. La principale différence entre l'UE et tout autre État fédéral réside dans son système fiscal, c'est-à-dire dans la répartition des dépenses et du pouvoir d'imposition entre l'UE et ses États membres.

En principe, on peut distinguer deux modèles fédéraux. Le premier est le fédéralisme coopératif ou intra-étatique, dont l'Allemagne est presque un prototype. Ce système est basé sur une division fonctionnelle du travail entre les différents niveaux de gouvernement. Si le gouvernement fédéral élabore les lois, les États sont chargés de les mettre en œuvre. La grande majorité des compétences sont concurrentes ou partagées. Le partage des responsabilités en matière de dépenses s'accompagne d'un partage des recettes fiscales dans le cadre d'un système fiscal commun. Le gouvernement fédéral et les États se partagent les taxes les plus importantes. La répartition des recettes fiscales communes permet d'effectuer des paiements de péréquation fiscale horizontale et verticale afin de réduire les inégalités entre les États en ce qui concerne leur capacité à générer des revenus.

Le deuxième modèle est le fédéralisme dual ou interétatique. Ce modèle, auquel les États-Unis correspondent le plus, met l'accent sur l'autonomie institutionnelle des différents niveaux de gouvernement, en visant une séparation verticale claire des pouvoirs (contrôle et équilibres). Chaque niveau doit avoir une sphère de responsabilités autonome. Les concours sont attribués en fonction des secteurs politiques plutôt que des fonctions politiques. L'autonomie institutionnelle de chaque niveau de gouvernement présuppose un système fiscal qui accorde aux États des ressources suffisantes pour exercer leurs compétences sans l'intervention financière du gouvernement fédéral. Il devrait être garanti que les États puissent prélever leurs propres impôts afin de disposer d'une source de revenus indépendante pour assumer leurs responsabilités en matière de dépenses. Les subventions fédérales permettent une certaine péréquation financière.

Le système fédéral européen ressemble davantage au modèle coopératif allemand qu'au modèle dual américain, mais il ne suit pas le système fiscal de l'un ou l'autre modèle. Les responsabilités en matière de stabilisation, de distribution et d'allocation incombent toujours aux États membres. L'UE est un système fédéral réglementaire. Elle ne dispose ni des compétences juridiques ni des ressources financières nécessaires pour réduire efficacement le chômage, stimuler la croissance économique, redistribuer les revenus ou fournir directement des biens et services publics, tels que la santé publique et l'éducation. Cette situation est différente de celle des systèmes fédéraux fortement décentralisés (États-Unis, Suisse, Australie), où le niveau fédéral dispose d'un pouvoir de dépense et d'imposition important. Dans le même temps, ces gouvernements fédéraux ont peu de contrôle sur les budgets des États. Les règles budgétaires strictes de l'UE, en revanche, limitent fortement les États membres lorsqu'il s'agit de remplir leurs responsabilités en matière de stabilisation, de distribution et d'allocation.

Une forte décentralisation fiscale à l'ombre de règles fiscales centralisées est incompatible avec le fédéralisme fiscal et explique pourquoi l'UEM n'a pas réussi à équilibrer efficacement l'unité européenne et la diversité nationale.

RÉÉQUILIBRER LA GOUVERNANCE ÉCONOMIQUE DE L'UE : MOINS, C'EST PLUS

Le fédéralisme est un exercice d'équilibre entre les principes fédéraux (supranationaux) et confédéraux (intergouvernementaux) pour organiser le pouvoir dans un système de gouvernance à plusieurs niveaux. L'UE doit rééquilibrer ces principes pour rendre la gouvernance économique plus efficace et plus légitime. Ce rééquilibrage peut aller dans l'une des deux directions opposées.

La gouvernance économique de l'UE pourrait être fédéralisée en centralisant et en intégrant les pouvoirs de dépense et de taxation. L'UE obtiendrait des compétences législatives substantielles pour créer des emplois et de la croissance économique, réduire les inégalités sociales et fournir directement des biens et services publics de portée transnationale, tels que ceux liés à la numérisation ou à la vaccination. Pour s'acquitter de ces responsabilités, l'UE serait autorisée à lever les recettes nécessaires sous la forme de taxes communautaires ou communes.

Par ailleurs, les responsabilités en matière de stabilisation, de distribution et d'allocation pourraient rester décentralisées, mais la gouvernance économique serait libérée de l'ombre de l'austérité budgétaire, ce qui permettrait d'accorder aux membres de l'UE une plus grande liberté d'action.

Les États disposent d'une plus grande marge de manœuvre fiscale pour investir dans la santé publique, l'éducation, les infrastructures et la sécurité sociale.

Pour de nombreux experts et spécialistes de l'UE, il s'agit d'un moment décisif pour l'Union. Si elle rate l'occasion de faire le saut ultime vers l'union fiscale, sinon vers un État fédéral, la désintégration, voire la disparition, sera inévitable. Mais sommes-nous vraiment confrontés à un «moment hamiltonien» où les États membres sont prêts à mutualiser la dette? Ils sont peut-être disposés à accorder à l'UE davantage de responsabilités en matière de gouvernance économique, mais accepteront-ils de renforcer le pouvoir d'achat de l'UE en conséquence? Le fonds de relance et le cadre financier pluriannuel constituent le plus gros budget sur lequel les États membres se soient jamais mis d'accord. Pour aider à réunir les 1 800 milliards d'euros nécessaires, l'UE a été autorisée à emprunter des fonds au nom de l'Union sur les marchés des capitaux. Pour la première fois, les États membres s'engagent dans des emprunts collectifs. Contrairement aux euro-obligations, tous les États membres seront responsables. Pour rembourser ces dettes communes, l'UE recevra de nouvelles ressources propres sous la forme d'une taxe sur les déchets plastiques non recyclables, d'une redevance numérique, d'un mécanisme d'ajustement carbone aux frontières, d'une taxe sur les transactions financières et d'une extension du système communautaire d'échange de quotas d'émission.

Et pourtant, même si les États membres acceptaient de rendre ces dispositions permanentes, les ressources financières mobilisées pour l'UE nouvelle génération ne représentent qu'une goutte d'eau dans l'océan par rapport à ce que les États membres, comme l'Allemagne, ont injecté dans leurs économies sous forme de prêts, de subventions, d'obligations et de titres. En outre, il reste à voir si la Cour constitutionnelle allemande sera convaincue par la nouvelle approche de l'UE consistant à ne pas laisser à la seule Banque centrale européenne (BCE) le soin de stabiliser la zone euro. Le consentement requis du Parlement européen et des parlements nationaux garantit la légitimité démocratique, ce qui manquait auparavant à la BCE et au Mécanisme européen de stabilité. En tout état de cause, le transfert des pouvoirs fiscaux à l'UE est susceptible de se heurter à l'opposition d'au moins certains parlements et cours constitutionnelles des États membres.

Si les États-Unis d'Europe ne sont pas à l'ordre du jour, la solution consiste à relâcher l'emprise de l'UE sur les dépenses des États membres. Non seulement la restauration de l'autonomie fiscale semble être politiquement plus réalisable, mais elle permettrait également d'accroître l'efficacité et la légitimité de la politique monétaire de l'UE. L'UE a besoin de règles fiscales pour minimiser le risque d'aléa moral et de son effet déstabilisant sur la stabilité des prix. En même temps, des règles rigides ne sont pas une fin en soi. Les dépenses publiques et les déficits budgétaires financés par la dette ne sont pas un problème en soi, ils sont parfois inévitables pour stabiliser l'économie, réduire les inégalités sociales et garantir la fourniture de biens et de services publics de base. La Commission européenne, la BCE et les gouvernements des États membres n'ont cessé d'assouplir les règles de l'UE afin d'offrir la flexibilité nécessaire, notamment en temps de crise. Et pourtant, ces décisions ont tendance à être biaisées en faveur des intérêts des grands États membres fiscalement conservateurs. Ils ont contribué à la gestion des crises financières et économiques. Cependant, à long terme, le Mécanisme européen de stabilité, les opérations monétaires directes de la BCE et *Next Generation EU* ne contribuent guère à favoriser la cohésion sociale au sein des États membres et entre eux. Au contraire, les divergences fiscales, la différenciation économique et les inégalités sociales ont augmenté dans l'UE.

Nous avons besoin de moins de règles et de plus de flexibilité. Tant que l'UE restera un système fédéral réglementaire, ses capacités à s'engager dans la stabilisation, la distribution et l'allocation seront extrêmement limitées. Ses règlements doivent non seulement accorder aux États membres l'autonomie nécessaire pour stimuler la croissance économique, fournir une assistance aux ménages les plus pauvres et garantir la fourniture de services publics, mais aussi veiller à ce que les États membres utilisent leur autonomie fiscale pour investir plutôt que pour consommer. Enfin, une plus grande autonomie s'accompagne d'une plus grande transparence et d'une responsabilité démocratique. Les gouvernements des États membres ne pourront plus accuser Bruxelles d'être responsable des mauvais systèmes de soins de santé, des pertes d'emplois et de l'insuffisance de la couverture du réseau.

RÉFÉRENCES

Börzel, T. A. 2005. What can federalism teach us about the European Union? The German experience. *Regional and Federal Studies* 15 (2), 245–257.

Börzel, T. A. 2016. From EU governance of crisis to crisis in EU governance. Regulatory failure, redistributive conflict, and Eurosceptic publics. *Journal of Common Market Studies* 54 (S1: Revue annuelle), 8–23.

Börzel, T. A., et Hösli, M. 2003. Brussels between Bern and Berlin. Comparative federalism meets the European Union. *Governance* 16 (2), 179–202.

Un cadre républicain pour la gouvernance économique de l'UE

Par Stefan Collignon

Par ses dispositions institutionnelles, l'intégration européenne a généré un vaste ensemble de biens publics européens touchant un nombre croissant de citoyens européens. La Communauté européenne du charbon et de l'acier a conduit à la Communauté économique européenne avec une union douanière. La politique agricole commune a jeté les bases du marché unique et de la monnaie unique. La liberté de voyager et de travailler partout dans l'Union européenne a nécessité de nouvelles formes de protection de la sécurité intérieure et extérieure. Les principes d'équité et de justice sociales ont donné lieu à des transferts et à des politiques sociales, et la pandémie de Covid-19 a révélé que même les questions de santé publique ne peuvent plus être confinées aux communautés locales. Toutes ces institutions ont créé des biens publics.

Cette extraordinaire progression de « l'union sans cesse plus étroite » avait sa propre logique interne. La coopération transnationale dans un secteur a créé de fortes incitations à poursuivre l'intégration des politiques dans d'autres secteurs afin de profiter pleinement des avantages escomptés. Ces retombées positives sont à l'origine de la « méthode communautaire » d'intégration progressive de Jean Monnet, une méthode qui s'est avérée plus efficace que l'idéal d'Altiero Spinelli d'une fédération européenne supranationale d'États, car elle ancrait l'unification de l'Europe dans les pratiques quotidiennes des gouvernements et des citoyens et ne s'appuyait pas sur un mouvement populaire pour adopter les nobles idées de fraternité et de paix.

Cependant, l'intégration progressive de Monnet a fait face à ses propres difficultés. Les progrès se sont arrêtés lorsque l'effondrement du système de *Bretton Woods* a détruit la stabilité économique sur laquelle avait été fondée la reprise économique d'après-guerre. La création du marché unique européen en 1986 a mis en place un nouveau cadre pour le développement économique et la gestion politique, avec les «quatre libertés», la libre circulation des biens, des services, des capitaux et des personnes est au cœur de cette politique. Le marché unique exigeait l'abolition des réglementations nationales et leur re-réglementation au niveau européen. Ceci a permis d'établir le programme d'intensification de la coopération intergouvernementale au sein du Conseil européen. Néanmoins, ce nouveau régime n'était viable qu'au sein d'une Union monétaire européenne, et la création de l'euro a fondamentalement changé la dynamique de l'intégration européenne.

Les biens publics sont des services qui sont mis à la disposition de tous les membres d'une société. Parce qu'ils sont consommés et produits collectivement, le mécanisme du marché ne peut assurer leur répartition efficace. Les biens publics ont donc besoin d'institutions publiques pour leur gestion.

Nous distinguons deux catégories de biens publics européens. Les premiers sont des «*biens du club*» : ils sont accessibles à tous les citoyens européens, tandis que les non-Européens peuvent en être exclus. Le fait de surmonter cette exclusion a été une forte incitation à rejoindre l'UE. Les quatre libertés du marché unique sont clairement des biens du club. Les citoyens de l'UE bénéficient d'opportunités de marché accrues, d'économies d'échelle, d'une meilleure croissance économique, d'une hausse de l'emploi et d'une prospérité accrue. La gestion de ces biens publics est entre les mains des États membres. Comme les membres d'un club sportif, ils coopèrent pour offrir le meilleur service possible à tous. Ceci améliore la position des gouvernements auprès de leurs électeurs et génère une légitimité pour la poursuite de l'intégration. Pour cette raison, les biens de club sont des biens publics *inclusifs*, qui génèrent coopération et consentement. Les blocages dus à l'asymétrie de l'information peuvent être surmontés par la Commission européenne, qui facilite le flux d'informations et veille à ce que tous les membres respectent les règles du jeu.

La deuxième catégorie est constituée des «*biens provenant de ressources communes*». Ceux-ci dépendent de ressources rares auxquelles tout le monde a librement accès. Ceci implique que si une partie les consomme, la possibilité de consommation par d'autres parties est réduite. Il n'y a donc aucune incitation à coopérer mais plutôt une compétition. J'appelle donc ces biens des biens publics *exclusifs*. La ruée sur les vaccins contre le Covid-19 pendant la pandémie est un exemple de concurrence pour des ressources publiques rares, même si la Commission européenne a pu garantir une distribution équilibrée des stocks obtenus. Plus généralement, l'argent est, par définition, une ressource rare, de sorte que toutes les questions de politique liées à la distribution de l'argent sont confrontées aux mêmes problèmes que les biens publics exclusifs. La banque centrale fournit de l'argent en fonction de la stabilité des prix, condition préalable au succès de toute monnaie, et l'euro est devenu une contrainte budgétaire forte pour tous les États membres. Ceci a transformé les incitations à la coopération dans de nombreux domaines politiques. L'argent circule là où il trouve le meilleur rendement et il y a une concurrence pour décider où le placer. Certaines régions où certains secteurs en profitent, d'autres non. L'exemple le plus marquant est la politique fiscale. L'emprunt excessif d'un État membre fournirait des ressources supplémentaires à un pays, mais entraînerait une hausse des taux d'intérêt pour tous. Les politiques qui profitent à un État membre peuvent donc nuire à tous les autres. L'absence d'incitations à la coopération rend la gouvernance intergouvernementale dysfonctionnelle pour tous les biens de ressources communes.

Il y a deux façons de résoudre ce dilemme. La première consiste à imposer des règles politiques strictes et à les faire suivre de sanctions contraignantes en cas de mauvais comportement. C'était l'objectif du Pacte de stabilité et de croissance. Toutefois, l'expérience a montré que des règles strictes ne sont pas nécessairement toujours optimales. Par exemple, la gestion des agrégats macroéconomiques nécessite souvent une certaine discrétion en réponse aux chocs, tandis que l'imposition de règles budgétaires strictes a entravé la croissance économique pendant la crise de l'euro. La politique budgétaire requiert donc au moins un certain degré de discrétion. Parce qu'il est de la fonction des gouvernements de fournir des quantités différentes d'action collective dans des situations variables, les biens publics européens exclusifs, mais uniquement ceux-ci, doivent être régis par une autorité unique. Nous pourrions considérer cela comme un gouvernement européen et il serait logique de transférer les compétences en matière de gestion des biens européens exclusifs à la Commission

européenne, qui dispose de l'infrastructure administrative nécessaire. Un tel gouvernement jouerait un rôle important dans la
conception et l'application d'un dosage optimal entre les dépenses
publiques et la politique monétaire. Le traité de Maastricht a correctement attribué les compétences pour une orientation cohérente
de la politique monétaire à la Banque centrale européenne (BCE),
mais son équivalent pour la politique budgétaire est absent. Ceci
signifie que le résultat de la politique est sous-optimal, et que la BCE
devient facilement surchargée en cas de crise.

Cependant, une telle centralisation de la gouvernance des biens
publics européens est impensable si elle ne s'accompagne pas d'une
légitimité démocratique. Parce que l'accès aux biens publics est gratuit pour tous et que les effets externes sur leur vie sont inévitables, les
citoyens d'une démocratie doivent avoir le droit de choisir comment
ils veulent que leurs biens communs soient administrés. Ces choix
peuvent être faits par les gouvernements des États membres pour les
biens publics inclusifs lorsque les incitations à leur fourniture génèrent
une coopération, mais dans le cas des biens publics exclusifs, ce n'est
pas le cas, et la non-coopération conduit à l'échec du gouvernement.
La légitimité de ces biens exclusifs ne peut être générée que par le
choix collectif de tous les *individus* qui sont affectés par leurs externalités dans l'UE. Ceci signifie que le contrôle démocratique doit
être exercé en dernier ressort par le Parlement européen, car lui seul
représente tous les citoyens. Le Conseil devrait avoir voix au chapitre
en ce qui concerne les effets de la mise en œuvre de ces biens pour et
par les politiques nationales.

Là encore, la politique fiscale est un bon exemple de la manière
dont cette répartition des compétences pourrait fonctionner. Nous
savons que la stabilité macroéconomique est le résultat d'une interaction appropriée entre la politique monétaire et l'orientation budgétaire
globale dans une situation économique donnée. Le gouvernement
européen doit donc définir le déficit (ou l'excédent) global de la zone
euro, mais, étant donné la taille limitée du budget de l'UE, la plupart
des dépenses seront effectuées par les gouvernements et les budgets
nationaux. En concertation avec la BCE et le Conseil, la Commission
européenne définirait l'orientation budgétaire globale et attribuerait
des parts budgétaires aux États membres. Le Parlement européen

délibère et approuve la loi budgétaire macroéconomique et les gouvernements des États membres exécutent ensuite leurs budgets.

Le message de notre analyse est clair : la nature des biens publics européens doit déterminer la meilleure façon de les administrer ; elle ne doit pas être décidée par les États membres qui négocient leurs intérêts partiels. Les biens publics européens sont la *res publica europea* des citoyens. Ils constituent la République européenne qui est déjà la réalité de la vie quotidienne des citoyens. L'approche républicaine de l'intégration européenne ne reflète donc pas une utopie lointaine. Son originalité réside dans l'internalisation des externalités des biens publics et dans la double exigence d'efficacité et de légitimité de leur gestion : en donnant aux citoyens le droit de choisir les politiques au niveau européen, elle génère une légitimité d'entrée ; en confiant à une autorité unique la gestion de biens publics exclusifs, elle améliore l'efficacité et le bien-être de l'Union. Ceci crée une culture démocratique de débat, de délibération et de responsabilité. C'est ce qu'il faut pour que l'intégration européenne soit viable à long terme.

PARTIE IV

L'UE et la prochaine transformation démocratique

Synthèse du débat

Par François Balate

> « *L'Union est fondée sur les valeurs que sont le respect de la dignité humaine, la liberté, la démocratie, l'égalité, l'État de droit et le respect des droits de l'homme, y compris les droits des personnes appartenant à des minorités* »
>
> Article 2 du Traité sur l'Union européenne

La démocratie a été discutée, débattue et définie au cours des siècles. Une composante centrale est que les citoyens prennent les décisions.

Valeur fondatrice du projet européen, la question de l'organisation démocratique de l'UE a toujours suscité réflexions, recherches et analyses. En examinant le cadre juridique et constitutionnel de l'UE, on constate que l'Union est fondée sur la démocratie représentative (article 10, TUE), c'est-à-dire que les citoyens décident de leur représentant. Garantir l'engagement le plus large possible des citoyens et des organisations de la société civile de manière transparente et consultative (article 11, TUE), c'est-à-dire que les citoyens puissent décider de s'organiser pour s'engager davantage dans le débat politique, y est également inscrit. L'ensemble du système politique de l'UE est ensuite construit sur ces principes : des élections à l'équilibre des pouvoirs, des consultations publiques à l'élaboration des politiques techniques.

En mai 2021 (au moment où ce livre a été publié), plus d'un an après son annonce et après de longs débats interinstitutionnels, une expérience démocratique à grande échelle est sur le point d'être lancée au sein de l'UE. La conférence sur l'avenir de l'Europe est présentée comme « *une occasion unique pour tous les citoyens européens et notre société civile de façonner l'avenir de l'Europe, un projet commun pour une démocratie européenne fonctionnelle* », pour reprendre les termes de David Sassoli, président du Parlement européen.

Selon une récente enquête paneuropéenne (Eurobaromètre, mars 2021), une grande majorité des citoyens de l'UE souhaitent que leur voix soit plus entendue lorsqu'il s'agit de l'avenir de l'UE. Si le vote, l'outil de la démocratie représentative, reste une méthode centrale pour y contribuer, les citoyens envisagent également d'autres voies : consultations publiques, assemblées de citoyens, dialogues en ligne, pétitions, initiatives citoyennes, activisme de la société civile, engagement auprès des partis politiques et des syndicats. Ceci montre clairement que la démocratie est un processus dynamique, qui se transforme constamment.

Dans ce chapitre, nous examinerons les principaux éléments de cette transformation démocratique et leur impact sur le projet européen, son système politique et son architecture institutionnelle.

L'ÉVOLUTION DU SYSTÈME POLITIQUE EUROPÉEN

Lorsque l'on considère la transformation démocratique de l'UE, il faut d'abord examiner l'évolution de ses cadres institutionnels et électoraux.

Le système politique de l'UE a changé depuis ses débuts. Des étapes clés, telles que les élections directes au Parlement européen, l'institutionnalisation du Conseil européen et les révisions successives des traités, ont modifié sa dynamique et son équilibre des pouvoirs.

Les tendances de longue date dans l'évolution du système politique de l'UE qui sont essentielles pour appréhender son avenir comprennent le pouvoir croissant du Parlement européen, la politisation de la Commission européenne, l'émergence d'un espace public européen, les liens formés entre les scènes politiques européennes et nationales et, enfin et surtout, la polarisation croissante de la politique européenne.

Ces tendances ont suscité de nombreuses hypothèses et donné lieu à de nombreux débats. La Commission européenne est-elle une agence indépendante ou un gouvernement ? Comment élire le président de la Commission européenne ? Le Conseil européen devrait-il jouer un rôle plus central ? Quel rôle les partis politiques européens jouent-ils dans les travaux du Parlement européen ? Et ce ne sont que quelques questions parmi tant d'autres. Tout cela met en évidence le fait que, si le système politique de l'UE a déjà connu un grand développement, il pourrait encore mûrir davantage.

Avant d'examiner les évolutions possibles du système politique de l'UE, une conclusion principale peut être tirée de ces débats : l'UE reste un système politique *sui generis* et hybride.

Quels changements clés devraient être introduits dans les systèmes politiques et électoraux européens ?

Les réformes successives des traités et les scrutins électoraux ont apporté de nombreuses nouveautés dans les systèmes politiques et électoraux européens : l'élection directe des membres du Parlement européen ; de nouveaux processus législatifs et de nouveaux rôles pour les co-législateurs (c'est-à-dire le Parlement européen et le Conseil) ; l'élection du président de la Commission européenne par le biais du processus dit du *Spitzenkandidat* (c'est-à-dire le candidat principal ou tête de liste) ; ainsi que de nombreuses autres évolutions plus subtiles ou techniques.

En 2019, lors des dernières élections européennes, nous avons constaté une inversion de la tendance à la baisse de la participation qui caractérise toutes les élections européennes depuis 1979, la moitié des électeurs européens se rendant aux urnes. Si cette situation peut s'expliquer de diverses manières (du rôle des partis politiques européens aux investissements récemment réalisés par les institutions européennes, en passant par les enjeux, tels que le changement climatique ou les inégalités sociales), certains enseignements peuvent être tirés. De plus, les conséquences de l'élection, avec un Parlement européen fragmenté et le contournement du processus des *Spitzenkandidaten* par le Conseil européen, qui a conduit à l'élection d'Ursula von der Leyen comme présidente de la Commission européenne, ont plusieurs implications pour l'avenir du système politique et électoral européen. Premièrement, il est nécessaire d'institutionnaliser davantage le principe du processus des *Spitzenkandidaten*. Après avoir été formellement utilisé pour la première fois en 2014, avec l'élection de Jean-Claude Juncker à la présidence de la Commission européenne, le système a souffert d'un certain retour de bâton en 2019, aucun des candidats désignés par leurs familles politiques respectives n'ayant réussi à rassembler une majorité au sein du Conseil européen (même si Frans Timmermans, le candidat du Parti socialiste européen [PSE], en a été le plus proche). Tant que les États membres, les partis politiques et les fonctionnaires des institutions n'auront pas une vision claire de la situation, l'idée d'un candidat principal à la présidence de la Commission européenne ne pourra être retenue ne sera jamais assez claire pour les électeurs et ne sera jamais considérée comme un processus simple et légitime. Ce sujet a fait couler beaucoup d'encre sans que personne ne parvienne à établir une corrélation claire entre la personnification de la compétition électorale au niveau européen et un taux de participation plus élevé, mais l'absence d'une procédure établie n'aide évidemment pas.

En partant de la question des principaux candidats, nous pourrions également explorer plus en détails la nomination des membres de la Commission européenne (une question qui est actuellement entre les mains des États membres). Les candidats potentiels pourraient être connus avant les élections, ou même faire partie d'un ticket de parti (tous se présentant pour un siège au Parlement européen), et l'équilibre entre les genres pourrait être assuré. Les candidats pourraient alors agir comme un cabinet fantôme (selon la tradition britannique) s'ils ne font pas partie du collège des commissaires. Un deuxième développement clé concerne les listes transnationales. Jusqu'à présent, les membres du Parlement européen (MPE) sont élus dans leurs circonscriptions nationales par les électeurs nationaux : les électeurs allemands élisent les députés européens allemands, les électeurs finlandais élisent les députés européens finlandais, et ainsi de suite. Comment pouvons-nous alors construire un environnement électoral paneuropéen si les élections sont vues à travers un prisme national (avec des candidats qui se présentent trop souvent sur des questions locales et ne regardent pas l'image européenne plus large qu'ils devraient, idéalement, adopter s'ils sont élus) ? L'idée principale ici est de créer des listes transnationales avec un électorat paneuropéen : les électeurs allemands et finlandais pourraient voter maintenant pour des candidats de toute l'Europe.

Rejetée par un vote du Parlement européen en 2018 (avec une forte opposition des partis conservateurs), l'idée de listes transnationales soulève de nombreuses questions opérationnelles quant à leur mise en œuvre, principalement sur l'harmonisation des systèmes électoraux (c'est-à-dire les types de listes, la pondération des votes) et la représentation nationale (c'est-à-dire comment assurer une représentation proportionnelle pour les pays moins peuplés). Certains estiment qu'un test pourrait être effectué avec une liste de « super-candidats », c'est-à-dire de personnes qui pourraient préten-dre à un poste exécutif au sein de la Commission européenne. Ces listes seraient, bien entendu, dirigées par le *Spitzenkandidat*.

Troisièmement, afin de poursuivre le développement du sys-tème politique et électoral de l'UE, les partis politiques européens devraient être habilités à jouer un rôle de premier plan. Ils doivent améliorer leur engagement direct avec les partis nationaux, les citoy-ens et les activistes, y compris avec la société civile et les organisations de jeunesse, pour élaborer leurs manifestes électoraux (il convient ici de noter l'excellent travail réalisé dans ce domaine en 2019 par le PSE, qui a travaillé en étroite collaboration avec la société civile et les organisations de jeunesse) et définir leurs listes de candidats, y compris les têtes de liste. Ils devraient également investir davantage dans le potentiel de la numérisation pour mener des campagnes plus inclusives et participatives. (Ils doivent cependant éviter d'être la proie de la « fracture numérique », qui pourrait leur donner une image déformée de leur engagement, et ils devraient également assurer une protection contre les interférences étrangères indésirables).

Les partis politiques européens ont également un rôle clé à jouer pour renforcer l'égalité des genres (en collaboration avec leurs asso-ciations de femmes, telles que le PSE Femmes) et accroître la diver-sité parmi les représentants politiques des institutions européennes. Sur le modèle de la Charte des partis politiques européens pour une société non raciste de 1998, une Charte pour l'égalité entre les hommes et les femmes pourrait être envisagée non seulement lors de l'établissement des listes de candidats, mais aussi au moment de choisir le candidat principal.

Quatrièmement, nous devons nous pencher sur la dynamique interinstitutionnelle, et notamment sur la relation entre le Parlement européen et le Conseil. Si le Parlement européen a vu ses prérog-atives et ses pouvoirs augmenter depuis sa création, il subsiste un déséquilibre de pouvoir avec le Conseil (à la fois le Conseil européen et le Conseil de l'Union européenne). En donnant le droit d'initiative au Parlement européen (c'est-à-dire la capacité d'initier des propositions législatives, actuellement limitée à la Commission) et en considérant le Conseil comme une véritable deuxième chambre législative (semblable à celles que l'on trouve dans de nombreux systèmes fédéraux et non fédéraux), on corrigerait déjà ce déséquilibre.

En outre, le Parlement européen devrait s'impliquer davantage dans certains domaines politiques dans lesquels son rôle est encore limité par rapport à celui du Conseil ou de la Commission européenne. Par exemple, il devrait être plus central dans le domaine de la gouvernance économique : est-il normal d'entendre davantage le chef de la Banque centrale européenne que le président du Parlement européen, qui n'est jamais invité à siéger pendant toute la réunion du Conseil européen lorsqu'il s'agit de questions relatives aux contribuables ? Ceci permettrait de renforcer le lien avec les citoyens, qui ont un lien direct avec le Parlement européen en vertu de l'élection de leurs représentants. Un dernier élément concernant les relations interinstitutionnelles est la question du « programme gouvernemental ». Nous avons besoin de clarté et de rationalisation pour aller au-delà de la multitude « d'agendas » dont nous disposons actuellement, qu'ils émanent des dirigeants du Conseil européen, du programme de travail de la Commission ou, plus récemment, des lettres des chefs de groupes parlementaires aux États membres et à la Commission européenne, afin de définir le programme politique de la législature à venir. L'UE gagnerait beaucoup à clarifier son organisation institutionnelle.

De nombreuses questions découlent de cette évolution souhaitée du système politique de l'UE. Les questions relatives à l'âge du droit de vote (plusieurs États membres, tels que l'Autriche et Malte, l'ont abaissé à seize ans), à l'éducation à la citoyenneté, au financement des partis politiques européens, au rôle des fondations politiques européennes et à bien d'autres questions similaires seront au cœur de la conférence sur l'avenir de l'Europe et feront également l'objet d'un débat approfondi au Parlement européen au cours de la législature actuelle (réforme de l'acte électoral européen et du statut des partis et fondations politiques européens).

LES MÉGATENDANCES DE LA TRANSFORMATION DÉMOCRATIQUE

La démocratie est un processus dynamique. Elle n'est pas statique. Elle évolue avec la société et sa technologie. Cependant, elle repose sur des principes fondamentaux : l'égalité devant la loi, la responsabilité du personnel politique, l'accès aux fonctions publiques et le gouvernement pour le peuple.

Tout au long de l'histoire, nous avons vu nos sociétés démocratiques évoluer, mais ces principes sont restés centraux : de plus en plus de personnes ont été émancipées et se sont vu accorder des droits, de nouveaux modes d'engagement avec les citoyens ont été développés, le paysage médiatique a évolué, de nouveaux contre-pouvoirs sont apparus et la transparence du processus décisionnel a augmenté.

Notre démocratie est aujourd'hui confrontée à de nouvelles « mégatendances » qui façonnent son fonctionnement : la transition numérique, l'évolution du paysage médiatique et l'augmentation de la participation des jeunes à la vie démocratique.

Alors que les institutions européennes débattent de législations clées sur ces questions (c'est-à-dire la loi sur les services numériques, la loi sur le marché numérique, le plan d'action sur les médias et l'audiovisuel et le plan d'action pour la démocratie), il est extrêmement important d'examiner l'impact de ces mégatendances sur la vie démocratique en Europe.

Quel est l'impact de la transition numérique sur nos vies démocratiques ?

La numérisation de nos sociétés est en cours depuis plusieurs décennies, avec des impacts divers sur notre vie quotidienne. Les technologies de l'information et de la communication, telles que les ordinateurs, le courrier électronique et les *smartphones*, ont profondément transformé nos interactions personnelles et professionnelles tout en accélérant la circulation de l'information et des connaissances. La communication mondiale a contribué à l'effacement des frontières naturelles, liées à l'histoire et à la géographie, et à d'immenses réalisations scientifiques dans divers domaines : médecine, éducation, transports, etc.

En ce qui concerne l'impact de la numérisation sur la vie démocratique, plusieurs aspects positifs peuvent être soulignés. Comme nous l'avons brièvement évoqué ci-dessus, les technologies numériques ont apporté de nouvelles connaissances, qui ont contribué à améliorer l'éducation générale de la population. Grâce à Internet, les nouvelles technologies ont amélioré l'accès du plus grand nombre à l'information : un citoyen mieux informé est plus à même de jouer un rôle positif dans la vie démocratique. Par conséquent, ils ont également permis à un plus grand nombre de personnes de s'impliquer directement dans les débats sur les décisions quotidiennes et les questions de société. La base démocratique a été élargie.

Un autre impact positif qui peut être souligné est l'accès aux services. En effet, la numérisation de nos interfaces avec les pouvoirs publics a réduit nos charges administratives et amélioré notre accès aux services publics, qu'il s'agisse de nos besoins administratifs quotidiens ou de modes d'engagement totalement différents dans la société (bénévolat, activités sociales, entrepreneuriat, etc.).

S'il est possible d'énumérer de nombreux autres effets positifs de la transition numérique, les effets négatifs méritent également d'être soulignés, surtout quand nous considérons ce qu'ils pourraient impliquer pour nos démocraties.

La numérisation contribue aux inégalités, non seulement par l'inégalité de ses avantages (en raison d'énormes disparités dans l'accès aux infrastructures numériques qui reflètent des inégalités socio-économiques déjà profondes), mais aussi par la distorsion économique qu'elle crée. En brouillant les frontières entre les États et les sphères de réglementation, les entreprises technologiques ont contribué à l'érosion de l'assiette fiscale (en utilisant diverses méthodes d'évasion fiscale). Ce faisant, ils ont nui à la capacité des pouvoirs publics d'exploiter les avantages des économies en croissance pour servir la population, et pas seulement les intérêts du monde des affaires.

Un autre impact négatif majeur de la numérisation concerne la question de la cybersécurité. En effet, un nouveau champ de menaces et d'ingérences étrangères a été créé, qui peut avoir un impact dévastateur sur la vie démocratique (la manipulation des élections via les *fake news*, les *deep fakes*, et d'autres problèmes exacerbés principalement par les médias sociaux) et peut également affecter l'accès aux infrastructures de base (par exemple, lorsque les données de santé sont piratées par des groupes terroristes, menaçant ainsi l'accès aux traitements urgents).

La numérisation peut avoir de nombreux effets positifs, mais les effets négatifs l'emportent sur les effets positifs. Il existe un risque que les démocraties disparaissent tout simplement en raison de manipulations et d'autres types de cybermenaces. Comme un système démocratique repose normalement sur l'accès de ses citoyens à des informations équitables, transparentes et pluralistes et sur la possibilité de participer par le biais de processus fiables, les menaces numériques peuvent mettre tout cela en péril (comme on l'a vu dans de nombreux exemples récents : la campagne du *Brexit* et les élections américaines de 2016 et 2020, par exemple).

En raison de la distorsion économique causée par les grandes entreprises technologiques et de leur concentration de données, la valeur de ces informations et la capacité d'agir sur elles ne sont plus entre les mains des autorités publiques qui doivent rendre des comptes aux citoyens par des moyens démocratiques. Au lieu de cela, ces choses sont entre les mains d'entités privées qui n'ont de comptes à rendre à personne, si ce n'est à leurs actionnaires et aux fluctuations du marché.

Enfin, dans le prolongement des préoccupations précédentes, l'accès à un paysage médiatique pluraliste, un fondement essentiel des démocraties, est en train d'être remis en cause en raison de l'absence de contrôle et de réglementation des entreprises privées qui gèrent les plateformes de réseaux sociaux (Google, Facebook, etc.). La grande majorité des citoyens accédant désormais aux informations via les médias sociaux, de sérieux doutes sont soulevés quant au concept d'un environnement médiatique équitable et pluraliste.

Comment pouvons-nous utiliser la transition numérique, l'évolution du paysage médiatique et la participation accrue des jeunes pour renouveler notre contrat démocratique ?

Examiner à la fois les défis de la transition numérique et le potentiel qu'elle offre nous permet de réfléchir à la manière d'exploiter ces nouvelles technologies pour renforcer nos démocraties. À ces considérations, il convient d'ajouter la nécessité d'accroître la participation des jeunes.

Premièrement, la numérisation nous permet de faire participer davantage les citoyens à l'élaboration de nos politiques et aux débats de société. En effet, comme souligné ci-dessous, un éventail beaucoup plus large de citoyens peut être impliqué dans les consultations, le dialogue en ligne et d'autres types d'engagements publics. En outre, et ceci est particulièrement pertinent dans le contexte européen, avec ses vingt-quatre langues officielles, la technologie nous permet aujourd'hui de fournir une traduction et une interprétation immédiates. C'est non seulement vrai lorsqu'il s'agit de différentes langues, mais cela nous permettrait également d'être plus inclusifs pour les personnes souffrant de déficiences visuelles, auditives ou d'élocution.

De nombreuses recherches ont suggéré d'autres moyens d'utiliser l'intelligence artificielle (IA) pour améliorer l'élaboration des politiques et accroître l'efficacité de nos systèmes administratifs et judiciaires. Mais à l'inverse, de nombreuses études ont montré que les processus impliquant des technologies d'IA, ou ceux qui sont basés sur des algorithmes ont tendance à refléter les préjugés humains, y compris des comportements discriminatoires profondément ancrés (racisme, sexisme, etc.). C'est pourquoi, si nous voulons tirer profit de la numérisation pour renforcer nos démocraties, nous devons également nous attacher à corriger les imperfections de nos sociétés pour les rendre plus inclusives, tout en assurant la sécurité des données que nous collectons et en prévenant les cyberattaques.

Nous devons mettre les valeurs européennes que nous avons évoquées dans notre introduction au cœur du développement d'un nouvel algorithme démocratique.

À cet égard, nous pourrions nous inspirer de l'enquête « We Europeans», qui s'est déroulée entre 2018 et 2019 et a réussi à toucher 38 millions de citoyens, en recueillant 70 000 contributions uniques, en utilisant vingt-cinq langues dans vingt-sept pays. Elle a permis de recueillir l'avis des citoyens sur les priorités de la prochaine Commission européenne. Bien que cela se soit produit en dehors de tout processus «institutionnalisé», nous pouvons imaginer le potentiel que pourrait avoir une telle initiative si des ressources plus importantes étaient investies et si elle était structurée dans le cadre d'un débat démocratique régulier. La prochaine conférence sur l'avenir de l'Europe, et la plateforme numérique qu'elle utilisera, sera une expérience à suivre de près.

Deuxièmement, le rapprochement de la question de la transition numérique avec les changements subis par le paysage médiatique offre de grandes opportunités. Avant tout, nous devons mettre fin au monopole des grandes entreprises technologiques sur l'accès à l'information et la propriété des données personnelles. Nous avons déjà mentionné que la grande majorité des citoyens accèdent à leurs informations via les médias sociaux et sur internet, mais il convient également de noter que seul un petit pourcentage de personnes fait réellement confiance à ces informations. Ceci démontre un profond échec et une grande menace pour les fondements de notre démocratie. Le risque est grand pour un paysage médiatique pluraliste et accessible.

Nous devons garantir le niveau d'investissement nécessaire dans les développements technologiques pour soutenir nos médias et nos entreprises d'information, afin qu'ils puissent devenir moins dépendants des grandes plateformes, telles que Google, Facebook et Twitter (qui sont toutes basées en dehors d'Europe). L'exploitation de la puissance de la technologie et des capacités de traduction et d'interprétation dont nous avons déjà parlé pourrait également contribuer au renforcement de l'espace public européen et d'un mouvement démocratique culturel plus large.

Troisièmement, nous devons parler de la participation des jeunes. Au cours de la dernière décennie, il a souvent été dit que les jeunes étaient apathiques ou désintéressés par la politique. Est-ce vraiment le cas ou est-ce simplement qu'ils ont eu l'impression de se retrouver face à la porte fermée d'un système dépassé? La participation des jeunes ne doit pas être comprise à travers le prisme traditionnel, voire conservateur, des partis politiques. Il a été démontré à plusieurs reprises que les jeunes s'intéressent aux questions politiques, mais de manière différente. Nous devons nous pencher sur *Fridays For Future*, sur l'engagement de masse sur les médias sociaux, sur le mélange entre contenu culturel et politique et sur de nombreux autres exemples si nous voulons vraiment comprendre l'incroyable pouvoir des jeunes et des organisations de jeunesse.

Mais au-delà de ces actes d'auto-organisation, il faut un engagement structuré et institutionnalisé avec les jeunes. La participation des jeunes a peut-être augmenté lors des élections européennes de 2019, mais l'âge moyen d'un membre du Parlement européen reste supérieur à cinquante ans. Nous devons aller au-delà de la situation actuelle dans laquelle les institutions demandent une plus grande participation des jeunes alors que tous les postes de pouvoir et les véritables processus de décision sont entre les mains d'une génération plus âgée.

Les institutions de l'UE devraient également explorer des mécanismes institutionnalisés pour placer les jeunes au cœur du débat politique, en s'appuyant sur des expériences réussies telles que le «système de cogestion» du Conseil de l'Europe (où les représentants des jeunes siègent sur un pied d'égalité avec les ministres dans les discussions et les décisions sur les recommandations politiques). Récemment, le secrétaire général des Nations Unies, António Guterres, et la commissaire européenne chargée des partenariats internationaux, Jutta Urpilainen, se sont entourés de comités consultatifs de jeunes pour les aider dans leur travail. Est-ce la voie à suivre? Enfin, en ce qui concerne la participation des jeunes, il est important de noter que les jeunes ne doivent pas être consultés uniquement dans quelques domaines politiques, tels que ceux liés à l'éducation ou à la mobilité. Les jeunes ont une vision holistique de la société, et il ne faut pas l'ignorer. C'est ainsi que nous renforcerons notre contrat démocratique.

Alors que nous parlons de l'avenir de l'Europe, nous ne pouvons pas laisser les jeunes en dehors du processus de décision. Cela risquerait d'aggraver le fossé générationnel existant et d'avoir des conséquences durables pour le projet européen. La participation des jeunes est le meilleur moyen de rendre le projet européen pérenne.

En fin de compte, nous devons revenir aux principes fondateurs de la démocratie et continuer à essayer de les renforcer : impliquer davantage de citoyens, rendre les autorités publiques plus responsables, accroître les contre-pouvoirs. En définitive, nous devons continuer à combler le déficit d'engagement entre les scrutins électoraux pour faire de la démocratie un droit et un devoir de tous les jours.

L'ARCHITECTURE DE L'UE

L'architecture politique et institutionnelle de l'UE est définie de manière très détaillée dans ses traités fondateurs. Les derniers en date, le traité sur l'Union européenne (TUE) et le traité sur le fonctionnement de l'Union européenne (TFUE), ont été adoptés à

Lisbonne en 2007 et sont entrés en vigueur en 2009 (après l'échec de la Constitution européenne en 2005). En lisant les traités, on découvre comment les institutions européennes sont organisées, comment elles interagissent et quelles sont les compétences politiques de l'UE.

Aujourd'hui, plus d'une décennie après la dernière réorganisation des institutions et des politiques de l'UE, et après des crises successives (de la crise financière à la crise de la dette souveraine, en passant par l'actuelle pandémie de Covid-19), il est légitime de se demander si le cadre institutionnel actuel est le plus approprié. Plusieurs appels ont été lancés pour améliorer le fonctionnement de l'UE, même au sein des institutions de l'Union (par exemple, une communication de 2018 sur les principes de subsidiarité et de proportionnalité appelait à une participation accrue des parlements nationaux et à une plus grande implication des autorités régionales). Les États membres ont trop souvent joué les sourdes oreilles au Conseil.

Les institutions, les gouvernements et les assemblées et pas seulement ceux de l'UE doivent répondre aux questions concernant leur légitimité, tant pour sa source que pour ses réalisations. Nous avons besoin d'un dispositif démocratique approprié pour mettre en œuvre les politiques les plus efficaces qui améliorent le bien-être de la population. La conférence sur l'avenir de l'Europe est l'occasion idéale de poser ces questions : que faisons-nous ensemble, en tant qu'Union, et comment le faisons-nous ?

Premièrement, que peut-on faire dans le cadre du traité de Lisbonne ?

Chaque fois qu'une crise se profile dans l'UE, de nombreuses voix s'élèvent pour réclamer un changement de traité, comme s'il s'agissait de la solution miracle à tous les problèmes. Alors que certains changements à plus long terme et indispensables nécessiteraient une réforme du cadre constitutionnel de l'UE, beaucoup de choses peuvent être faites dans le cadre du traité actuel (c'est-à-dire le traité de Lisbonne).

En effet, ce traité, qui s'appuie sur le travail considérable de la Constitution européenne (qui a commencé avec la Convention sur l'avenir de l'Europe à Laeken, avec des années de négociations et de préparation), a un grand potentiel inutilisé. Trop souvent, l'absence d'action politique est justifiée par le fait que les traités ne le permettent pas. Mais est-ce correct?

En temps de crise, l'ingéniosité politique parvient souvent à surmonter ce blocage mental sur les Traités. Si l'on considère la crise financière d'il y a dix ans, nombre des mesures prises par la Banque centrale européenne étaient initialement considérées comme impossibles ou contraires aux traités. Et plus récemment, dans le cadre de la réponse à Covid-19, le plan de relance («*Next Generation EU*»), qui repose sur un emprunt collectif de l'UE sur les marchés financiers, était également possible dans les limites constitutionnelles actuelles. De nombreux développements politiques mentionnés plus haut dans ce chapitre concernant le processus des *Spitzenkandidaten* ont également été rendus possibles par l'interprétation des traités.

La règle de l'unanimité au sein du Conseil européen (et, par conséquent, la menace du veto) est souvent considérée comme l'un des principaux obstacles à l'efficacité des politiques et des actions de l'UE. Le traité de Lisbonne stipule que les décisions doivent être prises à l'unanimité dans une série de domaines politiques (par exemple, l'action extérieure, les accords internationaux, les violations des droits fondamentaux) ou dans le cadre d'une procédure législative spéciale, par opposition à la procédure législative ordinaire qui place le Parlement européen au cœur du processus (qui est donc considérée comme plus démocratique). Toutefois, le même traité prévoit une procédure spéciale, appelée clause passerelle, qui permet de modifier la manière dont les décisions sont prises dans tous les domaines politiques couverts par une procédure législative spéciale (article 48 du TUE). Malheureusement, ce fait est trop souvent négligé et les actions de l'UE dans ces domaines sont donc toujours régies par l'unanimité des États membres.

Quelle est la prochaine étape pour l'architecture politique de l'UE?

La conférence sur l'avenir de l'Europe nous donne l'occasion de réfléchir au-delà des corrections opérationnelles des traités constitutionnels de l'UE.

Nous avons la possibilité de donner un nouvel élan au projet européen en tant que force politique, sociétale et culturelle, une force qui a un sens réel pour ses citoyens. Nous avons l'occasion de redéfinir le moteur, le paradigme sur lequel l'intégration européenne est conçue.

Lorsque le marché unique a été développé sous la direction de Jacques Delors, un nouvel horizon a été présenté à tous les Européens : nous construisons un marché unique, nous obtenons une monnaie commune, et elle sera dans la poche de tous les citoyens d'ici 2002. Mais les citoyens peuvent-ils *tomber amoureux* du marché ? Nous devons maintenant fournir un objectif plus engageant pour les citoyens. Une carte d'identité européenne commune ? Un système de sécurité sociale commun ? Un cadre commun pour l'énergie durable ? Nous devons laisser les citoyens de l'Union décider d'un résultat clair, un changement clair dans leur vie quotidienne, et c'est ensuite le rôle des autorités publiques de créer une convergence juridique afin d'atteindre cet horizon.

Plus haut dans ce chapitre, nous avons exprimé la nécessité de redéfinir également la matrice démocratique de l'UE, en veillant à trouver le bon équilibre entre la démocratie représentative et les nouvelles formes de participation directe. Un niveau important de pouvoir, au sens de sa capacité à avoir un impact sur la vie quotidienne des citoyens, est celui des régions et des villes. Ce niveau est souvent négligé dans le contexte politique actuel de l'UE. Actuellement représentées par le Comité des régions, les autorités régionales et locales n'ont pratiquement pas voix au chapitre dans le débat législatif, mais elles sont souvent les premières responsables de la mise en œuvre des décisions prises par les 705 membres du Parlement européen et les vingt-sept États membres, représentés par leurs ministres respectifs. Chaque jour, un million d'élus locaux et régionaux à travers l'Union agissent et mettent en œuvre des mesures qui sont souvent prises loin d'eux. Comme l'a dit Karl-Heinz Lambertz, l'ancien président du Comité des régions : « *Il est regrettable que, dans la pratique, notre démocratie européenne accorde si peu d'importance au plus grand nombre d'élus* ». Alors que nous repensons l'architecture de l'UE, nous devons veiller à ce que les autorités régionales et locales disposent d'un espace suffisant.

Pour conclure, l'UE a une grande opportunité de franchir une nouvelle étape dans son histoire politique. Elle doit s'engager dans une autre transformation démocratique qui l'amènera à faire participer davantage de citoyens à ses processus, qui la rendra plus efficace et, en fin de compte, qui contribuera à l'amélioration du bien-être de tous les citoyens d'Europe et du monde. La conférence sur l'avenir de l'Europe est un premier pas, et une occasion à ne pas manquer.

Aspirations : la prochaine transformation démocratique de l'UE

Par Lora Lyubenova

La démocratie est une valeur fondamentale de l'UE depuis sa création. Le processus démocratique européen de prise de décision est très compliqué et peu clair pour les citoyens européens, et par conséquent, la majorité des électeurs aux élections européennes ne comprennent pas comment leurs votes contribuent à façonner la politique européenne. Le processus politique européen doit regagner la confiance des citoyens dans la prise de décision démocratique.

De *Spitzenkandidaten* à président de la Commission européenne : le processus d'élection versus le processus de nomination

L'introduction du processus de *Spitzenkandidaten* devrait permettre aux électeurs européens de savoir plus clairement à qui vont leurs votes, non seulement lors de l'élection des membres du Parlement, mais aussi lorsqu'il s'agit de désigner le chef de l'organe exécutif de l'UE (la Commission européenne). Les électeurs doivent savoir à quel leader leurs votes vont aller et quelles sont les valeurs politiques qu'il ou elle représente. Jusqu'à présent, sur le papier, « *ce qui est connu sous le nom de « Spitzenkandidaten » est une procédure par laquelle les partis politiques européens, avant les élections européennes, désignent des candidats principaux pour le rôle de président de la Commission, la présidence de la Commission revenant alors au candidat du parti politique capable de rassembler un soutien parlementaire suffisant* » (Service de recherche du Parlement européen 2018).

Malheureusement, la mise en œuvre de l'idée selon laquelle les partis politiques européens aient un «candidat principal» a échoué en 2019 (après les dernières élections européennes). Les partis politiques européens ont désigné leurs principaux candidats, mais les liens entre les principaux candidats et un programme politique concret aux niveaux nationaux et de l'Union européenne restent flous pour les électeurs. De plus, le résultat des élections ne garantissait pas que le premier candidat de la famille politique européenne ayant remporté le plus de sièges au Parlement européen allait être nommé président de la Commission européenne. En 2019, les principaux candidats ont été désignés par les partis politiques européens et ont fait campagne en tant que candidats pour le poste de président de la Commission européenne, mais malgré tous leurs efforts, un autre candidat a finalement été désigné à huis clos pour être approuvé par le Parlement européen, après les élections. Le processus d'élection du candidat principal serait donc plus correctement intitulé s'il était qualifié d'élection du «candidat fallacieux»! Pour les électeurs, c'est tout le processus démocratique des élections pour la représentation politique européenne, basé sur des programmes et des valeurs politiques, qui semble avoir basculé en l'espace d'une nuit, sans que leur avis ne soit réellement pris en considération.

Pour que les citoyens s'impliquent dans le processus démocratique européen, nous devons nous assurer que les citoyens européens aient confiance dans le processus et qu'ils croient que leurs votes vont compter dans le processus de décision politique. En premier lieu, l'UE doit inclure les citoyens dans le processus de désignation des principaux candidats des partis politiques européens. Le processus démocratique doit être transformé, en établissant un lien clair entre les principaux candidats, les partis politiques européens et nationaux, et leurs programmes et priorités politiques.

Des listes transnationales européennes pour les membres du Parlement européen

Le processus électoral consistant à avoir un candidat principal pour chaque famille politique devrait avoir un lien clair avec les candidats aux postes de membres du Parlement européen. Dans la pratique, le processus électoral actuel pour les élections européennes met parfois en place des programmes politiques nationaux controversés pour la campagne au niveau européen. Il arrive que des membres élus du

Parlement européen appartenant au même groupe politique au sein du Parlement européen, mais venant d'États membres différents, aient des points de vue complètement différents (même la rhétorique préélectorale peut suggérer qu'ils sont opposés l'un à l'autre...). L'électeur au niveau européen ne sait toujours pas quel programme politique les membres élus du Parlement européen suivront : le programme politique représenté au niveau national pendant la campagne ou le programme politique du groupe politique auquel ils appartiennent au sein du Parlement européen.

Le processus électoral démocratique dans l'UE doit établir un lien transparent entre les agendas politiques nationaux et européens. Pour ce faire, les élections européennes doivent se dérouler par le biais d'une compétition entre les listes transnationales européennes qui représentent les programmes politiques de leurs partis politiques européens. Les listes transnationales doivent représenter de manière égale les candidats de différentes régions géographiques et de différents milieux et elles doivent également garantir l'égalité des genres dans la représentation au Parlement européen. Nous ne serons pas en mesure d'atteindre l'égalité des sexes dans un parlement si nous n'introduisons pas une liste de candidats équilibrée entre les genres.

Je pense qu'en combinant l'idée de candidats principaux avec des listes européennes transnationales (y compris un système de « tirette » pour les listes équilibrées entre les genres), nous pouvons encourager les électeurs à s'engager activement dans le processus politique, en commençant par le vote et en poursuivant par le suivi de la mise en œuvre des propositions politiques. Dans d'autres cas, la confiance des citoyens dans le processus démocratique européen n'est pas assurée. Les processus démocratiques qui forment l'UE doivent être progressivement développés afin de regagner la confiance des électeurs et de garantir que les institutions européennes soient fortes et qu'elles soient en mesure de préserver la démocratie et la mise en œuvre de l'État de droit.

RÉFÉRENCES

Lyubenova, L. 2017. Better inclusion of young refugees in education, labour market and society. Report, Friedrich-Ebert-Stiftung, Sofia.

Lyubenova, L. 2020. The application of European Pillar of Social Rights' principles during the Covid-19 pandemic. Report, Sofia University and Friedrich Naumann Foundation, Sofia.

Sociedade e Trabalho. 2016. Centenary of the Ministry of Labour, Solidarity and Social Security: Conference the Future of Work. Lisbon: MTSSS/GEP.

Principaux changements à introduire dans le système politique européen

Par Olivier Costa

Une réflexion efficace sur les changements clés à introduire dans le système politique de l'UE pour la prochaine phase du projet européen doit s'appuyer sur trois observations.

Tout d'abord, il convient de rappeler que le régime de l'UE a, depuis son origine, été façonné par des tendances à long terme. Nous devons identifier ces tendances et partir du principe qu'elles vont se poursuivre : il est pratiquement impossible de nager à contre-courant de ces tendances, et pour réussir, les réformes devront surfer dessus.

On peut distinguer cinq grandes tendances à cet égard, qui sont toutes, dans une certaine mesure, liées entre elles. La première est l'augmentation des pouvoirs du Parlement européen. Cette tendance se poursuit depuis les années 1970, et elle se poursuit traité après traité, jour après jour. La seconde est la politisation, la gouvernementalisation et la présidentialisation de la Commission, principalement à la suite de changements internes et de l'implication du Parlement européen dans sa nomination. La troisième tendance est l'émergence d'un espace politique supranational dans lequel les partis politiques européens et leurs représentants interagissent sur diverses idées et programmes pour l'UE. La quatrième est le lien croissant entre la politique nationale et la politique européenne et l'intérêt accru des citoyens pour les affaires européennes. Enfin, nous devons tenir compte de la polarisation grandissante entre les anti-européens et les pro-européens, tant au niveau de chaque État membre qu'au sein des principales institutions de l'UE (le Parlement européen, le Conseil de l'Union européenne et le Conseil européen).

La deuxième de nos trois observations est qu'il est nécessaire de mener une réflexion sérieuse sur le système politique de l'UE si nous voulons éviter tout tabou. Nous devons considérer l'UE telle qu'elle fonctionne concrètement aujourd'hui, et non telle qu'elle est *censée* fonctionner. Par exemple, le Collège des Commissaires est toujours décrit comme un organe indépendant et apolitique par les traités et par ceux qui s'opposent à sa politisation. Toutefois, il s'agit manifestement d'un organe politique et ce depuis un certain temps. Il est plus proche d'un gouvernement que d'une agence ou d'une autorité administrative indépendante et il est composé de personnalités politiques agissants comme des personnalités politiques. Certains refusent également de considérer le Conseil comme une chambre haute, car il s'agit d'un organe particulier qui a également des fonctions exécutives et qui peut parfois n'être qu'une arène de débats entre les États membres. Mais sa principale fonction aujourd'hui est d'agir comme une chambre haute et cela doit être accepté.

La troisième observation est que tout système politique démocratique doit être compréhensible par ses citoyens. Nous ne pouvons pas évaluer le degré de légitimité de l'UE si nous n'évaluons que les règles sur lesquelles elle est fondée et la manière dont ces règles sont mises en œuvre, ou en mesurant sa capacité à prendre en compte les attentes des citoyens et à leur fournir un bien public et des politiques saines. Nous devons également tenir compte des perceptions subjectives qu'ont les citoyens. À cet égard, le système de l'UE doit évidemment améliorer sa transparence, sa clarté et sa lisibilité : des valeurs qui sont essentielles à la propension des citoyens à reconnaître qu'un système est légitime.

Par exemple, les gens croient aux institutions nationales s'il existe un récit simple sur la façon dont elles sont conçues et fonctionnent qui est connu. Ce n'est pas le cas du système politique de l'UE, qui est considéré comme trop complexe et obscur. Une réforme massive s'impose donc, pour le rendre plus simple et plus cohérent, ainsi qu'une politisation accrue et un rôle plus central pour les partis politiques européens.

Au niveau national, la plupart des citoyens ne disposent pas d'informations détaillées sur les initiatives de leur gouvernement, ils ont néanmoins des opinions à leur sujet, car les partis en ont. Dans la plupart des cas, ils s'alignent sur la position de leur parti ou de leur dirigeant politique préféré, soit pour le soutenir, soit pour s'y opposer. Nous avons besoin d'un processus d'identification similaire au niveau supranational, permettant aux citoyens de se positionner en fonction des différentes activités des institutions européennes. Pour y parvenir, nous devons poursuivre le processus de parlementarisation de l'UE en renforçant la centralité des élections européennes, du Parlement européen et des partis européens. Ce faisant, on augmentera la lisibilité du système politique de l'UE. Une forte mobilisation sera nécessaire pour atteindre cet objectif, car la « parlementarisation » est en concurrence avec deux approches alternatives du fonctionnement de l'UE.

La première de ces alternatives est l'intergouvernementalisme, qui a retrouvé une grande pertinence depuis le traité de Lisbonne et pendant les crises qui ont frappé l'UE depuis son adoption. Le Conseil européen a été institutionnalisé et est devenu le principal acteur de la gestion des crises par l'UE. Il joue également un rôle clé dans la définition de l'ordre du jour, ce qui n'était pas prévu. On observe également une nouvelle approche décentralisée et intergouvernementale de l'élaboration des politiques de l'UE, fondée sur la contribution des administrations nationales.

La deuxième alternative est la méthode communautaire. Elle est louée par les acteurs qui souhaitent maintenir le statu quo : ils s'opposent à une plus grande parlementarisation de l'UE et n'aiment pas l'idée d'une plus grande renationalisation. Ils croient au rôle central de la Commission et proposent que nous nous concentrions sur l'amélioration des traités existants : via la stratégie « Mieux légiférer », en recherchant des « politiques factuelles », en généralisant les analyses d'impact, en consultant les parties prenantes, etc. Certains recommandent également un processus « *d'agencification* » de la Commission : ils suggèrent la transformation de certaines de ses directions générales chargées de politiques, comme la concurrence ou le commerce, en agences exécutives, agissant de manière indépendante, comme la Commission le faisait avant sa politisation.

L'approche intergouvernementale et la « méthode communautaire » de gouvernance de l'UE ne tiennent pas compte des questions de démocratisation et de participation des citoyens. La parlementarisation permet de résoudre ces problèmes. L'objectif n'est pas de transformer l'UE en un système parlementaire : certaines spécificités de l'UE doivent être maintenues, car l'UE n'est pas suffisamment intégrée et homogène pour fonctionner comme une fédération. Il faut préserver la nature hybride du système politique existant, et ses vertus, notamment lorsqu'il s'agit de favoriser l'émergence d'un consensus à différents niveaux : entre les États membres, au sein de chaque institution, puis entre elles. Six réformes pourraient néanmoins être envisagées afin de clarifier la conception globale de la politique de l'UE, d'accroître le niveau de participation des citoyens et de formaliser le rôle des partis politiques européens dans le fonctionnement de l'Union.

La première est l'institutionnalisation de la procédure des *Spitzenkandidaten* (candidats principaux ou têtes de liste). Dans sa forme actuelle, il s'agit d'une procédure informelle qui peut ou non être mise en œuvre, ce qui est très problématique. Elle a démontré sa capacité à mobiliser les citoyens et à leur donner le sentiment que les élections européennes ont un impact majeur, en contribuant au choix du Président de la Commission et à la définition de son programme, mais une procédure codifiée est nécessaire.

La deuxième réforme est très liée à la première : il s'agit de la création de listes transnationales pour les élections européennes et du renforcement du rôle des partis européens en la matière. Il serait utile que les campagnes se concentrent sur les questions européennes et sur les programmes des partis européens en la matière. Cela donnerait également plus de visibilité aux candidats principaux, qui, par définition, établissent ces listes. Les listes transnationales seraient également une affirmation symbolique de l'existence d'une politique européenne et constitueraient un pas en avant pour la citoyenneté européenne.

La troisième réforme est la généralisation des primaires. Comme le candidat principal du parti qui remporte les élections européennes devient automatiquement président de la Commission, il est essentiel que cette personne soit perçue comme ayant été choisie par un grand nombre de personnes et pas seulement par la direction de son parti. Les primaires sont également essentielles pour créer un véritable débat politique au sein de chaque parti, alimenter les échanges au sein de l'espace public européen autour des principales questions politiques et mieux impliquer les citoyens et les militants dans la vie des partis. Ceci permettrait de montrer aux citoyens que les politiques de l'UE ne sont pas uniquement le résultat de négociations intergouvernementales, de l'ajustement d'intérêts privés ou de débats entre experts, mais de choix politiques exprimés par les différents partis européens et, en leur sein, par les candidats aux primaires.

Une quatrième réforme consisterait à reconnaître au Parlement européen le droit d'initiative législative, qui est actuellement un privilège de la Commission. Bien que cela soit moins important qu'il n'y paraît, puisque la plupart des textes législatifs sont rédigés par le pouvoir exécutif dans toutes les démocraties avancées, c'est important sur le plan symbolique, car la plupart des citoyens ne comprennent pas pourquoi le Parlement européen est privé d'un droit aussi fondamental alors qu'il est l'institution centrale décrite par les traités.

Une cinquième réforme consisterait à contraindre le Conseil à se comporter et à travailler comme une chambre haute. Aujourd'hui, il est partiellement décrit comme tel par les traités, mais il ne délibère pas vraiment en tant qu'organe législatif. Il ne joue toujours pas le jeu lorsqu'il s'agit de transparence ou de politique. Le Conseil est principalement un lieu de négociation intergouvernementale et non de délibération politique, et il a tendance à laisser chaque décision importante au Conseil européen.

Enfin, notre sixième réforme consisterait à clarifier les relations entre le Parlement européen et le Conseil européen. Ce dernier est une sorte de chef d'État collectif, qui doit échapper au contrôle et à la pression du Parlement européen, mais la situation actuelle n'est pas démocratiquement satisfaisante : le Conseil européen est devenu un acteur majeur de l'élaboration des politiques de l'UE, mais il n'est aucunement responsable. Il est totalement déconnecté des représentants des citoyens.

Ces six changements auraient plus de sens s'ils étaient décidés en une seule fois. Ces réformes institutionnelles nécessitent une approche globale si l'on veut mettre fin au bricolage institutionnel permanent et éviter les conséquences involontaires de modifications à moitié faites. La Conférence sur l'avenir de l'Europe est le bon endroit pour entreprendre une telle réflexion, même si elle n'a pas été encouragée à le faire. Il est également crucial de lier toute réforme institutionnelle à l'évolution des compétences de l'UE. Les réformes axées uniquement sur les institutions échoueraient probablement, comme le traité constitutionnel, à être approuvées par les citoyens en raison d'un obstacle de communication insurmontable. Pour justifier les réformes nécessaires, il faudrait expliquer que les institutions actuelles de l'UE ne sont pas assez démocratiques, donnant ainsi raison aux eurosceptiques. Si les réformes institutionnelles visaient plutôt à poursuivre le développement des politiques de l'UE, comme ce fut le cas pour l'Acte unique européen et le traité de Maastricht, elles pourraient être justifiées par les exigences de l'approfondissement de l'intégration européenne.

RÉFÉRENCES

Caunes, K., Costa, O., Garben, S., et Govaere, I. (eds). 2021. Special issue on the Conference on the Future of Europe. *European Law Journal* 27, forthcoming.

Costa, O., and Brack, N. 2018. *How the European Union Really Works*, 2e édition. Routledge.

Costa, O. (ed.). 2019. *The European Parliament in Times of Crisis: Dynamics and Transformations*. Londres : Palgrave.

Les nouvelles perspectives pour les systèmes électoraux et les partis européens

Par Ania Skrzypek

La conférence sur l'avenir de l'Europe a déjà fait l'objet de nombreux éloges et de vives critiques. D'une part, depuis trois ans, divers Premiers ministres se présentent devant le Parlement européen ou donnent des conférences aux podiums d'universités renommées pour expliquer la trajectoire qu'ils pensent que l'UE devrait suivre. Ils ont parlé de la nécessité de rapprocher l'Europe de ses citoyens, dont les voix et les votes devraient compter le plus. D'autre part, le processus tant attendu d'implication de diverses parties prenantes dans le débat a vu son lancement retardé et son format placé dans un carcan institutionnel plutôt étroit. On craint que le résultat ne soit soumis à l'échéance des prochaines élections européennes, ce qui pourrait empêcher un débat à plus long terme, car ce processus pourrait également être détourné pour servir une présidence spécifique de l'UE ou des élections nationales. Au milieu de tout cela, les progressistes devraient être ceux qui se sentent extraordinairement responsables lorsqu'il s'agit de s'assurer que la conférence soit un tournant historique qui verra les citoyens s'autonomiser grâce à un renforcement des fonctions participatives et représentatives de la démocratie européenne.

AVANCER, ALLER DE L'AVANT

Il est nécessaire d'examiner l'état dans lequel se trouvent les systèmes de partis européens et électoraux. Le point de référence est les dernières élections européennes qui ont connu un certain nombre de développements encourageants. Le taux de participation a augmenté pour la première fois depuis 1979. Les partis traditionnels et pro-européens n'ont pas eu les résultats escomptés, les sociaux-démocrates ayant obtenu de bons résultats, bénéficiant potentiellement de « l'effet Timmermans ». Les résultats suggèrent que l'institution du candidat principal a commencé à avoir un plus grand impact, et aussi que les partis européens ont joué un plus grand rôle dans la campagne. En 2019, il y avait plutôt une compétition féroce entre eux. À la suite du vote, une attention accrue a été accordée à la nécessité de garantir l'égalité entre les genres aux postes les plus élevés. Les négociations ont vu la consolidation de certaines familles politiques, notamment les sociaux-démocrates, au nom desquels le Premier ministre Pedro Sanchez a mené les négociations. Et une fois le nom du candidat à la présidence de la Commission annoncé, plusieurs groupes parlementaires européens, dont le S&D (Groupe des socialistes et démocrates au Parlement européen), ont rédigé des lettres pour préciser les exigences politiques de leurs groupes respectifs vis-à-vis du programme de travail de la Commission, conditionnant leur soutien à l'adhésion à un agenda spécifique. Le collège des commissaires nouvellement élu est devenu le premier dans l'histoire de l'UE à être aussi fortement politisé, les représentants des familles politiques respectives en son sein ayant commencé à travailler en factions.

Néanmoins, on a observé des revers regrettables. Le Parlement européen nouvellement élu est le plus fragmenté qu'il n'y ait jamais eu, et il doit sans cesse se recomposer. Alors que Frans Timmermans était clairement favori pour être le président de la Commission, il a été bloqué par le veto de deux pays seulement. La nomination inattendue d'Ursula von der Leyen a provoqué la une des journaux : Qui a tué le système des *Spitzenkandidaten* ? Enfin, bien qu'ils aient essayé de faire en sorte que le débat porte avant tout sur les questions de fonds, les groupes tels que le S&D ont finalement été confrontés à un choix stratégique qui les a divisés. Ne pas voter pour von der Leyen aurait pu impliquer qu'elle soit élue avec les voix des partis de droite et d'extrême droite.

Ceci nous donne matière à réflexion. Mais bien que la mise en œuvre d'idées telles que les candidats principaux se soit avérée difficile depuis 2009, les progressistes ne doivent pas les abandonner.

Au contraire, ils devraient réitérer leur engagement à renforcer la dimension transnationale de la politique européenne.

DES LOIS DIFFICILES ET UNE VOLONTÉ POLITIQUE ENCORE PLUS DIFFICILE

Dans cette perspective d'accélération, le Parlement européen travaille actuellement sur deux rapports : l'un sur la réforme du système électoral européen et un autre sur la réforme du système des partis européens. Ils devraient être considérés comme complémentaires à la Conférence sur l'avenir de l'Europe (CoFoE), fournissant une raison solide d'utiliser la clause de déclaration de la CoFoE stipulant qu'il n'y aurait « *aucune modification du traité à moins que...* » et d'exiger un changement à l'avenir.

Le rapport sur le système électoral devrait plaider en faveur d'en finir avec l'ambiguïté du traité de Lisbonne concernant la relation entre les candidats principaux (tels que présentés par les partis politiques européens) et le fait de devenir le président élu de la Commission. Il devrait également s'efforcer de lancer des débats sur plusieurs autres questions, telles que l'abaissement de l'âge du vote, le vote à l'ère de la numérisation et les droits civiques numériques, les mécanismes visant à protéger les élections de l'influence étrangère et issue du monde des affaires, et enfin la redéfinition des paramètres des campagnes européennes. Les dispositions existantes ne permettent pas de définir des lignes directrices pour ce qui est devenu une campagne paneuropéenne, avec des caractéristiques telles que des débats télévisés entre les principaux candidats, une utilisation intensive des médias sociaux et un empressement des militants à faire campagne au-delà des frontières nationales.

En outre, il est nécessaire de revenir à une discussion sur les listes transnationales. Cette proposition a échoué au cours de la précédente législature, bien qu'il semble y avoir eu une fenêtre d'opportunité lorsque les députés européens britanniques ont tristement libéré leurs sièges. Les calculs ont montré que les mandats ainsi libérés auraient pu être réellement localisés et rattachés à des élections par le biais de listes transnationales, de telle sorte que les principes électoraux de proportionnalité et de représentation auraient encore pu être respectés. Par conséquent, même si l'idée de ressusciter les listes transnationales peut sembler risquée, réussir à les faire exister nécessiterait de prendre un risque encore plus grand, car il est impossible de considérer les listes transnationales comme une question isolée. Elles doivent être liées à un certain nombre d'autres questions. Par exemple, les listes transnationales doivent-elles être considérées comme une étape indispensable pour améliorer l'union politique et en ajouter une cinquième : autoriser les votes transfrontaliers? Quel type de parlementarisme permettrait à l'Union d'améliorer la démocratie représentative et l'efficacité des processus décisionnels? L'UE doit-elle viser le système bicaméral? Faut-il exiger des candidats principaux qu'ils se présentent sur des listes transnationales alors que les statistiques existantes montrent que le nombre de votes exprimés pourrait permettre à un parti européen autre que celui qui a le plus de sièges de remporter la course à la présidence de la Commission?

Ces questions, et plusieurs autres montrent que le débat sur la réforme du système électoral est indissociable des délibérations sur la manière de renforcer le système institutionnel. Il s'agit d'un lien sain, puisque les deux questions sont liées à la mission de faire en sorte que les voix et les votes des citoyens européens comptent davantage. Tout ceci est lié au second des rapports susmentionnés, celui qui porte sur l'avenir des partis politiques européens.

Ceci apportera certainement une certaine clarification au niveau organisationnel. Mais pendant qu'il est en cours de rédaction, les partis européens devraient chercher à aller au-delà de ce qui est actuellement sur la table des débats. Ils doivent prouver qu'ils sont encore capables d'être les protagonistes du changement. Un changement qui se produit non pas en raison de lois strictes, mais parce que la volonté politique d'innover peut être encore plus forte.

Pour commencer, l'élection de 2019 a prouvé qu'il est possible de penser différemment le rôle d'un programme politique dans le contexte européen. Les partis politiques européens devraient envisager de réviser les processus internes qui les conduisent à formuler des propositions politiques. Ils peuvent vouloir explorer la différenciation entre leurs programmes fondamentaux, leurs programmes électoraux, leurs manifestes et leurs programmes de gouvernement. Agir de la sorte pourrait être considéré comme un pont entre les débats paneuropéens et nationaux, ainsi qu'une façon de resserrer les rangs avec les groupes du Parlement européen qui ont été établis après les élections de 2019. Il est également nécessaire d'examiner la fonction d'autres documents (déclarations et rapports) pour voir comment leur rédaction pourrait permettre d'ouvrir des réseaux internes et de créer des forums thématiques plus inclusifs. S'ils pouvaient être ouverts au public, ils pourraient faire participer divers publics au processus consultatif et faire preuve d'une forte différenciation politique au niveau de l'UE.

Ensuite, quelles que soient les décisions prises au niveau européen concernant les listes transnationales et les candidats principaux, les partis politiques européens ne doivent pas y renoncer. Ils devraient plutôt chercher à les améliorer. Tout d'abord, il convient de clarifier les procédures internes (de la nomination à la sélection), les délais et également la relation entre le meilleur candidat et le programme électoral. Idéalement, il devrait être identique au manifeste du parti politique européen qui le soutient. Deuxièmement, il convient de se demander si le candidat principal doit avoir une équipe de colistiers, des collègues qui, si possible, seraient nommés commissaires après les élections, ou qui constitueraient une sorte de cabinet fantôme au sein des partis politiques européens. Ainsi, le processus de formation de la Commission deviendrait encore plus transparent et les partis politiques européens y seraient encore plus impliqués. Et troisièmement, il y a de fortes raisons de recommander que des discussions aient lieu pour rendre le processus de nomination des principaux candidats plus inclusif. Dans ce cas, une option de double candidature serait une idée à envisager.

L'ÉGALITÉ DES GENRES EN TANT QUE PRINCIPE ET PRATIQUE

Comme nous l'avons déjà mentionné, si les désaccords sur les candidats aux postes les plus élevés ont été nombreux après les dernières élections européennes, il a été clairement admis que, dans l'ensemble, la liste devait être équilibrée entre les genres. Ceci a eu un effet évident sur la sphère publique, mais il reste encore beaucoup à faire pour améliorer l'inclusivité de la politique européenne.

Tout d'abord, lors de la rédaction du rapport sur les partis politiques européens, la reconnaissance de leurs organisations politiques de femmes pourrait être envisagée. Nombre d'entre elles existent depuis aussi longtemps que les partis politiques européens eux-mêmes, souvent sous la forme de comités internes aux partis. Mais s'ils pouvaient être élevés au rang d'organisations, ils pourraient peut-être demander un financement supplémentaire si des provisions additionnelles étaient créées à l'intérieur des enveloppes des partis politiques européens.

Deuxièmement, avant les élections européennes, les partis politiques européens pourraient envisager de signer une sorte de charte de la diversité et de l'égalité. Dans les années 1990, une idée similaire a été proposée. Elle a mis l'accent sur la prudence dans la gestion des fonds publics et a réussi à établir de bonnes normes. Aujourd'hui, les partis politiques européens pourraient envisager de faire des plaidoyers communs et de partager les meilleures pratiques, en promouvant l'inclusion et la diversité sur leurs propres listes.

Troisièmement, bien que l'idée de la double candidature ait déjà été évoquée, il faudrait qu'elle fasse l'objet d'une demande plus forte pour garantir que non seulement les postes de direction, mais aussi l'ensemble de la Commission et les organes parlementaires (le présidium, les comités, etc.) soient équilibrés en termes de genre. Les États membres devraient être obligés de toujours nommer des duos équilibrés entre les genres. Les partis politiques européens pourraient anticiper le processus de formation de la Commission en introduisant un mécanisme de «colistiers» et en veillant à ce que le nombre de candidats aux postes de commissaires soit équilibré entre les genres. Si un État membre ne parvient pas à fournir un duo de candidats équilibré entre les genres, le droit de nommer la deuxième personne reviendrait par défaut au Parlement européen.

CELA PEUT DURER DES ANNÉES, OU ÊTRE UN MOMENT DÉCISIF

Les réformes politiques sont sans aucun doute des processus complexes. Pour réussir, ils doivent compter sur la volonté des parties prenantes de réaliser le changement et de modifier la culture politique. Dans le cas du système institutionnel et politique européen compliqué, il est admis depuis longtemps que les compromis, et donc les transformations, prennent du temps. Mais alors que les débats nécessaires pourraient prendre des années, tant de leurs aspects pourraient être clarifiés immédiatement, dans le feu de l'action. Les progressistes ne doivent pas manquer l'occasion d'accroître la participation et la confiance des citoyens dans l'UE.

RÉFÉRENCES

Skrzypek, A. 2020. Solidaristic, social and sensible—reflections on progressivism for today and when tomorrow comes. *Social Europe Journal*, Avril.

Skrzypek, A. 2021. Compassionate and visionary leadership. Key lessons of Social Democratic governance in Covid-19. In *FEPS Progressive Yearbook*, édité par L. Andor, A. Skrzypek et H. Giusto. FEPS/Astra Warszawa.

Skrzypek, A., et Thissen, L. 2020. Weibliche Regierungsscheffinen im Umgang mit der Pandemie. In *Virenregime. Wie die Coronakrise unsere Welt verändert. Befunde, Analysen, Anregungen*, édité par Th. Schmidinger et J. Weidenholzer, p. 292-314. Vienne : Bahoe Books.

La révolution numérique et notre vécu démocratique : relever les défis

Par Gerda Falkner

LES EFFETS BÉNÉFIQUES DE LA NUMÉRISATION SONT NOMBREUX, MAIS ILS NOUS ONT RENDUS DÉPENDANTS

La numérisation a apporté de nombreux avantages à nos vies et à nos sociétés. Des ordinateurs de plus en plus rapides et Internet relient désormais les gens entre eux et (plus récemment) avec des objets « intelligents » tels que les appareils ménagers, les gadgets sportifs et les jouets pour enfants. Des recherches et des innovations révolutionnaires sont possibles grâce à des communications et des calculs toujours plus rapides : voyez, par exemple, la mise au point rapide de vaccins pour lutter contre la Covid-19 !

Parallèlement à ces avantages (que je n'aborde pas ici pour des raisons d'espace) sont apparus des défis pour le fonctionnement démocratique de nos sociétés modernes. Globalement, le fait que notre *dépendance* individuelle, sociétale et politique à l'égard du fonctionnement de l'infrastructure numérique se soit accrue doit être considéré comme une facette négative. De nos jours, presque rien ne peut fonctionner sans l'aide de l'informatique et sans électricité, jusqu'à la livraison des aliments et l'approvisionnement en eau. Bien que l'infrastructure numérique soit donc « trop cruciale pour faillir », des cyberattaques de plus en plus dangereuses sont devenues un phénomène quasi quotidien, des attaques contre des utilisateurs individuels, mais aussi contre d'importants fournisseurs de services et même des institutions comme les parlements et les banques nationales.

Le défi numéro 1 de notre époque est donc de *trouver un équilibre entre sécurité et innovation*. Relever ce défi est d'autant plus difficile que la numérisation progresse presque «naturellement», sous l'impulsion des entreprises et des consommateurs. En revanche, la cybersécurité nécessite que des décisions politiques soient prises et que des actions coordonnées soient menées en plus des actions décentralisées. Les enjeux sont élevés : une cyberattaque dévastatrice pourrait finalement perturber la numérisation elle-même dans les zones ou les sociétés touchées, éventuellement au profit de pouvoirs non démocratiques. Et les enjeux sont encore plus élevés lorsque l'infrastructure démocratique, comme l'administration publique ou même les élections (comme en Estonie), est déjà en ligne.

LA NUMÉRISATION ET LES FONDEMENTS DE LA DÉMOCRATIE

La grande capacité d'internet à faciliter une communication rapide et bon marché est omniprésente de nos jours, et la plupart des citoyens profitent de cet avantage au quotidien. En revanche, il est beaucoup moins évident que des mises en œuvre spécifiques de cette même technologie *menacent de perturber la démocratie*.

Considérons que la numérisation touche tous les éléments essentiels de la vie démocratique, de l'économie aux électeurs et à la politique.

L'économie

Nos économies constituent le socle crucial de la gouvernance démocratique. Hélas, elles penchent vers plus d'inégalité que jamais, une inégalité entre les entreprises et entre les individus.

Le capitalisme actuel se caractérise par ce que l'on appelle des effets de réseau, favorisant la domination d'un petit nombre d'entreprises. Les plateformes internet telles qu'Amazon et Google attirent les entreprises parce qu'elles sont grandes et offrent plus d'options que leurs concurrents, un mécanisme qui s'autorenforce. En outre, les géants du numérique ont tendance à se diversifier, en s'intégrant à la fois horizontalement (c'est-à-dire en offrant davantage de types d'activités à leurs clients) et verticalement (c'est-à-dire en reprenant des parties de la chaîne de production pour obtenir encore plus de contrôle et augmenter les bénéfices). Les procédures existantes en matière de droit de la concurrence ne sont pas adaptées à la rapidité de l'économie numérique et à l'ouverture des frontières que nous connaissons dans notre monde globalisé. Malheureusement, il est bien connu que les marchés qui tendent vers un petit nombre d'acteurs quasi monopolistiques ne sont pas de bon augure pour la démocratie.

En outre, les géants de l'internet prospèrent lorsqu'il s'agit de la ressource la plus précieuse de l'ère numérique : les données. Acheter des choses ou chercher en ligne génère des informations digitales sur les consommateurs. Cette ressource est essentiellement libre d'être exploitée par les géants de l'internet, avec ou sans le «consentement» de facto *non informé* des utilisateurs. Les entreprises l'utilisent non seulement pour améliorer leurs services, mais aussi, et surtout, pour produire des calculs et des représentations informatisés de leurs utilisateurs et des contacts de ces derniers. Ces informations sont vendues aux annonceurs et utilisées pour inciter les utilisateurs à rester en ligne pour lire ou acheter davantage, ce qui laisse des traces de données supplémentaires. Les géants du numérique utilisent notamment ces informations pour développer l'intelligence artificielle, ce qui les rendra encore plus influents à plus long terme, tout comme nous en avertit le livre de Soshana Zuboff sur le « capitalisme de surveillance » (Zuboff 2019).

Nombreux sont ceux qui affirment que cette forme d'économie de marché axée sur les oligopoles pourrait également rendre les consommateurs et les travailleurs encore plus inégaux en l'absence de toute réaction. Uber et les entreprises de ce type tendent à saper les relations d'emploi traditionnelles et, de toute façon, la numérisation pourrait rendre de nombreux emplois humains superflus, suscitant ainsi des craintes toujours plus grandes chez les rares personnes encore employées. Toutes ces conditions sont connues pour rendre les sociétés démocratiques moins stables.

L'individu

Ces effets potentiels de la numérisation relient l'économie à un autre pilier de la démocratie : l'individu.

Les démocraties ont besoin que les électeurs expriment leur libre arbitre lors d'élections régulières, le tout reposant sur un discours politique dans lequel les arguments sont publiquement pesés les uns contre les autres. Les partis politiques et les médias sont les intermédiaires pertinents entre les citoyens et les institutions de l'État. Ils remplissent tous deux des fonctions essentielles, mais ces fonctions sont de plus en plus menacées par la désinformation et l'incitation à la haine en ligne (voir ci-dessous).

En outre, nous pourrions assister à un déclin de l'autonomie, voire à la «fin de l'individu», si la numérisation se poursuit sans relâche. Les algorithmes maximisent le temps que les gens passent en ligne grâce à des titres qui attirent l'attention et en provoquant des émotions fortes comme la haine (Vaidhyanathan 2018). Les psychologues mettent en garde contre l'augmentation du temps passé devant un écran qui mène au désapprentissage d'une communication véritablement discursive et favorise la dépendance psychologique à l'égard de la «gratification instantanée» en ligne. À long terme, l' «encouragement» constant des géants du numérique qui connaissent nos préférences et nos faiblesses pourrait engendrer une manipulation pure et simple des individus : voyons, par exemple, le scandale de Cambridge Analytica. Les individus ne posséderaient alors plus aucune «volonté» personnelle et les élections véritablement libres pourraient appartenir au passé.

Administration publique et politique

Enfin, l'administration publique et la politique sont confrontées au potentiel d'innovation de la numérisation, mais aussi à ses dangers.

Les informations et les services publics peuvent être proposés plus efficacement via Internet, du moins à ceux qui sont connectés numériquement. De nouveaux modèles de participation politique citoyenne à grande échelle sont techniquement réalisables. Les démocraties pourraient même organiser des élections par voie numérique, comme le testent déjà certains États de l'UE (par exemple, l'Estonie). Cependant, des services plus rapides et moins chers ne vont pas sans coûts et sans risques, par exemple en ce qui concerne la confidentialité et, potentiellement, le secret des votes. Un bulletin de vote en papier peut être compté sur place avec des témoins dans un cadre contrôlé, puis détruit pour toujours. Les données numériques peuvent être interceptées ou multipliées sans laisser de trace. Dès que les administrations publiques, voire les élections, seront mises en ligne, elles deviendront non seulement des cibles potentielles pour les cyberattaques, mais elles seront encore plus sujettes aux falsifications et aux fuites de données, réelles ou supposées. La manipulation des élections est désormais à la fois un danger réel (il est fort probable que Donald Trump n'aurait pas été élu à la présidence américaine sans les cybertrolls russes) et un facteur dangereusement délégitimant pour les démocraties (même la simple possibilité de manipulation est néfaste). Et l'utilisation abusive de données électorales sensibles pourrait se prolonger longtemps dans le futur, lorsque de nouvelles puissances pourraient s'intéresser aux choix politiques passés d'individus ou de groupes.

À moins que nos sociétés ne parviennent d'une manière ou d'une autre à atteindre une situation de cybersécurité hautement fiable, la prudence dans la réalisation de tout ce qui est techniquement faisable semble justifiée : l'équilibre entre sécurité et innovation est un défi majeur de nos jours, tant pour les infrastructures de base que pour les infrastructures démocratiques et économiques (voir ci-dessus).

De plus, à l'ère du numérique, la politique est remplacée par quelque chose qui ne ressemble que faiblement à ce qu'elle était autrefois. Les réseaux dits sociaux remplacent le journalisme approfondi d'équipes spécialisées, ce qui signifie que le quatrième pilier du système démocratique d'équilibre des pouvoirs s'estompe. En outre, les manifestes électoraux seront bientôt remplacés par des publicités politiques sur mesure, micro-ciblées sur des individus spécifiques. Combinés, ces messages peuvent être non seulement incohérents, mais aussi contradictoires. En d'autres termes, les partis cohérents pourraient bientôt être obsolètes, et les candidats politiques pourraient bientôt être à la merci des plate-formes en ligne - mais les démocraties dépendent de la représentation fiable des valeurs et de débats significatifs sur les options politiques (par exemple Bartlett 2018).

UNE VOIE DE SORTIE ? AGISSONS MAINTENANT OU LA DÉMOCRATIE POURRAIT S'ÉTEINDRE RAPIDEMENT

Heureusement, les spécialistes de la « révolution numérique » ont élaboré une multitude d'options qui nous permettront de profiter des avantages des nouvelles technologies tout en garantissant les fondements de la vie démocratique. Nous avons besoin d'une action décisive allant bien au-delà des dispositions européennes existantes et dépassant les dernières idées proposées par la Commission européenne. Parmi les options les plus prometteuses, citons les suivantes.

- des *droits* plus nombreux et meilleurs *pour les citoyens* : par exemple, le droit à une *protection efficace des données* (et pas simplement le droit de pouvoir «se désabonner » de services supposés gratuits sans choix concret) et, puisque les données agrégées ont généralement plus de valeur, les droits de *groupe* concernant les données de groupe en tant que ressource économique; le droit à l'intégrité personnelle (c'est-à-dire le droit de ne pas être soumis à un logiciel addictif ou à une «modification du comportement» en ligne par des pressions involontaires) et à une *protection de la vie privée renforcée* (c'est-à-dire le droit de ne pas être soumis à un suivi omniprésent en ligne ou dans des lieux publics; le droit de se déconnecter).
- des *services et des infrastructures numériques publics* innovants pour donner plus de pouvoir aux consommateurs et pour garantir des discours publics qui favorisent la compassion plutôt que l'agression; l'utilisation non commerciale des nouvelles technologies et des biens communs numériques, par exemple les logiciels libres et les plateformes d'intérêt public; les modèles de gouvernance des données en dehors du secteur privé, l'adaptation des systèmes d'éducation et de protection sociale à l'ère numérique (l'investissement public semble utile, étant donné que l'avenir de la démocratie est en jeu).
- une *réglementation* beaucoup plus stricte *des plateformes en ligne* : des procédures *antitrust* spécifiques et rapides; des plateformes traitées comme des éditeurs et imposées de manière appropriée, afin de garantir une concurrence plus loyale avec l'économie réelle et le journalisme professionnel; interdire effectivement que ce qui est illégal hors ligne se produise en ligne; garantir une exigence de base d'interopérabilité pour tous les nouveaux formats en ligne afin que les fournisseurs puissent être changés facilement, comme c'est déjà le cas pour le courrier électronique et l'accès à Internet;

étendre le droit du travail à la « l'économie de plateforme » (*gig economy*).

- une plus grande attention portée à la *conception résiliente* et à la *souveraineté numérique* semble essentielle pour faire respecter les droits des citoyens et la démocratie à l'ère numérique. Il s'agit d'une tâche importante si l'on considère les chaînes d'approvisionnement existantes et les pressions exercées par la concurrence internationale, mais c'est peut-être le moment ou jamais.

RÉFÉRENCES

Bartlett, J. 2018. *The People vs Tech—How the Internet is Killing Democracy (And How We Can Save It)*. New York: Dutton.

Vaidhyanathan, S. 2018. *Anti-Social Media: How Facebook Disconnects Us and Undermines Democracy*. Oxford: Oxford University Press.

Zuboff, S. 2019. *The Age of Surveillance Capitalism: The Fight for a Human Future at the New Frontier of Power*. New York: Public Affairs.

Quelles sont les possibilités et les limites du traité de Lisbonne ?

Par Mercedes Bresso

La Conférence sur l'avenir de l'Europe devrait essayer d'être aussi efficace que possible. L'exploitation du potentiel maximal des traités actuels de l'après-Lisbonne représente la voie la plus rapide vers une « *Union toujours plus étroite* ».

La Conférence pourrait proposer aux institutions de l'UE d'utiliser les dispositions du traité pour accélérer les réformes suggérées par la Conférence elle-même, évitant ainsi le plus grand problème dont souffre l'Union : le temps très long dont elle a besoin pour entreprendre des réformes. Il est clair que pour certaines réformes, une modification du traité sera nécessaire, mais nous pouvons changer notre Union de manière vraiment significative simplement en utilisant les traités que nous avons déjà.

Nous devons démontrer que l'Europe peut être profondément réformée sans s'engager dans une longue procédure de modification des traités. Ceci a été fait pendant la crise financière par la Banque centrale européenne (BCE) sous la direction de Mario Draghi et pendant la pandémie de Covid-19 par la présidente de la Commission Ursula von der Leyen. Une action similaire pourrait être réalisé par la Conférence, agissant avec le soutien des citoyens européens et demandant une UE plus forte dans le monde, se remettant rapidement de la crise, aboutissant à une économie de marché forte, sociale et verte, réalisant ce qui a été décidé.

Tous les actes législatifs de l'UE doivent clarifier ses bases juridiques. Très souvent, on les trouve dans le règlement sur le marché unique : la principale compétence de l'UE.

Pour éviter cette ambiguïté, la Conférence devrait clarifier le type d'Europe qu'elle souhaite en répondant aux questions suivantes.

- Quelles sont les compétences qui devraient être conférées à l'UE (c'est-à-dire celles que seule l'UE devrait gérer) et pour lesquelles un transfert formel de souveraineté est nécessaire (politique étrangère, de défense et de sécurité, politique du marché unique, UEM, budget et capacité fiscale de l'UE, etc.)? Certaines d'entre elles nécessiteraient des modifications du traité, mais dans de nombreux autres cas, il pourrait suffire de préciser simplement l'étendue de l'attribution.
- Quelles compétences devraient être partagées, pour lesquelles l'Union peut réaliser une coordination et approuver le cadre commun des lois nationales : réglementations environnementales, harmonisation des mesures sociales, coordination des politiques économiques et fiscales, etc. ?
- Et enfin, quelles compétences devraient rester ou être restituées aux États membres (et à leurs régions), l'UE n'intervenant que sur demande ou à des fins de coordination?

La Conférence devrait également se pencher sur la question suivante.

- Quels outils l'UE pourrait-elle utiliser pour décider et produire des résultats, rapidement et efficacement, dans le domaine de ses compétences? Dans ce cas, des réformes institutionnelles seront nécessaires. Certaines d'entre elles peuvent être réalisées en utilisant les dispositions des traités de Lisbonne; d'autres nécessiteront une modification des traités.

L'un des principaux résultats de la conférence pourrait être une demande ferme aux États membres d'accepter le vote à la majorité qualifiée au Conseil et dans toutes les procédures législatives, mettant ainsi le Parlement européen au même niveau que le Conseil, en tant que législateur. Il s'agirait d'une véritable révolution dans le processus décisionnel, qui est en fait le véritable « *maillon faible* », clairement perçu par les citoyens et les observateurs, qui demandent très fréquemment pourquoi l'Union prend autant de temps, alors qu'elle est à même de décider. Ce changement serait possible en utilisant la clause passerelle ou un accord interinstitutionnel, ou simplement par une coopération renforcée.

Un traité est une boîte à outils pour l'action, pas un objectif en soi. Mais aucune réforme ne peut se faire sans les outils appropriés.

Je vais maintenant présenter quelques exemples de réformes que nous pourrions réaliser en utilisant les dispositions actuelles du traité. La même approche devrait être utilisée pour la politique étrangère, de défense, de migration et de sécurité.

RÉFORMES INSTITUTIONNELLES

Le Parlement

Nous pourrions créer une sous-commission parlementaire sur les questions relatives à l'UEM, exclusivement pour les députés élus dans les pays de la zone euro, qui aurait le pouvoir de discuter des questions concernant l'euro et la politique économique de la zone euro. Les décisions pourraient être prises par une super commission, agissant comme une plénière, composée de tous les députés de la zone euro ou, alternativement, par le Parlement européen. Cette différenciation pourrait être possible sans modification du traité, c'est-à-dire avec un accord interinstitutionnel, et elle pourrait permettre une meilleure coordination entre les députés de la zone euro et l'Eurogroupe.

Nous devrions réformer la loi électorale pertinente et introduire les mêmes règles pour tous les États membres et pour les listes transnationales, dirigées par leurs *Spitzenkandidaten,* qui sont présentées par les partis politiques européens. Nous devrions définir une procédure pour un candidat commun pour une coalition et pour des négociations si un candidat a une majorité au Parlement européen.

Nous pourrions développer des formes de démocratie directe en ligne ou améliorer l'initiative citoyenne européenne.

Le Conseil européen

Le Conseil européen devrait «freiner» son ingérence dans le processus législatif et utiliser la clause passerelle pour permettre au

Conseil de passer à la majorité qualifiée et aux procédures législatives ordinaires dans tous les domaines autorisés par les traités. Des formes d'intégration différenciées (c'est-à-dire une Europe à plusieurs niveaux) pourraient être réalisées lorsque certains États membres refusent d'élargir les compétences de l'UE en utilisant cette coopération renforcée.

Le Conseil

Le Conseil devrait agir sur un pied d'égalité avec le Parlement européen, en utilisant le vote à la majorité qualifiée et les procédures législatives ordinaires. Il devrait réduire le nombre de configurations du Conseil, qui devraient agir comme des commissions parlementaires, ouvertes aux représentants du Parlement et il devrait créer un Conseil législatif unique, agissant comme une session plénière du Parlement européen et améliorant ainsi la transparence de ses processus décisionnels.

La Commission

L'introduction du processus de *Spitzenkandidaten* pour le choix du président de la Commission nécessitera une décision du Conseil européen et l'approbation d'un accord interinstitutionnel avec le Parlement européen. L'accord devrait définir une procédure de sélection des candidats et permettre la formation d'alliances entre partis politiques, et il devrait être clair sur ce qu'il convient de faire si le vainqueur n'est pas en mesure d'atteindre une majorité qualifiée au Parlement européen.

Les États membres devraient proposer au moins deux candidats pour la Commission en respectant l'équilibre entre les genres. Le nombre de commissaires devrait être réduit conformément à ce qui est possible dans le traité.

La Commission devrait représenter la zone euro au Fonds monétaire international et à la Banque mondiale et représenter l'Union européenne dans les organisations internationales où elle a compétence pour le faire.

Union économique et monétaire (UEM)

Un nouveau cadre juridique pour la coordination des politiques économiques pourrait être établi en utilisant mieux les instruments disponibles (article 136 du TFUE).

- L'UEM devrait être complétée par un ensemble de critères de référence convenus en commun dans les domaines suivants : le marché du travail, la concurrence, la politique fiscale et les normes environnementales et sociales. Le respect de ces normes pourrait permettre aux États membres de participer à un mécanisme d'absorption des chocs. Le respect du Pacte de stabilité et de croissance pourrait être amélioré par l'utilisation de mécanismes incitatifs.
- L'Union devrait avoir la capacité d'emprunter de l'argent (c'est-à-dire par le biais d'euro-obligations) pour des investissements stratégiques (ce qui permettrait de stabiliser le mécanisme utilisé tant pour le plan de relance que pour le plan Juncker).
- Un budget devrait être établi pour la zone euro, sur la base de la capacité fiscale et des ressources propres. Ceci pourrait être créé en utilisant un accord interne.
- La clause passerelle devrait être utilisée pour introduire le vote à la majorité qualifiée et la co-législation dans tous les domaines économiques. Utiliser l'article 48, paragraphe 7, du TUE et l'article 312, paragraphe 2, du TFUE pour passer de l'unanimité à la majorité qualifiée pour l'adoption du règlement sur le cadre financier pluriannuel, en réduisant sa durée à cinq ans.
- Il convient de créer un instrument permanent pour financer les réformes ou fournir une aide anticyclique aux pays. (À terme, nous devrions chercher à avoir une fonction de stabilisation de la zone euro dans le cadre d'une coopération renforcée).
- Un Trésor européen devrait être créé, avec la capacité d'émettre de la dette. Il devrait être responsable devant le Parlement européen.
- Le rôle du Parlement européen dans le processus du semestre européen devrait être renforcé, et des critères de référence environnementaux et sociaux devraient être introduits.

- Une Union financière devrait être créée, complétant l'Union bancaire et l'Union des marchés de capitaux.
- Une Union fiscale devrait également être créée (i) pour établir l'échange d'informations entre les autorités fiscales nationales afin d'éviter le rabotage fiscal, l'érosion de la base et le transfert de bénéfices, et (ii) pour créer une base commune consolidée pour l'impôt sur les sociétés, avec un taux minimum. Il faut une action coordonnée pour lutter contre les paradis fiscaux.
- Une Union de l'énergie devrait être créée.
- Le rôle du Parlement européen devrait être élargi, en étendant la procédure législative ordinaire à toutes les affaires économiques et fiscales, en utilisant la clause passerelle ou la coopération renforcée.

L'Europe sociale

La compétence en matière d'affaires sociales n'a pas été attribuée à l'UE par le traité, mais en utilisant sa compétence pour le marché unique, l'action de l'Union dans ce domaine a été élargie. On citera par exemple l'approbation du socle européen des droits sociaux (qui a démontré que le traité de Lisbonne pouvait être interprété de manière extensive). Mais la mise en œuvre de cet instrument, qui est fondamental pour nos citoyens, risque d'être bloquée par des conflits de compétences. Il serait préférable que le statut et les limites de l'intervention de l'UE en matière sociale soient clarifiés, y compris en ce qui concerne les services de santé, où la nécessité d'une coordination est devenue évidente pendant la pandémie de Covid-19.

Nous pourrions développer les aspects sociaux de l'UEM, en garantissant les droits des travailleurs en termes de mobilité, en promouvant l'introduction d'un salaire minimum (en pourcentage du salaire national médian) et d'un système de protection sociale minimum, en stabilisant le régime commun d'assurance chômage qui a été créé pendant la période de pandémie, et en introduisant une directive sur la mobilité des travailleurs.

Un ensemble de critères sociaux devrait être établi pour l'évaluation des performances économiques nationales dans la réalisation des réformes structurelles.

La transition écologique

Une loi sur l'environnement devrait être mise en place pour résumer, clarifier et améliorer toutes les réglementations environnementales, en particulier celles relatives au changement climatique. La loi devrait définir la « transition écologique », la base juridique de l'action, et toutes les politiques concernées. Elle devrait également clarifier les compétences européennes, nationales, régionales et locales dans ce domaine.

Après la pandémie : qu'impliquerait une république d'Europe ?

Par Ulrike Guerot

« *À coup sûr, cette chose immense, la République européenne, nous l'aurons* » – Victor Hugo, Paris, 1872

L'EUROPE ET SES CITOYENS OUBLIÉS

La pandémie de Covid-19 est la dernière d'une série de crises qui ont éloigné l'Europe de ses citoyens. Plus que jamais, l'UE est sous pression pour réformer ses institutions et renouer avec ses citoyens. Outre les problèmes causés par la crise du Covid-19, l'environnement politique a été assombri par le *Brexit*, les questions de l'indépendance de la Catalogne ou de l'Écosse, la montée du populisme presque partout en Europe, et les graves problèmes d'application de l'État de droit, pour ne citer que quelques-uns des problèmes auxquels nous sommes confrontés.

Environ un tiers des citoyens européens, les soi-disants « populistes », veulent se replier sur eux-mêmes, sur leurs États-nations ou sur l'autonomie des sous régions, tandis qu'une autre moitié souhaite une Europe *différente*. La société civile, en particulier les jeunes, se passionne de plus en plus pour le renouvellement des anciennes structures de l'UE et de sa « trilogie » institutionnelle, qui ne représentent pas de manière appropriée la volonté des citoyens européens. Le Conseil européen, en particulier, en tant qu'organe politique plutôt opaque et peu responsable, est soumis à une pression croissante. L'écart de représentation avec les structures actuelles de l'UE est évident.

Les citoyens européens, leur voix et leurs souhaits, ont été largement oubliés lors de la mise en place des institutions de l'UE, au cours des soixante-dix premières années de son histoire (de 1950 à 2020). La trilogie institutionnelle de l'UE comprend un parlement qui n'a aucun pouvoir législatif réel, seulement le pouvoir de prendre des décisions aux côtés du Conseil, aucune responsabilité et aucun contrôle du budget ou du pouvoir exécutif de l'UE. Le soi-disant « déficit démocratique » est devenu de plus en plus évident ces dernières années. Pendant la crise bancaire, il y a dix ans, les citoyens européens se sont rebellés contre de nombreuses politiques menées par l'UE. Pour la première fois, ils ont demandé vigoureusement, et très bruyamment, à participer à l'élaboration de la politique européenne. Ils ont appelé à des listes transnationales et à des partis véritablement européens. Et à l'heure des élections du Parlement européen de 2019, deux de ces partis paneuropéens ont émergé de ces mouvements sociaux : VOLT du côté libéral et DiEM du côté plus progressiste.

La « question de la souveraineté » (qui prend les décisions dans l'UE : les citoyens ou le Conseil européen ?) est devenu un sujet largement débattu et a finalement conduit à la création de la Conférence sur l'avenir de l'Europe, une promesse faite par Ursula von der Leyen après avoir été désignée présidente des Commissions européennes à l'automne 2019, bien qu'elle n'ait pas été elle-même la *Spitzenkandidatin*. Rarement le système européen avait fait savoir si clairement aux citoyens européens que s'ils peuvent toujours voter, ils n'ont aucun pouvoir. En réaction à cela, Mme von der Leyen en a probablement ressenti l'urgence elle-même, quelque 300 000 citoyens européens sont censés discuter directement de leur avenir lors d'auditions de citoyens au cours des deux prochaines années. L'année dernière, la Commission s'est employée à concevoir la forme et le format de ces séances, ainsi que leur contenu et leur contexte. La véritable question est d'éviter que l'ensemble de l'exercice, aussi bien intentionné soit-il, ne se solde par une nouvelle déception des citoyens : nous n'avons pas besoin d'un autre rapport évasif sur les défauts du système politique européen, qui ne comporte aucune ambition ni aucune suggestion de changement radical permettant de faire pencher le système vers une souveraineté et un pouvoir réel pour les citoyens.

LE PRINCIPE DE L'ÉGALITÉ POLITIQUE GÉNÉRALE

Le problème central est que la Conférence sur l'avenir de l'Europe veut consulter les citoyens européens, mais si l'on prend ce terme au pied de la lettre, ces derniers n'existent pas. Si la conférence devait avoir un objectif (juste un!) qui déclencherait un changement de système, alors ce serait de *faire* de vrais citoyens européens avant de les consulter. La définition de la signification de la citoyenneté européenne à l'avenir doit être la pierre angulaire de la conférence!

En l'état actuel des choses, Mme von der Leyen interrogera des citoyens danois ou grecs, ou néerlandais ou portugais, car personne ne possède de passeport européen. Les passeports nationaux sont uniquement emballés dans une couverture européenne de couleur rouge bordeaux. Bien qu'ils soient appelés «citoyens européens», ils vivent de facto toujours dans des «*conteneurs de droit national*» (Ulrich Beck). Dans son célèbre livre de 2003, qui posait la question *Sommes-nous des citoyens européens?*, le philosophe français Étienne Balibar a répondu par un «non» catégorique. Cette réponse est toujours valable en 2021!

L'un des problèmes les plus imminents du déficit démocratique de l'UE est que les citoyens européens ne sont pas égaux devant la loi : ils ont des systèmes de vote différents, une fiscalité différente, un accès différent aux droits sociaux dans leurs pays réciproques, etc. Et pourtant, dans une démocratie, les citoyens ne sont pas en concurrence les uns avec les autres en matière de vote, de fiscalité ou de traitement social. Ils obéissent aux mêmes règles, et c'est précisément ce qui fait d'eux des citoyens d'un même État.

Une condition essentielle, mais non suffisante, de toute démocratie est que tous les citoyens soient égaux. Si l'Europe veut devenir une démocratie, elle doit donc rendre tous ses citoyens égaux aux yeux de la loi sous *toutes* ses facettes. Pour l'instant, l'existence «européenne» des citoyens de l'UE présente trois facettes. Premièrement, il y a leur «citoyenneté de marché» : par exemple, ils partagent les mêmes réglementations en matière de protection des consommateurs et de frais d'itinérance. Deuxièmement, il y a leur capacité en tant que travailleur ou employeur : ils bénéficient de la libre circulation des personnes et peuvent accepter un travail dans n'importe quel pays européen ou des travailleurs de celui-ci. Lorsqu'il s'agit de la troisième facette (le sens réel de la citoyenneté : procédures de vote communes, fiscalité et accès social), les Européens restent en fin de compte des citoyens *nationaux.*

Classiquement, le principe «une personne, une voix» est la condition essentielle d'une démocratie, donnant lieu à un corps électoral unique qui décide ensuite du budget et de la répartition sociale. Ceci correspond au célèbre adage «pas de taxation sans représentation». Selon le sociologue français Marcel Mauss, ce n'est pas l'origine ou l'identité qui fait une nation, mais un ensemble de citoyens qui décident ensemble d'un budget, de la fiscalité et de la question sociale. Si les citoyens sont d'accord pour le faire, ils créent les bases d'une république, car ils se soumettent aux mêmes règles que les autres citoyens et surtout les mêmes lois en matière de vote, de fiscalité et d'accès social. Les élections générales, secrètes, directes et égalitaires constituent ainsi «*Le Sacre du Citoyen*» : la «sacralité» des citoyens (Pierre Rosanvallon). Les citoyens européens d'aujourd'hui manquent précisément cette «sacralité» de leur citoyenneté. C'est ce qu'ils doivent régler lors de la conférence sur l'avenir de l'Europe !

Dans les discussions européennes actuelles, la notion de *citoyen* fait souvent allusion au partage de valeurs ou au fait de se «sentir européen». Et pourtant, la citoyenneté signifie essentiellement *avoir les mêmes droits,* même si les mêmes valeurs ne sont pas partagées ! À cet égard, la notion actuelle de citoyenneté européenne, qui a été accordée en 1992 par le traité de Maastricht, est restée normativement incomplète. Les citoyens européens partagent les frais d'itinérance... mais pas un système de vote. Ils peuvent se rendre au même consulat, à Kinshasa par exemple... mais ils ne partagent pas le même système d'imposition. Ils peuvent accepter des emplois dans divers États membres de l'Union européenne... mais ils ne bénéficient pas des mêmes indemnités de chômage, allocations familiales ou prestations de retraite. En bref, il existe une ségrégation permanente basée sur la nationalité. Ceci doit devenir une priorité pour l'Europe après la pandémie.

Officiellement, l'UE offre «quatre libertés» : la liberté de circulation des personnes, des biens, des capitaux et des services. Et pourtant, jusqu'à présent, l'UE disposait d'une communauté de droit hybride. Si l'Europe veut un « redémarrage » décisif après la pandémie, le droit européen devra revenir de « l'hybride » pour revenir sur terre, là où vivent les citoyens (ou les « sujets politiques » de l'unité européenne) : l'égalité juridique doit les englober tous dans tous les aspects de leur vie. L'application du principe général d'égalité pour tous les citoyens européens impliquerait l'intégration du marché unique européen et de la monnaie dans une démocratie européenne commune, car une union monétaire *est déjà* un contrat social, comme l'a dit Jean-Jacques Rousseau. Cela représenterait un saut qualitatif d'un marché intérieur et d'un projet monétaire vers une véritable unité politique européenne.

Les mêmes droits et réglementations européens dans le cadre juridique de l'UE s'appliquent aux biens dans le cadre juridique du marché unique ; au capital dans le cadre de l'euro-gouvernance ; ou au travail et aux services, c'est-à-dire au « facteur économique » des citoyens européens, qui ne sont pas encore considérés comme égaux dans leur intégralité juridique. Ces trois choses : biens, capitaux et travail et services, bénéficient de l'égalité juridique dans toute l'Europe. Les citoyens européens sont les seuls à subir une discrimination juridique. Les bidons d'huile et les ampoules électriques sont « égaux » en vertu de la législation européenne dans toute l'UE, mais pas les citoyens.

Une autre question est de savoir si la citoyenneté européenne a un statut permanent. Une affaire (C-252/29) soumise à la Cour européenne de justice en août 2020 devra décider si les citoyens britanniques perdent leur citoyenneté européenne après le Brexit. Le traité de Maastricht est une « Union d'États » et une « Union de citoyens ». La citoyenneté européenne a été accordée par l'UE en tant que droit individuel. La question est de savoir si « l'entité étatique » du Royaume-Uni peut retirer ces droits individuels aux citoyens européens, dont les Britanniques, uniquement parce qu'il quitte l'UE en vertu de l'article 50. Si la Cour de justice européenne décide que la citoyenneté européenne a un *statut permanent,* indépendamment de l'appartenance de ces citoyens à un État, cela pourrait devenir une porte d'entrée politique pour déplacer la souveraineté en Europe : des États aux citoyens.

L'UTOPIE EST QUELQUE CHOSE QUE NOUS FAISONS

Les citoyens qui s'unissent dans un corps politique fondé sur l'égalité des droits *(ius aequum)* établissent une république. Si les citoyens européens acceptaient le principe de l'égalité politique, ils auraient de facto fondé une République européenne. Ceci représenterait un changement de paradigme, des États-Unis d'Europe basés sur l'*intégration* des États-nations vers une République européenne fondée sur la souveraineté des citoyens européens — des citoyens qui deviendraient les principaux acteurs du progrès européen. L'alliance #CTOE (www.CitizensTakeOver.eu), un groupe de citoyens européens qui prend la forme d'une assemblée de citoyens, participe déjà à des réunions Zoom de deux heures tous les mercredis dans le but d'écrire une Constitution européenne. Il s'agit peut-être d'une première indication d'une telle évolution.

L'UE d'aujourd'hui n'est pas stable. Sans un pas en avant décisif, elle ne sera pas durable. En perspective, les citoyens doivent être souverains et égaux devant la loi dans la démocratie européenne, le Parlement européen doit prendre des décisions et il doit y avoir une séparation des pouvoirs. Cela équivaudrait à la «grande réforme» de l'Europe ! Afin d'accomplir ce nouveau départ radical pour l'Europe, nous devons simplement nous rappeler ce que Jean Monnet a toujours dit : «En Europe, nous ne coalisons pas des états, mais nous unissons des hommes».

Nouveaux horizons pour une union politique

Par Jo Leinen

L'UE peut être caractérisée comme un grand marché commun et une union monétaire, avec des politiques connexes autour de ces projets centraux. L'identification à cette UE est élevée dans les secteurs industriels et commerciaux, mais assez faible parmi les citoyens et dans la société civile des vingt-sept États membres.

L'union politique requiert un niveau d'acceptation beaucoup plus élevé, elle doit être appropriée par les citoyens, à la fois directement et indirectement. Les citoyens doivent être au cœur de la prise de décision et les politiques doivent se concentrer sur les intérêts des citoyens. La conférence sur l'avenir de l'Europe est l'occasion idéale de répondre à ces objectifs.

L'idée d'une Europe unie a toujours été plus qu'un simple projet économique et financier. La vision est bien plus profonde que cela : une union basée sur des valeurs fondamentales, où les gens peuvent vivre, travailler et se rencontrer sans discrimination fondée sur leur appartenance ethnique ou religieuse.

Une République européenne serait la meilleure façon d'exprimer les aspirations et les attentes de millions de personnes, en tenant compte des décennies d'intégration européenne depuis le début des années 1950.

La démocratie serait au cœur de cette République européenne. Les souverains, ce sont les citoyens de l'UE. Le pouvoir politique découle de différents niveaux de participation de la population.

DÉVELOPPEMENT FUTUR

L'UE devrait se transformer en une démocratie parlementaire à part entière. En tant que chambre des citoyens, le Parlement européen doit être doté de toutes les compétences nécessaires à l'exercice de son rôle de représentation des citoyens de l'UE. C'est-à-dire :

- le droit de légiférer, la codécision étant la règle (c'est-à-dire le processus de décision législative par le Parlement européen et le Conseil de l'Union européenne sur un pied d'égalité) ;
- le droit d'initiative (c'est-à-dire le droit pour le Parlement européen de soumettre des propositions législatives) ;
- le droit d'investigation ;
- des droits budgétaires, avec codécision pour les recettes (ressources propres), comme pour les dépenses ; et
- le droit d'élire et de contrôler l'exécutif européen (par l'élection du président de la Commission et du collège des commissaires).

RÉFORME DE L'EXÉCUTIF DE L'UE

L'exécutif européen est opaque et manque de transparence. Il doit être réformé.

L'UE devrait avoir un seul président (à deux têtes) en fusionnant le président de la Commission européenne et le président du Conseil européen. Le Conseil des ministres devrait être transformé en une Chambre des États (c'est-à-dire une deuxième chambre). Et le système de présidence tournante devrait être aboli.

INFRASTRUCTURE DÉMOCRATIQUE

Pour réaliser cette union politique (la République européenne), nous aurons besoin d'une infrastructure démocratique.

Les partis politiques européens doivent être habilités à exercer leurs rôles et fonctions dans la démocratie parlementaire. Ils doivent faire partie intégrante des élections européennes en organisant des listes européennes avec, à leur tête, un *Spitzenkandidat* qui se présente au poste de président de la Commission. Les parlementaires nationaux, régionaux et locaux doivent disposer d'une plateforme pour participer à la programmation de l'agenda de l'UE et des mécanismes nécessaires pour y parvenir.

Il convient de créer davantage de possibilités pour les citoyens et la société civile de participer à l'élaboration des politiques de l'UE et de les influencer. En plus du dialogue structuré avec la Commission et de l'initiative citoyenne européenne, nous avons besoin de plus d'idées pour une meilleure communication et une participation aux affaires européennes. La révolution numérique offre de nouvelles possibilités de canaux multilingues et transnationaux inédits pour la consultation et la délibération, ainsi que pour la formulation de recommandations.

Les partenaires sociaux, les villes, les conseils de la jeunesse et autres coalitions civiques devraient s'impliquer davantage, en activant le potentiel qu'ils ont pour contribuer au développement de l'UE.

Les médias sont d'une importance cruciale pour une démocratie transnationale. La désinformation, les fausses nouvelles et les discours de haine sont tous dangereux pour le bon fonctionnement des institutions démocratiques. Un pacte européen pour les médias et un plan d'action sont nécessaires.

La question de savoir «comment» l'union politique fonctionne en tant que démocratie est importante. Les questions de savoir «ce que» l'UE devrait réaliser et «ce que» sera l'objectif de cette Union européenne particulière sont tout aussi essentielles.

SOUVERAINETÉ ET AUTONOMIE STRATÉGIQUE

Dans un monde rempli de défis, de crises, de conflits et de jeux de pouvoir, l'UE doit protéger les valeurs et les intérêts de notre continent. En tant qu'union politique, l'UE doit aspirer à la souveraineté et à l'autonomie stratégique.

La souveraineté monétaire, avec l'euro, devrait être accomplie. La souveraineté sur les données, notamment le *big data*, doit être organisée et réalisée. La souveraineté fiscale (la lutte contre la fraude fiscale, l'évasion fiscale et les oasis fiscales) est cruciale. L'UE doit s'efforcer d'acquérir une autonomie stratégique en matière de besoins fondamentaux : alimentation, énergie, santé. La souveraineté sur les questions de sécurité, tant internes qu'externes, est impérative.

LA RÉPUBLIQUE EUROPÉENNE

La République européenne est plus qu'un marché commun et une monnaie partagée. Elle présente un profil social, durable et innovant. L'UE devrait être :

- ... le modèle d'une société durable (c'est-à-dire une société neutre en carbone, dotée d'une économie circulaire et d'une riche biodiversité), répondant à l'agenda 2030 des Nations unies.
- ... une Union de la santé. Elle doit disposer de tous les outils nécessaires pour protéger ses citoyens contre les maladies et les pandémies, avec une carte de santé européenne qui permette un traitement non discriminatoire partout dans les vingt-sept États membres.
- ... une Union sociale, avec des droits sociaux, sans discrimination et des mécanismes de transition équitables, et elle doit lutter contre la pauvreté et l'exclusion.
- ... un partenaire pour le commerce équitable, exigeant que les normes sociales et écologiques soient respectées lorsqu'elle échange des biens et des services avec d'autres pays.
- ... une communauté de valeurs défendant la démocratie et les droits de l'homme contre les régimes et les comportements autoritaires, tant à l'intérieur qu'à l'extérieur du bloc.
- ... un acteur clé lorsqu'il s'agit de promouvoir le multilatéralisme, de résoudre les conflits et de maintenir la paix, et elle devrait également organiser la sécurité de ses propres citoyens.

Les délibérations que constituent la Conférence sur l'avenir de l'Europe doivent conduire à la prochaine grande avancée de l'UE, fondée sur la citoyenneté, la prise de décision démocratique et la capacité à fournir des biens publics à ses citoyens.

La République européenne sera un endroit où il fait bon vivre et un bon partenaire pour les autres pays du monde.

Conclusion
Une légende européenne

Par Maria João Rodrigues

Nous, Européens, avons inventé le meilleur et le pire de l'humanité.

- La philosophie et la science, mais aussi des plans de guerre sophistiqués.
- La liberté de pensée et la liberté d'expression, mais aussi les doctrines totalitaires.
- La liberté d'initiative et des opportunités de marché plus importantes, mais aussi l'exploitation à grande échelle.
- L'éducation universelle, mais aussi des privilèges aristocratiques exquis.
- Les systèmes de protection sociale, mais aussi la pauvreté des enfants.
- La démocratie, mais aussi les régimes totalitaires.
- Les droits de l'homme, mais aussi l'Holocauste.
- L'émancipation des femmes, mais aussi une discrimination sophistiquée.
- L'interconnexion des continents, mais aussi l'organisation de régimes coloniaux à long terme.

Au cours du siècle dernier, nous avons déclenché deux guerres mondiales. Après avoir vu l'abîme que ces guerres ont créé, nous avons décidé de tourner la page pour toujours en nous engageant à construire quelque chose d'unique dans l'histoire du monde : un continent gouverné par une architecture à plusieurs niveaux, allant du niveau local au niveau supranational, avec un engagement fort envers le système multilatéral mondial.

Après avoir exploré la coopération industrielle et militaire, comme on le voit aux États-Unis, nous avons conclu que nous devions commencer par la coopération commerciale afin de construire l'unité européenne. Pour que cela fonctionne, nous avons couplé un marché commun avec des instruments de cohésion sociale et de prise de décision supranationale : une Commission européenne dotée du droit d'initiative, responsable devant un Conseil et un Parlement européen.

Face à un monde globalisé, notre chemin vers une mise à jour de la souveraineté démocratique s'est poursuivi. En nous appuyant sur le marché unique, nous avons créé à la fois une monnaie unique et une union politique dotée d'une entité juridique et d'une citoyenneté : l'Union européenne. Au tournant du vingtième siècle, nous avions défini une stratégie de développement à long terme pour être compétitifs dans l'économie mondiale, non pas en sacrifiant nos normes sociales, mais en investissant dans la connaissance, la culture, l'éducation, la recherche et l'innovation.

Cet investissement a ensuite été brutalement freiné par une crise financière qui s'est transformée en crise de la zone euro, dévoilant les défauts inhérents à l'architecture européenne existante. Une génération perdue dans de nombreux pays européens est le prix terriblement élevé qui a été payé.

Le triptyque de valeurs que la Révolution française nous a inventé doit être traduit non seulement au niveau national, mais aussi au niveau européen. Si l'UE veut survivre, l'égalité ne peut exister dans un monde libre que si elle est sous-tendue par un esprit de solidarité plus fort. L'égalité en matière de droits des citoyens européens ne peut exister que si le marché européen libre et ouvert est soutenu par des instruments de solidarité européenne plus forts pour investir dans l'avenir de chacun, mais aussi si cet investissement est financé de manière équitable par tous.

Le goulot d'étranglement systémique dans la construction de l'UE n'a commencé à être surmonté que lorsque la tragédie de la pandémie de Covid-19 nous a frappés. Mais à ce moment-là, l'UE avait perdu plus d'une décennie. Elle était devenue obsolète lorsqu'il s'agissait de façonner et de tirer parti de la révolution numérique.

Nous, Européens, les inventeurs du web, avons perdu du terrain lorsque les appareils qui permettent aux gens d'en profiter, *smartphones*, ordinateurs portables, objets intelligents et applications, ont été largement inventés ailleurs, principalement aux États-Unis. Cela a permis l'émergence de grandes plateformes américaines qui vendent les données des gens pour investir dans les technologies du futur. L'Europe perd encore plus de terrain dans cette nouvelle phase de l'Internet des Objets. Le *big data* est utilisé pour révolutionner les chaînes d'approvisionnement, les emplois et la division internationale du travail et pour transformer la richesse dans tous les secteurs grâce à l'utilisation d'algorithmes qui ne sont pas définis par les Européens ou selon les valeurs européennes.

Néanmoins, nous, Européens, portons toujours trois flambeaux importants : ceux de l'écologie, du bien-être et de la démocratie. Mais nous devons les réinventer pour l'avenir en façonnant la révolution numérique actuelle. Cependant, nous ne pouvons réussir que si nous sommes capables de coordonner et de développer des actions à l'échelle européenne. La matière première stratégique nécessaire pour y arriver est le *big data* et la taille minimale doit être continentale, même si un niveau de coopération internationale serait encore meilleur.

Le tremplin qui permettra à l'Europe de façonner la révolution numérique est l'accès universel à de nouveaux droits sociaux en matière de santé, d'éducation, de qualité de l'environnement et de prise de décision démocratique, ce qui amènera les citoyens de l'Union européenne à un nouveau niveau.

Nous devons être critiques à l'égard de nos défauts et ambitieux quant à la manière dont nous pouvons les surmonter, mais nous devons rester optimistes et confiants. Les chances de vie des générations futures doivent être notre boussole. Notre expérience européenne peut également inspirer les types de solutions que nous devons élaborer avec nos partenaires au niveau mondial. L'un d'entre eux consiste à mettre la révolution numérique au service des objectifs de développement durable et de l'égalité des genres.

La gouvernance de l'avenir de l'Europe et celle de l'avenir du monde seront étroitement liées.

Remerciements

Je tiens à exprimer ma gratitude aux membres du groupe d'experts de la FEPS sur l'avenir de l'Europe* et à toute l'équipe de la FEPS, ainsi qu'aux représentants des institutions européennes et aux experts invités qui nous ont accompagnés dans ce voyage : Alicia Homs, Allan Larsson, Alvaro Oleart, Andras Inotai, Ania Skrzypek, Anke Hassel, Björn Hacker, Britta Thomsen, Daniela Schwarzer, David Rinaldi, Diego Lopez Garrido, Domenec Ruiz Devesa, Enrique Baron Crespo, Fabien Dell, Francesco Cerasani, Francesco Corti, Francesco Lanzone, Francisco Aldecoa, Gabriele Bischoff, Gerda Falkner, Gerhard Stahl, Gesine Schwan, Giorgio Clarotti, Giovanni Grevi, Guillaume Klossa, Halliki Kreinin, Henning Meyer, Irene Wennemo, Jacqueline O'Reilly, Jan Zielonka, Jan-Erik Støstad, Jean-François Lebrun, Jean-Paul Buffat, Jo Leinen, Johanna Lutz, László Andor, Liva Vikmane, Lora Lyubenova, Lukas Hochscheidt, Macro Schwarz, Manuel Muniz, Marek Belka, Margarida Marques, Mario Telò, Maurizio Ferrera, Mercedes Bresso, Michael Landesmann, Nicoletta Pirozzi, Olivier Costa, Paolo Guerrieri, Peter Bofinger, Philippa Sigl-Glöckner, Pier Carlo Padoan, Pier Virgilio Dastoli, Ronja Kempin, Saïd El Khadraoui, Sergio Fabbrini, Stefan Collignon, Stine Quorning, Tanja Boerzel, Ulrike Guerot, Uwe Optenhoegel, Vassilis Ntousas, Vivien Schmidt and Vytenis Andriukaitis. Le bon équilibre entre les femmes et les hommes et entre les différentes générations a sans aucun doute permis une grande alchimie.

Mes remerciements vont à Nicky Robinson, qui a contribué à la transcription de deux des chapitres et s'est chargée de la relecture de certaines soumissions. Mes remerciements vont également à l'équipe de *London Publishing Partnership*, en particulier à Sam Clark et Richard Baggaley, qui ont édité cet ouvrage et fourni un excellent travail. Pour cette version française, je tiens à remercier la Fondation Jean Jaurès pour sa participation, ainsi que Karl Supierz et ses équipes pour la traduction. Enfin, je suis particulièrement reconnaissant à François Balate, un jeune leader européen qui est maintenant le chef de cabinet de la présidente de la FEPS. À ce titre, il a travaillé avec moi pour organiser et gérer le projet de la FEPS sur l'avenir de l'Europe. Ce livre est le premier résultat public de ce projet.

Maria João Rodrigues
President of the Foundation for European Progressive Studies

---

*   Les opinions exprimées dans cet ouvrage ne reflètent pas nécessairement celles des membres du groupe d'experts.

Glossary

ASGS	Annual Sustainable Growth Strategies (« Stratégies annuelles pour une croissance durable » : instruments de L'UE)
BATX	Baidu, Alibaba, Tencent et Xiaomi
BCE	Banque centrale européenne
CAI	Comprehensive Agreement on Investment («Accord d'investissement UE-Chine» : proposition d'un accord commercial entre la Chine et l'UE)
CFP	Cadre financier pluriannuel (le budget à long terme de l'UE)
CoFoE	Conférence sur l'avenir de l'Europe
COP	Conférence des Parties (se référant généralement à la Conférence des Nations Unies sur le climat)
CSDP	Politique de sécurité et de défense commune de l'UE
DG	Direction générale
EACD	Examen annuel coordonné en matière de défense de l'UE
ECDC	Centre européen de prévention et de contrôle des maladies
ECOFIN	Conseil Affaires économiques et financières (réunion des ministres des États membres de l'UE chargés des affaires économiques et financières)
EMA	Agence européenne des médicaments
ESB	Encéphalopathie spongiforme bovine (maladie de la vache folle)
FEM	Fonds européen d'ajustement à la mondialisation
FMI	Fonds monétaire international
FSE	Fonds social européen
FTT	Taxe sur les transactions financières
G20	Groupe des 20 principales économies mondiales (19 pays plus l'UE)
G7	Groupe des 7 (Canada, France, Allemagne, Italie, Japon, Royaume-Uni, États-Unis, UE)
GAFAM	Google, Amazon, Facebook, Apple, Microsoft
IA	Intelligence Artificielle
IoT	Internet des objets
IT	Technologie de l'information
MACF	Mécanisme d'ajustement carbone aux frontières
MES	Mécanisme européen de stabilité
MMT	Théorie monétaire moderne
MPCC	Capacité Militaire de Planification et de Conduite
MPE	Membres du Parlement européen
NGEU	Next Generation EU (le plan de relance de l'UE en réponse à la pandémie de Covid-19)
OCDE	Organisation de coopération et de développement économiques
OMC	Organisation mondiale du commerce
OMS	Organisation mondiale de la santé
ONG	Organisation non gouvernementale
OTAN	Organisation du traité de l'Atlantique Nord
PE	Parlement européen

PEPP	Programme d'achat d'urgence face à la pandémie (instrument de l'UE)
PES	Parti socialiste européen
PESCO	Coopération structurée permanente (mécanisme de l'UE)
PIB	Produit intérieur brut
PNRR	Plans nationaux de relance et de résilience
PSDC	Commission sur la sécurité et la coopération en Europe (agence gouvernementale américaine)
RGPD	Règlement général sur la protection des données de l'UE
RNB	Revenu national brut
S&D	Alliance progressiste des socialistes et démocrates au Parlement européen
SDG	Objectifs de développement durable
SEDS	Socle européen des droits sociaux
SEQE	Système d'échange de quotas d'émission
STIM	Sciences, technologies, ingénierie et mathématiques
SURE	Support to Mitigate Unemployment Risks in an Emergency (« Soutien à l'atténuation des risques de chômage en cas d'urgence » : instrument de l'UE)
TFUE	Traité sur le fonctionnement de l'Union européenne
TIC	Technologie de l'information et des communications
TTIP	Partenariat transatlantique de commerce et d'investissement (accord désormais rejeté entre les États-Unis et l'UE)
TUE	Traité sur l'Union européenne
TVA	Taxe sur la valeur ajoutée
UE	Union européenne
UEE	Union économique eurasienne
UEM	Union économique et monétaire
UES	Union européenne de la santé

À propos de l'éditeur et des auteurs

À PROPOS DE L'ÉDITEUR

 **Maria João Rodrigues**, ancienne ministre portugaise de l'Emploi dans le gouvernement du Premier ministre Antonio Guterres, est une femme politique européenne avec une longue expérience dans différentes institutions européennes : Présidences de l'UE, Conseil, Conseil européen, Commission européenne et, plus récemment, le Parlement européen, où elle fut vice-présidente du Groupe S&D, le deuxième groupe le plus important du Parlement européen, en charge de la coordination générale et de la collaboration avec les autres institutions européennes.

Elle a joué un rôle important dans plusieurs initiatives européennes clés : le traité de Lisbonne, la stratégie de Lisbonne et la stratégie Europe 2020 (l'agenda de l'UE pour la croissance et l'emploi), la réforme de la zone euro, la collaboration avec les partenaires stratégiques de l'UE, l'élaboration de la feuille de route pour l'avenir de l'UE et, plus récemment, le socle européen des droits sociaux. Elle participe actuellement à l'élaboration de plans pour répondre à la crise de Covid-19.

Elle est Présidente de la Fondation pour les études progressistes européennes (FEPS), une fondation politique européenne située à Bruxelles, financée par le budget de l'UE dans le but de soutenir l'élaboration des politiques et le débat européen. FEPS a le statut d'observateur auprès des Nations unies et dispose d'un réseau de partenaires en Europe et dans le monde.

Sur le plan académique, elle a été professeure de politique économique européenne à l'Institut d'études européennes de l'Université libre de Bruxelles et à l'Institut universitaire de Lisbonne. Elle a également été Présidente du conseil consultatif de la Commission européenne pour les sciences socio-économiques. Elle est l'auteur de plus de 100 publications.

À PROPOS DES AUTEURS

László Andor est le secrétaire général de la FEPS. Il a été commissaire européen à l'emploi, aux affaires sociales et à l'inclusion entre 2010 et 2014 et, auparavant, membre du conseil d'administration de la BERD à Londres. Il a enseigné à la Hertie School (Berlin), à l'ULB (Bruxelles), à Sciences Po (Paris) et à l'Université Corvinus (Budapest). Il a été décoré de la Légion d'honneur en 2014.

Vytenis Povilas Andriukaitis a occupé le poste de commissaire européen à la santé et à la sécurité alimentaire entre 2014 et 2019. Il a exercé la profession de chirurgien pendant plus de vingt ans. Il est le co-auteur de la Constitution de la République de Lituanie et a été élu six fois en tant que député de la République de Lituanie. Il a dirigé la délégation lituanienne à la Convention sur l'avenir de l'Europe. Il a été ministre de la Santé de la République de Lituanie de 2012 à 2014.

François Balate est le Chef de cabinet de la Présidente de la FEPS. Il était auparavant Directeur de la politique et du plaidoyer du Forum européen de la jeunesse. Il est diplômé du Collège d'Europe à Bruges et de l'Université Libre de Bruxelles.

Peter Bofinger est professeur d'économie internationale et monétaire à l'université de Würzburg. De 2004 à 2019, il a été membre du Conseil allemand des experts économiques, qui est un organe consultatif indépendant du gouvernement fédéral allemand. Il avait auparavant été vice-président de l'Université de Würzburg et économiste à la Deutsche Bundesbank. Il est chargé de recherche au Center for Economic Policy Research de Londres et membre de la Commission on Global Economic Transformation de l'Institute for New Economic Thinking. Il mène des recherches sur la théorie et la politique monétaires, en mettant l'accent sur la numérisation de la monnaie et les implications de modèles alternatifs pour la sphère financière (modèles réels contre modèles monétaires) pour l'analyse des taux d'intérêt et des flux de capitaux internationaux.

Tanja A. Börzel est professeure de sciences politiques et titulaire de la chaire d'intégration européenne à l'Institut Otto-Suhr de sciences politiques de la Freie Universität de Berlin. Elle est Directrice du pôle d'excellence «Contestations de l'écriture libérale», aux côtés de Michael Zürn.

Mercedes Bresso est une économiste italienne qui a été professeure d'économie et d'économie de l'environnement à l'école polytechnique et à l'université de Turin. Elle a été Présidente de la province de Turin de 1995 à 2004 et de la région du Piémont de 2005 à 2010. Elle était Présidente du Comité des régions entre 2010 et 2012 et de l'UEF (Union des fédéralistes européens). En tant que députée européenne en 2004-5 et 2014-19, elle a travaillé avec Elmar Brok en tant que rapporteur pour l'initiative «Améliorer le fonctionnement de l'Union européenne en exploitant le potentiel du traité de Lisbonne». Elle est l'auteure de nombreux articles et livres, principalement sur l'économie de l'environnement : « Pensiero economico e ambiente » (Loescher), « Per una economia ecologica » (NIS), « Travail, espace, pouvoir » (avec Claude Raffestin; L'Âge d'homme), «Per un Europa forte e sovrana» (groupe S&D) et «I duecentocinquantamila stadi di Eratostene al tempo del virus» (avec Claude Raffestin; Mimesis). Elle a également publié deux livres mêlant fantastique et écologie et de nombreux thrillers.

Stefan Collignon est professeur ordinaire d'économie politique à la Sant'Anna School of Advanced Studies de Pise, et professeur invité à l'Institut européen et à la London School of Economics, où il a enseigné de 2001 à 2005. Entre 2005 et 2007, il a été professeur invité à l'université de Harvard. Sur base de son expérience en tant que Directeur général adjoint au ministère allemand des Finances, sa recherche universitaire s'est concentrée sur le développement d'un paradigme républicain pour l'intégration européenne afin d'améliorer la gouvernance de l'Europe. Stefan est également Président de l'Association France-Birmanie, qui a soutenu les droits de l'homme au Myanmar.

Olivier Costa est professeur-chercheur en science politique au CNRS (Centre national de la recherche scientifique), au sein du centre de recherche CEVIPOF de Sciences Po (Paris). Il est également le Directeur du département d'études politiques et de gouvernance européennes du Collège d'Europe (Bruges). Il est rédacteur en chef du *Journal of European Integration*.

Emma Dowling est sociologue et économiste politique à l'université de Vienne, où elle est professeure adjointe de sociologie du changement social. Auparavant, elle a occupé des postes d'enseignement et de recherche dans des institutions en Allemagne et au Royaume-Uni. Elle a publié de nombreux articles sur des sujets tels que l'économie politique féministe, la justice globale, la financiarisation et la société, ainsi que le rôle des émotions au travail. Elle est l'auteure de *The Care Crisis: What Caused It and How Can We End It?* (Londres/New York : Verso, 2021).

Saïd El Khadraoui est conseiller spécial auprès de la Fondation d'études progressistes européennes sur le *Green Deal* européen. Ancien député européen, il était auparavant conseiller en matière de durabilité au Centre européen de stratégie politique, le groupe de réflexion interne de la Commission européenne. Il est également membre de l'Institut de gouvernance publique de la KULeuven.

Gerda Falkner dirige le Centre de recherche sur l'intégration européenne au sein du département des sciences politiques de l'université de Vienne. Ses publications portent sur diverses politiques européennes et leur mise en œuvre. Plus récemment, elle a mis en place une équipe chargée d'étudier le rôle de l'UE dans le domaine du numérique et comment protéger la démocratie.

Georg Fischer est chercheur associé senior à l'Institut viennois d'études économiques internationales. Il se concentre actuellement sur la convergence sociale en Europe. De 1996 à 2017, il a travaillé à la Commission européenne, où son dernier poste était celui de Directeur des affaires sociales à la DG EMPL. Avant cela, il a travaillé pour l'OCDE et a été membre du cabinet du ministre des Finances et du ministère du Travail en Autriche. Il a été membre de la WZB à Berlin, de l'ECF à Tel-Aviv, du Macmillan Center de l'université de Yale et de l'Upjohn Institute for Employment Research dans le Michigan.

Diego Lopez Garrido est économiste et titulaire d'une chaire de droit constitutionnel. Élu député pendant six mandats, il a été membre de la Convention chargée de rédiger la Constitution européenne, représentant le Parlement espagnol de 2002 à 2003. Il est spécialiste des droits de l'homme et l'auteur de nombreux ouvrages sur la politique et le droit communautaire européen. Parmi les autres postes institutionnels qu'il a occupés, citons la Vice-présidence de l'Assemblée parlementaire de l'OTAN (2015), Secrétariat d'État aux affaires européennes (2008-2011) et la coordination de la Présidence espagnole du Conseil de l'Union européenne (2010).

Hedwig Giusto est conseillère politique senior auprès de la FEPS et la rédactrice en chef de *The Progressive Post*, le magazine de la FEPS. Elle est titulaire d'un doctorat en histoire des relations internationales de l'université de Florence et d'un master en histoire des relations internationales de la London School of Economics.

Giovanni Grevi enseigne la politique étrangère européenne et les relations internationales au Collège d'Europe à Bruges, à Sciences Po à Paris (PSIA) et à la Brussels School of Governance. Il est également membre associé senior auprès du European Policy Centre (EPC), où il a précédemment dirigé le programme global, et à l'ISPI. Avant de rejoindre l'EPC en 2016, il était Directeur de la Fondation pour les relations internationales et le dialogue extérieur (FRIDE). Auparavant, Giovanni a été chargé de recherche senior à l'Institut d'études de sécurité de l'UE (EUISS) de 2005 à 2010 et a travaillé à l'EPC en tant qu'analyste politique et directeur d'études associé de 1999 à 2005. Il a développé des projets innovants et publié de nombreux articles sur la politique étrangère et de sécurité de l'UE, les affaires stratégiques, la gouvernance mondiale, la politique étrangère des États-Unis, la prospective et les politiques et institutions de l'UE. Il est titulaire d'une maîtrise en science en études européennes de la London School of Economics and Political Science et d'un doctorat en relations internationales de l'Université Libre de Bruxelles.

Ulrike Guérot est Directrice du département de politique européenne et d'étude de la démocratie à l'université Danube de Krems, en Autriche, et fondatrice du European Democracy Lab à Berlin, un groupe de réflexion qui génère des idées novatrices pour l'Europe. En plus de travailler et d'enseigner dans des universités en Europe et aux États-Unis, elle a travaillé et dirigé plusieurs instituts de recherche et groupes de réflexion européens. Elle a reçu de nombreux prix honorifiques pour son travail, tels que le Paul Watzlawick Ehrenring et le Salzburger Landespreis für Zukunftsforschung. Ses nombreux livres ont été des best-sellers en Allemagne et ont été largement traduits et publiés dans toute l'Europe.

Paolo Guerrieri est actuellement professeur invité au PSIA, Sciences Po Paris et à la Business School d'USD en Californie. Il était auparavant professeur d'économie à l'université Sapienza de Rome. Il a été sénateur de la République italienne de 2013 à 2018. Il a été consultant auprès d'institutions européennes et internationales et a été professeur invité à l'Université de Californie, Berkeley, à l'ULB en Belgique et dans de nombreuses autres institutions. Il est l'auteur ou l'éditeur de quelque seize livres, monographies et anthologies, et de plus de 150 articles et chapitres de livres sur l'économie européenne, l'économie politique internationale, le commerce international et le changement technologique.

Lukas Hochscheidt est assistant de recherche à la Confédération allemande des syndicats (DGB). Il est titulaire d'une licence en sciences politiques et sociales et prépare actuellement un master en affaires européennes à Sciences Po Paris. Ses recherches portent notamment sur l'économie politique de l'État-providence et la politique sociale de l'UE.

Robin Huguenot-Noël est chercheur à l'Institut universitaire européen (IUE). Sa thèse porte sur la croissance de l'emploi et l'évolution de l'État-providence dans le contexte de l'intégration de l'UEM. Il a publié plusieurs rapports sur le budget de l'UE, les réformes structurelles et la politique sociale dans l'UE pour les institutions européennes.

Guillaume Klossa était auparavant conseiller spécial dans le domaine de l'IA et du numérique pour la Commission européenne. Il a également été sherpa du groupe de réflexion sur l'avenir de l'Europe (Conseil européen) et directeur de l'Union européenne de radio-télévision. Penseur et praticien européen, il a enseigné au Collège d'Europe, à l'ENA et à Sciences Po Paris. Il écrit pour des journaux internationaux et est le fondateur et Président émérite d'EuropaNova et Coprésident de Civico Europa. Il occupe également des postes de premier plan dans le monde des affaires.

Halliki Kreinin est assistante d'ensignement et de recherche ainsi que doctorante à l'Institut d'économie écologique/Institut de socioéconomie du travail de la WU Vienne. Elle a coordonné la conférence de Vienne 2020 sur la décroissance, intitulée « Strategies for Social-Ecological Transformation », qui s'est déroulée à Vienne en collaboration avec la Chambre du travail autrichienne et la Fédération syndicale autrichienne. Ses recherches portent sur les études du travail dans le domaine de l'environnement, le travail durable et la transformation socio-écologique.

Michael A. Landesmann était auparavant le Directeur scientifique de l'Institut viennois d'études économiques internationales (wiiw) entre 1996 et 2016, et il est professeur d'économie à l'Université Johannes Kepler en Autriche. Il est titulaire d'un doctorat de l'université d'Oxford et a enseigné au département d'économie appliquée de l'université de Cambridge et au Jesus College de Cambridge. Ses recherches portent sur l'intégration économique internationale, les changements structurels industriels, les marchés du travail et les migrations.

Jean-François Lebrun a rejoint la Commission européenne en 1987 et s'est occupé principalement des questions liées à l'emploi et à la politique sociale. Depuis sa retraite, il a travaillé en tant qu'expert en services personnels et domestiques pour plusieurs organisations internationales, européennes et nationales. Entre 2014 et 2017, il a été détaché auprès de la Direction générale du Trésor à Paris, où il a effectué une mission d'évaluation dans le domaine des services à la personne.

À la Commission européenne, il était le conseiller en charge du PHS. Auparavant, il a dirigé l'unité intitulée « Nouvelles compétences pour de nouveaux emplois, adaptation au changement, responsabilité sociale des entreprises et Fonds européen de mondialisation ». Il y a plusieurs années, il était professeur adjoint et chercheur à l'Université libre de Bruxelles. Il est diplômé en économie et possède une maîtrise en économétrie.

Jo Leinen est un ancien ministre de l'Environnement de la Sarre (Allemagne). Il est également ancien député européen et a été Président des commissions AFCO et ENVI. Il est le Président d'honneur du Mouvement européen international. Il est diplômé en droit et en économie de L'université de Sarrebruck, l'université de Bonn, le Collège d'Europe à Bruges et l'Institute of World Affairs dans le Connecticut, USA.

Lora Lyubenova est doctorante à l'université de Sofia St. Kliment Ohridski. Son sujet de recherche est « Les acteurs politiques et les groupes d'intérêt qui ont influencé et façonné le pilier européen des droits sociaux ». Elle est membre du réseau des jeunes académiques de la FEPS.

Justin Nogarede dirige le portefeuille de politique numérique et industrielle de la FEPS. Il a précédemment travaillé comme chargé de mission au Secrétariat général de la Commission européenne. Il a commencé à la direction en charge de l'amélioration de la réglementation et a ensuite pris en charge le portefeuille de la politique numérique dans l'unité d'information du Président et du Vice-président. Il est ensuite devenu coordinateur politique, travaillant sur les dossiers de la politique numérique et du marché unique. Ces dernières années, Justin a notamment participé à la rédaction de l'examen à mi-parcours de la stratégie du marché unique numérique de la Commission européenne, ainsi qu'à l'élaboration de la politique relative aux normes et aux brevets essentiels aux normes, aux médias audiovisuels, la gouvernance d'Internet, l'économie collaborative, la responsabilité du fait des produits et le marché intérieur des biens.

Vassilis Ntousas est conseiller senior en relations internationales à la Fondation pour les études progressistes européennes à Bruxelles et associé à l'Académie Chatham House à Londres. Ses recherches portent sur la politique étrangère européenne et l'engagement global de l'UE.

Alvaro Oleart est chercheur post-doctorant à l'université de Maastricht-Studio Europa Maastricht, collaborateur scientifique à l'Université Libre de Bruxelles et membre du Réseau Jean Monnet « OpenEUDebate ». Il est l'auteur du livre *Framing TTIP in the European Public Spheres : Towards an Empowering Dissensus for EU Integration* (2021).

Carlota Perez est actuellement professeure honoraire à l'IIPP, à l'UCL et à la SPRU, Université du Sussex, Royaume-Uni. Elle est professeure auxiliaire à TalTech, en Estonie, et résidente acadméique à Anthemis UK. Elle est l'auteur de *Technological Revolutions and Financial Capital : The Dynamics of Bubbles and Golden Ages* et agit dans le monde entier en tant que consultante et conférencière.

David Rinaldi est le Directeur des études et des politiques de la FEPS, où il est chargé de la politique économique et sociale et de la coordination de l'impact politique de la fondation. Il enseigne la gouvernance économique européenne à l'Institut d'études européennes de l'ULB et est le cofondateur de ProgressiveActs. Avant de rejoindre la FEPS, David a travaillé au CEPS, à l'Institut Jacques Delors, au Collège d'Europe et au Conseil de l'Europe.

Barbara Roggeveen est doctorante en relations internationales russes à l'université d'Oxford. Ses recherches portent sur l'intégration eurasienne, les relations UE-Russie et la sécurité euro-atlantique. Elle a occupé des postes de chercheuse au Conseil de l'Atlantique, à l'université d'Amsterdam et à l'Académie de l'OSCE à Bishkek.

Vivien A. Schmidt est titualaire de la chaire Jean Monnet d'intégration européenne à la Pardee School de l'université de Boston et professeure honoraire à l'université LUISS. Ses recherches portent sur l'économie politique et la démocratie européennes. Elle a récemment été nommée Chevalier de la Légion d'honneur française et a reçu le Lifetime Achievement Award de l'Association des études de l'Union européenne.

Ania Skrzypek est Directrice de la recherche et de la formation de la FEPS. Elle a obtenu son doctorat cum laude en 2009 à l'université de Varsovie pour une thèse sur la «Coopération des partis socialistes et sociaux-démocrates dans l'unification de l'Europe : du Bureau de Liaison au PSE 1957-2007» (livre publié en 2010). Avant de rejoindre la FEPS en 2009, elle a travaillé comme jeune chercheuse à la faculté de journalisme et de sciences politiques de l'université de Varsovie. Elle a également été élue à deux reprises Secrétaire générale des Jeunes socialistes européens (ECOSY).

Mario Telò est professeur à l'ULB de Bruxelles, à LUISS de Rome, et professeur invité à l'IEEM de Macao, au CFAU en Chine et au FGV de Rio. Il est le président émérite de l'IEE et membre de l'Académie royale des sciences. Il a été consultant auprès de la Commission européenne, au Conseil européen et au Parlement européen. Il dirige le programme de recherche «Globalization Europe Multilateralism» et édite la série de livres associée chez Routledge. Parmi ses livres, citons *Europe : A Civilian Power?* (2005), *La place de l'UE dans le monde du 21e siècle* (2018) and *Towards a New Multilateralism* (2021).

Britta Thomsen a été députée européenne danoise de 2004 à 2014. Elle est titulaire d'une maîtrise en histoire, a étudié à l'université de Lisbonne et a travaillé sur les marchés du travail européens. Elle a écrit le livre *The Necessary Immigration* sur l'immigration en Europe. Britta est professeure auxiliaire à la Copenhagen Business School et membre du conseil d'administration de l'ACER.